Siebenundneunzig „Seetage"

Erlebnisbericht

über eine abenteuerliche Praktikumsreise mit dem

Ausbildungs- und Frachtschiff

„J. G. Fichte"

November 1974 bis Februar 1975

Berlin im April 2019

Bild 1: MS „J. G. Fichte"

INHALT

	Seite
Vorwort	5
Ein Vergleich	12
Tagebuchinhalt vom 04.11.1974 bis 08.02.1975	14
Nachwort	169
Reisestationen	176
Ungefähre Reiseroute	179
Bildnachweis	180
Dank des Verfassers	181

Bibliografische Information der Deutschen Nationalbibliothek: Die
Deutsche Nationalbibliothek verzeichnet diese Publikation in der
Deutschen Nationalbibliografie; detaillierte bibliografische Daten sind im
Internet über dnb.dnb.de abrufbar.

© 2019 Wolfgang Martin
Herstellung und Verlag: BoD – Books on Demand, Norderstedt
ISBN 978-3-7481-3610-1

Vorwort

Wozu der Zustand des so genannten Ruhestandes – ich bin inzwischen Rentner und Pensionär – doch führen, bewegen und animieren kann!
Dreiundvierzig Jahre lang hat mein Tagebuch wohl verstaut in einer Kiste oder in einem Koffer gelegen, diverse Umzüge miterlebt und die letzten elf Jahre, selbstverständlich auch wohl verwahrt, auf unserem Dachboden zugebracht.......
Nun habe ich das Tagebuch hervorgeholt, noch einmal gelesen, und die Erinnerung an diese Reise war sofort wieder lebendig. Und so wird es wohl auch denjenigen gehen, die diese Reise persönlich miterlebt haben.
Vielleicht möchten mich ja einige Leserinnen und Leser, aber insbesondere auch meine ehemaligen Kommilitoninnen und Kommilitonen auf dieser interessanten Reise nach Mittelamerika und zurück noch einmal begleiten.
Im September 1971 begann ich mein Studium an der Ingenieurhochschule für Seefahrt, Warnemünde/Wustrow, Sektion Schiffsführung (IHS). Voraussetzung für dieses Studium war das erfolgreich abgeschlossene Abitur (Reifeprüfung). Und das hatte ich am Gymnasium in Bergen auf Rügen (damals Erweiterte Oberschule – EOS) im Sommer 1969 erworben. Gleichzeitig hatte ich auch mein Facharbeiterzeugnis als Maurer in der Tasche. Es gab zu der Zeit allerdings auch eine andere Möglichkeit, die erforderliche Qualifikation für ein Hochschulstudium zu erwerben, die jedoch ein Jahr länger dauerte: Ab der zehnten Klasse drei Jahre Berufslehre und Abitur zu gleicher Zeit.

Das eineinhalb Jahre währende Grundlagenstudium fand in Wustrow auf der Halbinsel Fischland/Darß in einem Teil der IHS mit besonderer Tradition, statt, und die restlichen Studienjahre absolvierten meine Kommilitonen und ich in Rostock-Warnemünde an der dortigen Seefahrtschule.

Die so genannte "Großherzögliche Mecklenburgische Navigationsschule" mit Standort Wustrow wurde im Jahre 1846 gegründet. 1916 wurde sie in "Seefahrtschule Wustrow" umbenannt. Nach den Kriegswirren wurde die Einrichtung 1949 als "Seefahrtschule Wustrow" wiedereröffnet.

Nach vielen weiteren Entwicklungsschritten wurde die Seefahrtschule Wustrow 1969 in "Ingenieurhochschule für Seefahrt" (IHS) umbenannt und mit der "Ingenieurschule für Schiffbautechnik" vereint. Die schrittweise Ausgestaltung erfolgte ab 1972 mit dem Erhalt des Diplomrechts. Es folgten der Erhalt des Promotionsrechts 1980 und des Habilitationsrechts 1989. Die IHS war in die Sektionen Schiffsführung, Schiffbautechnologie, Schiffsbetriebstechnik und Grundlagenausbildung unterteilt. Im Jahr 1986 gründete man noch die Sektion Seewirtschaft.

Im Jahr 1989 wurde die Einrichtung in "Hochschule für Seefahrt" umbenannt. Die Universität Rostock übernahm 1992 die Ausbildung als Rechtsnachfolger der Ingenieurhochschule.

Seitdem standen die Gebäude der ehemaligen Seefahrtschule als Ruine da und verfielen mehr und mehr. Ab dem Jahre 2018 erfolgen jetzt der Umbau und die Erweiterung der unter Denkmalschutz stehenden Gebäude zu einer attraktiven Ferienapartmentanlage.

Gegen Ende unseres Studiums war für die angehenden nautischen Offiziere, aber auch für uns als angehende Funkoffiziere eine Praktikumsreise mit einem der Lehr-, Ausbildungs- und Frachtschiffe der Deutschen Seereederei obligatorisch.

Als wir unsere Praktikumsreise antraten, lagen also bereits mehr als drei Studienjahre hinter uns, und wir freuten uns sehr darauf, an unserem künftigen Beruf schon mal etwas „schnuppern" zu dürfen.

Die DDR hatte damals eine der weltweit größten Handelsflotten, und wir sollten auf einem dieser Schiffe unseren Dienst versehen und beweisen, dass wir die während des Studiums erworbenen Fähigkeiten und Kenntnisse in die Praxis umsetzen konnten. Wir sahen es als großes Privileg an (und das war es wohl auch), die weltweiten Meere bereisen zu dürfen; die Familienangehörigen mussten allerdings meistens zu Hause bleiben.

Bild 2: Gebäude der Seefahrtschule in Wustrow/Darß (Grundlagenstudium)

Bild 3: Gebäude der Ingenieurhochschule für Seefahrt in Warnemünde

Unser Fracht- und Ausbildungsschiff sollte MS „J. G. Fichte" (MS – Motorschiff) werden, ein Schiff des VEB Deutsche Seereederei Rostock (DSR) [WM: Die Abkürzung „VEB" steht für „Volkseigener Betrieb"]. Es wurde nach dem deutschen Philosophen „Johann Gottlieb Fichte" benannt. Das Schiff lief am 31. Oktober 1948 in Saint Nazaire/Frankreich vom Stapel. Zwischen 1950 und 1962 wurde es durch eine französische

Reederei im Liniendienst nach Südamerika, zeitweise auch nach Afrika, eingesetzt. Am 7. August 1962 wurde die „Claude Bernard", wie das Schiff damals noch hieß, von der DSR übernommen. Umbenannt in „J. G. Fichte" wurde das Schiff als drittes Ausbildungsschiff der DSR, nach der „Theodor Körner" und der „Heinrich Heine", in Dienst gestellt. Zu diesem Zweck wurde das Schiff nach der Übernahme mit Einrichtungen zur Ausbildung von etwa 180 Matrosenlehrlingen und 48 Praktikanten ausgestattet. Zum Vorteil der Reederei und der Ausbildung war zudem auch dieses Schiff, ähnlich wie die vorher genannten, für den Transport von Stück- und Schüttgütern geeignet. Das Schiff war außerdem mit Möglichkeiten zum Transport von so genanntem Gefriergut ausgestattet. Es wurde zumeist auf der Linie DDR – Kuba – Mexiko eingesetzt. Als Ausbildungsschiff der DSR war die „Fichte" mit 11.942 BRT vermessen und hatte Unterbringungsmöglichkeiten für 289 Auszubildende und Ausbilder an Bord.

Technische Daten:

Länge:	163,4 Meter (Länge über Alles)
Breite:	19,6 Meter
Vermessung:	11.942 BRT
Maschine:	2 x 8 Zylinder-Dieselmotoren
Maschinenleistung:	11.200 PS
Höchstgeschwindigkeit:	21 Knoten (Seemeilen pro Stunde)
Reisegeschwindigkeit:	16 – 17 Knoten
Propeller:	2
Zugelassene Anzahl Besatzungsmitglieder:	324

Die rund 300 Besatzungsmitglieder schlüsseln sich in etwa wie folgt auf:
- 80 Mann Stammbesatzung
- 50 Praktikanten (angehende Nautische Offiziere und Funkoffiziere)
- 180 Matrosenlehrlinge.

Kurz vor dem Beginn unserer Reise im November 1974 hatte ich irgendwie und irgendwann den Entschluss gefasst, diese für uns so große Besonderheit in irgendeiner Weise zu dokumentieren. Da ich damals keine Kamera besaß, sondern hinsichtlich von Fotos auf die Freundlichkeit von Kommilitonen angewiesen war, hatte ich die Idee, ein Tagebuch zu schreiben. Aus heutiger Sicht ist es für mich, und vielleicht auch für andere deshalb besonders wertvoll, weil ich, damals unbewusst, viele Dinge aufgegriffen und erzählt habe, an die sich mancher nicht mehr erinnern kann. Gleichzeitig wird aber auch die Einfachheit bestimmter Belange und Geschehnisse sehr deutlich. Doch auch der technische Fortschritt und die gesellschaftliche Weiterentwicklung sind aus heutiger Sicht erkennbar. Die Erinnerung daran ist sehr wichtig. Einige Beispiele (stichwortartig): Satelliten gab es nur wenige, und die wurden zumeist weltweit durch die Militärs entwickelt und genutzt. Das heißt, von hoher See aus in irgendeiner Form eine Verbindung zur Heimat herzustellen, war äußerst kompliziert und teuer. Meistens war das nur über Grenz- oder Kurzwellen-Sprechfunk oder mithilfe der Morsetelegrafie (Funktelegramme) u.a. auf Kurzwellenfrequenzen möglich. Aus oben genannten Gründen war es auch nicht einfach, Wettermeldungen über Satelliten zu erhalten. Es gab fast regelmäßig einen Kampf darum.

Beim Lesen wird sicherlich auffallen, dass MS „J. G. Fichte" auf unserer Reise sehr viele Leerzeiten hatte. Damit meine ich Liegezeiten, in denen hinsichtlich der Ladung nichts oder nicht viel geschah. Die Reederei-Oberen und die Schiffsführung selber, so hatte ich häufig den Eindruck, hatten damit so gut wie kein Problem, weil sie immer davon ausgingen, dass unabhängig von der Wirtschaftlichkeit des Schiffes die Ausbildung, gleichgültig, ob für Studenten oder für Matrosenlehrlinge, dennoch funktionierte, was ja auch grundsätzlich der Fall war. Andererseits ging es oft um so genannte Solidaritätsfracht, in welche Richtung auch immer (meistens in Richtung Kuba), und dabei spielte dann Wirtschaftlichkeit nur eine untergeordnete Rolle. Außerdem hatte die „Fichte" ja ohnehin keine wirklich großen Ladekapazitäten! Aus dieser Erkenntnis heraus ergab sich auch, dass wir fast 14 lange Tage in Rostock an der Pier lagen, bis die Reise endlich begonnen werden konnte. Und auch diese Zeit, aber auch lange Liegezeiten in Kuba, möchte ich schon wegen der Authentizität der Ereignisse in meinem Tagebuch erwähnen. Das ergibt allerdings, zumindest am Beginn des Tagebuches, ein etwas zähes Vorankommen der Ereignisse.

Immer wieder wird in dem Tagebuch als abendliche Freizeitbeschäftigung der Besuch im „Hypodrom", unser Bordrestaurant, erwähnt. Dazu folgende Erläuterung: In der Enge der Kammer oder Kabine – für mich war es eine Vier-Mann-Kabine (auf vielleicht acht bis zehn Quadratmetern) mit zwei doppelstöckigen Kojen (zwei längs und zwei quer zum Schiff), einem Schrank, einem Waschbecken, vier Stühlen, von denen allerdings nur zwei an den Tisch passten, und einem „Bulleye" (das ist ein rundes Schiffsfenster) – war es zu viert über einen längeren Zeitraum abends nicht auszuhalten.

Unabhängig davon hatte ich zum Glück eine untere Koje in Längsrichtung des Schiffes. Die Stammbesatzung der „Fichte" ist dagegen mit Einzelkabinen und eigener Dusche und Toilette ausgestattet.

Einzige Alternative, einige Zeit aus diesem Dilemma und dieser Beengtheit herauszukommen, war eigentlich ausschließlich das „Hypodrom", unser Bordrestaurant, in dem man die Enge und Beklemmungen abschütteln konnte. Hinzu kommen in der beschriebenen Enge dann auch noch zwischenmenschliche Probleme..... Es blieb nichts anderes, als im „Hypodrom" diesen Problemen möglichst weitestgehend aus dem Weg zu gehen und sie dort manchmal auch zu „ertränken". Heutzutage würde man wohl von Alkoholmissbrauch sprechen. Obwohl – das war es damals ja eigentlich auch schon! Eine plausible Erklärung für den Begriff „Hypodrom" habe ich nicht gefunden. Manche sprechen davon, dass es sich um eine Ableitung von „Hippodrom" handelt (altgriechisch „Pferderennbahn"), andere sehen einen Zusammenhang mit dem Film „Große Freiheit Nummer 7" mit Hans Albers alias „Hannes Kröger", der dort in einem Lokal dieses Namens (Hypodrom) als „Seemannssänger" gearbeitet hat. In der Arena soll dort wohl auch auf Pferden geritten worden sein. Wiederum andere sagen, das hat damit zu tun, dass wegen der Nähe des Bordrestaurants zur Maschine des Schiffes und deren Vibrationen die Gläser auf den Tischen tanzen.........

Sehr häufig ist in dem Tagebuch die so genannte Mittagsposition angegeben. In der seemännischen Navigation wird mithilfe von Koordinaten (Längen- und Breitengrad) die jeweilige Position des Schiffes bestimmt. Sie ist insbesondere interessant für jemanden, der die Schiffsroute anhand der Koordinatenangaben nachvollziehen möchte.

Mehrfach wird in dem Tagebuch „stolz" die Rede von einem „mobilen" Tonbandgerät sein, mithilfe dessen wir, wo wir uns auch gerade immer auf dem Schiff befanden, Musik hören konnten. Wie selbstverständlich ist es doch heute, seine Lieblingsmusik hören zu können, wo immer und über welche Medien man dies auch will.

Kann es denn tatsächlich möglich sein, dass von einem Postamt im Überseehafen Rostock nach Rügen keine Telefonverbindung zustande kommt? Ja, das war aber leider Realität! Vielleicht kann man sich auch daran erinnern, dass innerhalb der DDR die Vorwahl von einem bestimmten Ort zu einem anderen bestimmten Ort immer unterschiedlich war. Nicht vergleichbar mit heute, wo jedem Ort eine feste Vorwahl zugeordnet ist.

Beim Lesen des Tagebuches werden sich weitere derartige Aspekte ergeben.

Die „Fichte" war ihrem Zweck entsprechend, mit einer Hauptbrücke, einer Lehrbrücke, einem Hauptfunkraum und einem Lehrfunkraum, die alle nach dem aktuellen Stand der Technik ausgestattet waren, ausgerüstet. Lehrbrücke und Lehrfunkraum bildeten die Basis für die Ausbildung von Studenten der Schiffsführung (nautische Offiziere) und der Studenten des Wissenschaftsbereichs Schiffselektronik und Nachrichtendienst (Funkoffiziere). Die Lehrbrücke befand sich auf dem Achterschiff auf dem B-Deck und war mit den modernsten Schiffsführungsgeräten ausgerüstet, allerdings ohne den Steuerstand.

Der Lehrfunkraum war mit den für diese Zeit modernsten nachrichtentechnischen Systemen ausgestattet, so dass das Verständnis für die Funktionsweise der vorhandenen Funkgeräte und anderer elektronischer Geräte bei den angehenden Funkoffizieren wachsen konnte. In diesem Raum gab es auch Arbeitsplätze für die Reparatur von schiffselektronischen Geräten.

Die „Seetage" im Titel habe ich ganz bewusst in Anführungs- und Ausführungsstriche gesetzt, weil wir mit dem Schiff tatsächlich mehr Zeit in Häfen und auf Reede zugebracht haben als auf hoher See. Das heißt, die meisten Reisetage waren keine Seetage.

Mit den aus heutiger Sicht allerdings sehr einfachen Mitteln sind wir damals durchs Leben gegangen, haben jedoch, denke ich, auch unseren kleinen Teil für die gesellschaftliche und die technische Entwicklung beigetragen. Ein Fakt ist beispielsweise, dass einige meiner damaligen Kommilitonen und ich berufsbedingt später daran mitgewirkt haben, dass der Beruf, den wir mal ergriffen hatten, nämlich den des Funkoffiziers, überflüssig geworden ist (Entwicklung des Satellitenfunkdienstes).

Mein Tagebuch vermeidet weitestgehend sehr bewusst sozialkritische oder politische Themen.

Ein Vergleich

Von Peter Busse, Elsfleth, zuletzt zuständig für Angelegenheiten des Seefunkdienstes und des Binnenschifffahrtsfunks beim Bundesministerium für Verkehr

Wolfgang Martin schildert in seinen Erinnerungen u.a. den Weg, das damalige international anerkannte Seefunkzeugnis 2. Klasse in der DDR an der Ingenieurhochschule für Seefahrt, Warnemünde/Wustrow, zu erwerben. Dieses Funkzeugnis erlaubte es ihm, den Funkdienst auf funkausrüstungspflichtigen Schiffen, also Schiffen in einer Größe ab 1.600 BRT, eigenverantwortlich als Funkoffizier auszuüben. Obwohl die Anforderungen zum Erwerb eines solchen Seefunkzeugnisses international verbindlich in der Vollzugsordnung für den Funkdienst – herausgegeben von der Internationalen Fernmeldeunion (ITU), einer Unterorganisation der Vereinten Nationen – festgelegt waren, unterschieden sich die Ausbildungsgänge in den damaligen beiden deutschen Staaten doch erheblich. In der Bundesrepublik bildeten die Seefahrtschulen der Bundesländer, wie z.B. in Bremen, Hamburg, Elsfleth und Lübeck die angehenden Funkoffiziere aus. Die Abnahme der Prüfungen lag als Bundesaufgabe bei der Deutschen Bundespost mit ihren dafür zuständigen Oberpostdirektionen. Voraussetzung für den Besuch einer dieser Seefahrtschulen war mindestens ein Realschulabschluss und eine abgeschlossene Ausbildung im Elektrofach – z.B. als Rundfunkmechaniker – oder mindestens ein zweijähriges Praktikum in einem Bereich der Elektrotechnik.

Die zweisemestrigen Ausbildungsgänge an den Seefahrtschulen in der Bundesrepublik behandelten als Schwerpunkte das Hören und Geben von Morsezeichen. Selbstverständlich gehörten auch die Fächer wie z.B. Englisch, Wetterkunde, Technik und Betriebsverfahren im Seefunkdienst zur Ausbildung. Jedoch war mit dem Erwerb des Seefunkzeugnisses 2. Klasse keine gleichzeitige Anerkennung als Ingenieur verbunden. Dazu waren weder Ausbildungsziele noch Ausbildungszeiten vorgesehen. Hier war die Ausbildung in der DDR breiter angelegt und führte zur akademischen Anerkennung als Diplomingenieur.

Die frischgebackenen Funkoffiziere in der Bundesrepublik wurden meistens ohne weitere seemännische Vorbildung sofort nach dem Erwerb ihres Seefunkzeugnisses eigenverantwortlich auf den Schiffen eingesetzt. Übergabezeiten waren häufig nur knapp bemessen und fanden dann unter Zeitdruck statt. Das führte oftmals dann dazu, dass die jungen Funkoffiziere mit verständlicher Nervosität – auch als „Tastenangst" bezeichnet – ihre erste Reise antraten. Auch hier dürften Ausbildungsreisen mit der „Fichte" dem positiv entgegengewirkt haben.

Unterschiede in der Abwicklung des Seefunkdienstes zwischen Funkoffizieren beider deutscher Staaten sind mir nicht bekannt. Die Morsezeichen waren damals ein wertvolles Mittel der Verständigung und öffneten damit den Weg zu einer Welt, die den meisten Menschen verschlossen blieb.

Bedingt durch den weltweiten technischen Fortschritt im Bereich Funk und in der Telekommunikation wurde der Beruf des Funkoffiziers überflüssig und im Wesentlichen durch die Satelliten-Kommunikation ersetzt. Viele Funkoffiziere mussten sich deshalb nach unterschiedlich langen Fahrenszeiten eine neue Tätigkeit an Land suchen. Den meisten gelang dies wegen ihrer erworbenen Erfahrungen und Fähigkeiten auch sehr erfolgreich.

Und hier zum Inhalt meines Tagebuches:

Montag, 04.11.1974, – Sonnabend, 08.02.1975

Bild 4: MS „J. G. Fichte"

Tag 1: Rostock-Überseehafen, MS „J. G. Fichte", Montag, den 04.11.1974

Nach der „Fichte"-Reise wird mein Studium, das mich zum Funkoffizier machen soll, beendet sein. Das heißt, wir haben zwar noch einige Prüfungen zu bestehen; denen sehe ich aber mit Gelassenheit entgegen.
Am Sonntagabend war ich um 23:47 Uhr mit dem „Ostsee-Express" aus Berlin abgereist, nachdem ich mich von meiner kleinen Familie, meine Frau Roswita und unsere Tochter Katrin – sie war am 10. Oktober gerade vier Jahre alt geworden – verabschiedet hatte, wie ich glaubte, für drei Monate. Die Fahrt verlief wie üblich normal. Gegen 04:45 Uhr am Montag war ich in Warnemünde im Internat der Ingenieurhochschule für Seefahrt Warnemünde/Wustrow (IHS) angekommen. Leider konnte ich mich noch nicht gleich schlafen legen, sondern musste meinen zweiten Koffer packen. Die Sachen sollten morgens um 07:30 Uhr mit einem Lastkraftwagen (LKW) abgeholt und zur „Fichte" gefahren werden. Als ich den Koffer gepackt hatte, legte ich mich schlafen, in nicht bezogenen Betten! Denn diese Übernachtung war so nicht geplant. Die Bettwäsche hatte ich abgegeben, bevor ich am Donnerstagabend nach Hause, nach Berlin, gefahren war.

Um 07:00 Uhr standen wir auf (Peter B., Manfred N. [Namen geändert] und ich) und brachten unsere Koffer in den Internatsvorbau. Ich hatte zwei knackvolle Koffer. Die Uniformmütze bekam ich nicht mehr mit hinein. „Peter" sprechen wir alle übrigens wie das englische Peter, also wie „Pieter", aus.

Danach gingen wir zum S-Bahnhof „Werft", kauften uns im Zug eine Fahrkarte und fuhren dann mit einem kurzen Zwischenaufenthalt in Rostock zum Überseehafen. Von Rostock zum Überseehafen sind es etwa 12 Kilometer.

Wenn man das Seefahrtsbuch vorzeigt, kommt man „ungeschoren" durch die Wache in den Hafen hinein. Der Hafen ist überall sehr stark bewacht.

Nach der „Fichte" brauchten wir nicht zu suchen, da einige von uns wussten, an welcher Pier sie lag.

Wir waren etwas geschockt, als wir dort ankamen; die „Fichte" lag nämlich an der so genannten „Apatit-Pier" davor MS „Görlitz", ein größerer Massengutfrachter (mehr als 20.000 BRT), und war völlig eingestaubt. Apatit in Pulverform wird u.a. zur Herstellung von Dünger verwendet. Man kann es sich in der Konsistenz wie Gips oder Mehl vorstellen und bildet eine schmierige Masse, wenn es mit Wasser in Berührung kommt. Es hat einen leichten Grauschimmer. Die „Görlitz" hatte es aus Klaipeda [WM: damals Sowjetunion, heute Litauen und ganz früher Meml] geholt.

Als wir uns von diesem Schock erholt hatten, meldeten wir uns bei der Bordwache, und man zeigte uns den Weg zu unserer Kammer. Auf einem größeren Schiff kann man sich anfänglich sehr leicht verlaufen.

Leider bekamen wir nur eine verhältnismäßig kleine Kammer zugeteilt. Wir, das sind Peter B., Manfred N., Siggi D. und ich. Ein Waschbecken mit fließendem, lauwarmem Wasser ist vorhanden. Allerdings besitzt der Wasserhahn des Waschbeckens aus Gründen des Einsparens von Wasser einen Mechanismus, mit dem man den Wasserhahn und einen Metallbügel oberhalb des Wasserhahns mit einer Hand umklammern muss, um das Wasser zum Laufen zu bringen. Und wer kann sich schon so richtig mit einer Hand waschen? Was haben wir also getan? Wir haben uns einen Einweckgummi beschafft und ihn um den Wasserhahn befestigt! Und schon konnten wir beide Hände zum Waschen nutzen. Eine Dusche gibt es in den sanitären Gemeinschaftseinrichtungen. Beide sind aber nicht in besonders einladendem Zustand. Wir trösteten uns damit, dass es sich hier um einen zeitlich befristeten und absehbaren Aufenthalt handelt und wir später, wie alle Schiffsoffiziere, eine eigene Kammer haben werden, auf manchen Schiffen sogar mit eigenem Bad und einem größeren „Fenster" mit möglicherweise sogar Blickrichtung auf See.

Um 11:30 Uhr gab es Mittagessen in der Offiziersmesse, und was wir dort vorfanden, übertraf alle unsere Erwartungen. Die Offiziersmesse ist ein wunderbarer Raum mit holzgetäfelten Wänden, weinrot bezogenen Sesseln und auch sonst mit angemessener Einrichtung. Das Essen wird von Stewardessen serviert, ist sehr, sehr gut und reichlich. Für mich ist das genau richtig – deftige deutsche Hausmannskost. Man kann so viel nachbestellen, wie man möchte. Das alles geschieht in einer dezenten und gepflegten Atmosphäre. Die Stewardessen bedienen uns leise und schnell. Die Offiziersmesse darf nur entsprechend der jeweils gerade angeordneten Uniformordnung betreten werden.

An dieser Stelle möchte ich anmerken, dass Verpflegung und Unterkunft für alle Seeleute auf allen DDR-Schiffen kostenfrei sind (freie Kost und Logis).

Nach dem Essen hielten wir uns bis um 13:00 Uhr in unserer Kammer auf und gingen dann in den Musiksalon zur offiziellen Begrüßung und Einweisung. Salon ist übrigens schon die angemessene Bezeichnung für diesen Raum, denn er ist ähnlich gestaltet, wie die Offiziersmesse, nur zusätzlich mit einem dicken Teppich ausgestattet [WM: Der Teppich wird später noch eine besondere Erwähnung finden.]. Hier erfuhren wir, dass der Auslauftermin, der ursprünglich auf den 6. November festgelegt war, auf den 10. November verschoben wurde, aber auch der stehe noch nicht fest, da die „Fichte" noch 3.000 Tonnen Zucker in ihren Laderäumen hat, die noch gelöscht werden müssen. Die voraussichtliche Route wird sein: Vlissingen in Holland (einige Tage Werftliegezeit), Kuba und zurück. Es können aber auch noch andere Häfen angelaufen werden. Weiterhin klärte man uns über einige Verhaltensmaßregeln auf, die auf diesem Schiff gelten. Sie sind dadurch, dass die „Fichte" ein Ausbildungs- und Frachtschiff ist und dementsprechend eine Besatzungsstärke von etwa 300 Mann hat, gegenüber Schiffen mit einer Besatzungsstärke von üblicherweise 20 bis 30 etwas anders.

Wir als Praktikanten und angehende Schiffsoffiziere haben die gleichen Rechte wie die Offiziere der Besatzung des Schiffes und bekommen auch jegliche Unterstützung von ihnen. Das habe ich bereits mehrfach in verschiedenen Situationen eindrucksvoll bewiesen bekommen.

Bis zu dieser Einweisung trugen wir alle noch unsere Zivilsachen, aber ab morgen tragen wir an Bord ständig die Uniform; zurzeit noch blaue Hose und Khakijacke.

Nach der Einweisung bekamen wir unsere Bettwäsche. Jeder erhielt komplette Bettwäsche sowie zwei Decken und drei Handtücher.

In der Mittagspause war auch der LKW mit unseren Koffern aus Warnemünde angekommen, so dass wir nach dem Wäscheempfang unsere Sachen in die Schränke einräumen und die Kojen einrichten konnten.

Um 17:30 Uhr gingen wir wieder in die Offiziersmesse. Dieses Mal zum Abendbrot, und die Atmosphäre war für mich wieder so faszinierend wie zum Mittag. Es gab jedenfalls wieder reichliches und gutes Essen.

Anschließend schrieb ich einen Brief nach Hause, um meine ersten Eindrücke vom Schiff zu schildern und meinen beiden Mädels mitzuteilen, dass ich am Wochenende wahrscheinlich noch einmal nach Hause kommen würde. Ich hoffe sehr, dass es geschehen wird.

Am Abend spielten wir Skat, um uns die Zeit zu vertreiben. Es blieb aber nicht bei einem kurzen Zeitvertreib, sondern wir spielten bis um 23:30 Uhr, weil wir großen Spaß daran hatten. Zum Durststillen hatten wir uns aus einer nahegelegenen Kaufhalle Cola geholt. Alkohol gibt es im ganzen Hafen nicht, und die Verkaufsstelle und der Transit-Shop auf der „Fichte" haben erst während der Fahrt geöffnet.

Leider sehe ich meine Geldvorräte schwinden, wenn wir nicht bald auslaufen, denn ich hatte ja damit gerechnet, im Transit-Shop billig einkaufen zu können (beispielsweise Zigaretten F6 für 80 Pfennig), und der ursprüngliche Auslauftermin war der 6. November 1974!

Dann kam unsere erste Nacht auf der „Fichte", und ich war mit der Situation eigentlich ganz zufrieden.

Tag 2:   Rostock-Überseehafen, MS „J. G. Fichte", Dienstag, den 05.11.1974

Meine „Kammergenossen" hatten die ganze Nacht über jämmerlich gefroren und sollten sich wohl noch eine zusätzliche Decke geben lassen. Warum aber habe ich eigentlich nicht gefroren?

Um 07:00 Uhr standen wir auf und gingen um 07:30 Uhr zum Frühstück. Hier wiederholte sich alles wie bei den ersten beiden Mahlzeiten gestern, nur dass alle Praktikanten, wie man uns hier nennt, jetzt ihre Uniformen tragen. Es gab für jeden, der Appetit darauf hatte, Bockwurst; ansonsten Bohnenkaffee oder Milch, Brötchen, Butter und Marmelade. Alles selbstverständlich in großer Auswahl und ausreichender Menge.

Nun habe ich drei verschiedene Mahlzeiten etwas ausführlicher beschrieben und möchte sie deshalb später nur noch am Rande beziehungsweise stichwortartig erwähnen.

Für uns Praktikanten beginnt der Arbeitstag auf dem Schiff um 09:00 Uhr und endet um 16:00 Uhr. Der obligatorische Unterricht geht für uns von 09:00 bis 11:00 Uhr und von 14:00 bis 16:00 Uhr. Während der „echten" Seefahrtzeit hat dann zusätzlich jeder von uns täglich einen vierstündigen Brückenwachdienst zu verrichten, so dass täglich mindestens etwa 8 Dienst- beziehungsweise Unterrichtsstunden zusammenkommen.

Heute hatten wir allerdings noch keinen Unterricht, sondern mussten einige Arbeiten verrichten, die notwendig waren, um einen ordentlichen Ablauf des Praktikums zu gewährleisten. Peter und ich sollten zum Beispiel die defekten Lautsprecher in den Kammern der Studenten reparieren und an leicht zugänglichen Stellen anbringen. Wir schafften das innerhalb der beiden Stunden am Vormittag.

Gegen 11:30 Uhr zogen wir uns um und gingen wieder zum Mittagessen. Es gab gefüllte Paprikaschoten mit Kartoffeln oder Reis. Jeder konnte nach Belieben auswählen.

Zwischendurch erfuhren wir, dass die „Fichte" zwischen 18:00 und 19:00 Uhr zur gegenüberliegenden Pier verholt werden soll und damit endlich von dem Apatit-Staub wegkommt, gereinigt werden und wahrscheinlich auch entladen werden kann.

Am Nachmittag schrieb ich an meinem Tagebuch.

Gegen 16:00 Uhr hatten Peter und ich die grandiose Idee, doch noch „auf ein Bier" nach Warnemünde zu fahren. Die Fähre fährt um 16:15 Uhr vom Hafen nach Warnemünde und um 20:40 Uhr zurück. Wir zogen uns also „Zivil" an und starteten durch. An der Pier lagen zwei kleine Fährschiffe. Wir bestiegen natürlich das falsche, und als wir das bemerkten, war es bereits zu spät; inzwischen legte der „Dampfer" nach Warnemünde ab, und wir konnten nur noch zusehen, wie sich die Fähre entfernte und das weiße Hecklicht zu sehen war.

Dann überlegten wir uns, dass man ja auch in Rostock ein Bier trinken könnte und gingen zur Bushaltestelle. Leider war im Hafen gerade Schichtwechsel, so dass wir wegen Überfüllung mit keinem Bus wegkamen. Aber den Zug um 16:27 Uhr schafften wir gerade noch.

In Rostock tranken wir dann endlich unser Bier und wollten eigentlich mit dem Zug um 20:40 Uhr, das ist der letzte, der abends zum Überseehafen fährt, wieder zurückkehren. Dann geschah unser nächstes Missgeschick. Wir verpassten diesen Zug, sahen nur noch die Rücklichter – das hatten wir heute doch schon einmal! Was tun? Wir fuhren mit dem nächsten Vorortzug nach Warnemünde und schliefen dort im Internat in unserer „Studentenbude". Kalle P. (Name geändert) war für die zweite Reise mit der „Fichte" vorgesehen und guckte nicht schlecht, d.h., er guckte eigentlich gar nicht, weil er schon schlief, als wir kamen, und weil er noch schlief, als wir aufstanden und das Haus verließen.

Dazu eine kurze Erläuterung: Unsere Studiengruppe der angehenden Funkoffiziere bestand über die fast vier Studienjahre aus zwei Seminargruppen, F11 und F12, mit insgesamt knapp 50 Studenten. Da man nicht alle Studenten aus zwei Seminargruppen für die Praktikumsreise auf MS „J. G. Fichte" gleichzeitig mit an Bord nehmen konnte, hatte man nach einem Auswahlkriterium gesucht und war dabei auf die Prüfungsergebnisse im Fach Morsetelegrafie gestoßen, warum auch immer.

Das heißt, diejenigen Studenten, die als erste und beste diese Prüfung bestanden hatten, durften an der ersten Praktikumsreise dieses Studienjahres teilnehmen. Bei den angehenden Nautikern wurde in ähnlicher Weise verfahren; allerdings kenne ich nicht das dort angewandte Auswahlverfahren. Demnach nahm also an unserer jetzigen Reise die entsprechend den Ergebnissen des Auswahlverfahrens gemischte Hälfte der beiden Funkseminargruppen und die gemischte Hälfte der Nautik-Studenten teil. Demnach waren wir auf der „Fichte" insgesamt 48 Praktikanten aus insgesamt vier Seminargruppen. Kalle P. gehörte offensichtlich zu dem Teil der Seminargruppe, die nicht sofort ein gutes Prüfungsergebnis erzielt hatte und deshalb erst später, nach uns, die Praktikumsreise antreten durfte. Deshalb trafen wir ihn auch im Internat an, als wir dort in unseren nicht bezogenen Betten schlafen mussten. Meines Erachtens hat die eben erläuterte Einstufung jedoch keinen größeren Einfluss auf die Ausübung des späteren Berufes. Ich behaupte sogar, dass auch Kalle P. sowie alle anderen, die zur „zweiten Gruppe" gehörten, ihren Job später ausgezeichnet ausüben werden.

In diesem Zusammenhang möchte ich noch ein für mich persönlich wichtiges und vielleicht auch interessantes Detail erörtern: Nach den damals geltenden internationalen Bestimmungen erhielten Funkoffiziere nach Abschluss des Studiums und zu Beginn ihrer Reisezeit zunächst „nur" das so genannte Seefunkzeugnis 2. Klasse. Frühestens nach drei Jahren erfolgreicher Seefahrtzeit als Funkoffizier konnte das Seefunkzeugnis 2. Klasse unter bestimmten Bedingungen durch das Seefunkzeugnis 1. Klasse ersetzt werden. Voraussetzung dafür war allerdings der Nachweis einer erfolgreichen Morsetelegrafie-Prüfung mit einer Sendegeschwindigkeit von 120 Zeichen pro Minute. Ein Missgeschick beziehungsweise eine Unbedachtheit oder eine Fehleinschätzung hat mir dabei sehr schnell dazu verholfen, das Zehn-Finger-Schreibsystem auf der

Schreibmaschine anwenden zu können. Und das kam so: Es stand wieder einmal eine Zwischenprüfung im Aufnehmen von Morsezeichen an. Bis zu diesem Zeitpunkt hatte ich die Morsetelegrafie-Zeichen immer noch „von Hand", also mit Bleistift oder Kugelschreiber aufgenommen. Jetzt war allerdings der Punkt erreicht, an dem die Geschwindigkeit für das handschriftliche Mitschreiben zu schnell wurde. Und urplötzlich hagelte es schlechte Bewertungen in diesem Fach, denn wir sollten und wollten die Abschlussprüfung mit der Morsetelegrafie-Geschwindigkeit absolvieren, wie sie für das Seefunkzeugnis 1. Klasse vorgesehen war, und zwar 120 Zeichen pro Minute. Ich hätte also beinahe den Anschluss verpasst! Mit dieser Erkenntnis setzte ich mich dann sofort auf den „Hosenboden" und erlernte innerhalb von 14 Tagen das Schreibmaschineschreiben im Zehn-Finger-System. Und (fast) umgehend stellten Prüfungen in dem Fach „Morsetelegrafie" kein Problem mehr für mich dar. Wenn man die Prüfungsgeschwindigkeit 120 Zeichen pro Minute möglichst fehlerfrei absolvieren möchte, muss die Übungsgeschwindigkeit bei bis zu 160 Zeichen pro Minute liegen. [WM: In meinem späteren Berufsleben hatte ich dann kaum eine Sekretärin in meinen jeweiligen Arbeitsbereichen, die mir hinsichtlich des Schreibmaschineschreibens „das Wasser reichen" konnte. Und die spätere Umstellung auf die Computertastatur war auch kein Problem.]

Jedenfalls hat dieses Erlebnis dazu beigetragen, dass ich auf der Praktikumsreise mit MS „J. G. Fichte" zu der so genannten ersten Gruppe gehöre.

Tag 3: **Rostock-Überseehafen, MS „J. G. Fichte", Mittwoch, den 06.11.1974**

Heute Morgen hätten wir beinahe verschlafen. Wir packten schnell noch einige Sachen, die wir vorher vergessen hatten, in Peters Tasche und wollten das Haus verlassen. Auf dem Flur trafen wir Sprilli (Christian B.) und Jörg S. Die beiden waren gestern mit der Fähre, die wir verpasst hatten, nach Warnemünde gefahren, um das Angenehme mit dem Nützlichen zu verbinden. Sie wollten nämlich, wie auch wir, ein Bier trinken und einige Sachen aus dem Internat holen. Heute Morgen hätten sie ebenfalls beinahe verschlafen. Sprilli hatte eine Riesentasche, die ich ihm dann tragen half. Die erste Fähre zum Hafen fährt um 06:30 Uhr, und wir kamen eine halbe Minute vor der Abfahrt dort an! Also alles in Ordnung!

Sprilli und ich hatten schon gemeinsam unseren Pflicht-Wehrdienst bei der Nationalen Volksarmee (NVA) in Prora auf Rügen (vom Ostseebad Binz etwa vier Kilometer entfernt) absolviert, sind dort gute Freunde geworden und haben dort in der wenigen Freizeit, die wir hatten, auch gemeinsam musiziert. Das hatte uns zusammengeschweißt und uns große Vorteile gegenüber den anderen verschafft, weil wir mehr Ausgang als die Kameraden hatten, wenn unsere Auftritte beispielsweise außerhalb der Kaserne stattfanden. Man hatte uns dafür „nur" die Verpflichtung auferlegt, in Uniform aufzutreten. Das aber nur am Rande. Bevor ich zur Armee eingezogen wurde, hatte ich zwei Versuche unternommen, einen Studienplatz zu ergattern. In Wismar hatte ich mich beworben, um Bauingenieur zu werden. Dann aber wollte ich mit einem befreundeten Schüler ein Musikstudium in Berlin, Musikhochschule „Hanns Eisler", absolvieren. Wir hatten uns zwar gut auf die Aufnahmeprüfung vorbereitet, Musiktheorie, Musikgeschichte usw., jedoch war uns nicht bekannt [WM: Internet gab es damals noch nicht!], dass wir zur Aufnahmeprüfung bereits mehrere spanische Konzertstücke mit einer Gitarre vorspielen können sollten. Somit war die Aufnahmeprüfung für uns gelaufen, und ich hing einigermaßen in der Luft. Denn ich hatte mich vorher in Wismar abgemeldet (welche Dummheit!), obwohl ich dort schon angenommen worden war. Man darf sich wohl nicht an zwei Stellen gleichzeitig bewerben, wie ich gehört hatte. Nun war ich gemeinsam mit Sprilli bei der Armee (18 Monate Grundwehrdienst), und er brachte mich auf den richtigen Weg. Er war nämlich bereits als Matrose zur See gefahren, hatte diesen Beruf, u.a. auf der „Fichte" gelernt, und wollte nun ein Studium absolvieren, das ihn zum Funkoffizier macht, um danach wieder zur See zu fahren, dann jedoch als Funkoffizier. Ich war von dieser Idee so begeistert, dass ich mich ihm letztendlich anschloss, mich auch an der Ingenieurhochschule für Seefahrt, Warnemünde/Wustrow, bewarb und angenommen wurde. Hinsichtlich unseres künftigen Berufes hatten wir beide gute Voraussetzungen, denn wer musikalisch begabt ist, das ist zumindest meine Erfahrung, hat auch ein gutes Gefühl für die Morsetelegrafie, die ja einen wichtigen Bestandteil des Berufes darstellt. Die guten Morsetelegrafie-Kenntnisse brachten uns Vorteile bei der Armee, aber auch später während des Studiums. Weshalb beschreibe ich diesen Werdegang? Aus zwei Gründen: Einerseits möchte ich aufzeigen, wie ich überhaupt auf die „Fichte" gekommen bin, aber andererseits möchte ich aus Respekt vor Sprilli diesen Spitznamen im Weiteren nicht mehr verwenden, weil er mir nicht so richtig gefällt. Er passt einfach nicht zu ihm; deshalb werde ich ab jetzt nur noch seinen richtigen Vornamen, Christian, verwenden. Wenn ich mich so richtig erinnere, hatte man ihm diesen Spitznamen während unserer Armeezeit „verpasst". Das war im ersten von drei halben Jahren Armeezeit so üblich. Alle Soldaten des ersten Halbjahres wurden „Sprillis" genannt, und bei Christian ist dieser Spitzname wohl einfach haften geblieben. Diese Zeit – so habe ich jedenfalls später empfunden – war über eineinhalb Jahre ein äußerst unmenschliches Martyrium. Durchgehalten haben wir das nur durch Willenskraft, enormen Zusammenhalt und gegenseitige Unterstützung. Heute weiß ich aber, dass es für so manchen ganz gut wäre zu wissen, wie tief man doch auch einmal in der Sch... stecken kann und dass Intelligenz dabei nicht hilft, weil nämlich in diesem Moment diejenigen das Sagen haben, die diese nicht besitzen...........

Es ist immer wieder ein schöner Anblick, so empfinde ich jedenfalls, wenn man in den Hafen von Warnemünde beziehungsweise Rostock hineinfährt und die vielen Lichter sieht. Zu der Zeit ist es noch dunkel.

Die „Fichte" hatte inzwischen zur anderen Pier verholt, und man war auch schon dabei, die Ladung zu löschen.

Um 07:00 Uhr waren wir wieder in unserer Kammer. Dann wuschen wir uns, zogen unsere Uniformen an und gingen um 07:30 Uhr zum Frühstück.

Ab 09:00 Uhr sollten wir wieder kleinere Arbeiten verrichten, aber Peter und ich bekamen keine zugeteilt, so dass wir uns in der Kammer aufhalten konnten. Peter schlief, und ich schrieb an meinem Tagebuch.

Gestern Nachmittag ging das Gerücht um, dass, wenn die „Fichte" am Montag, also am 11. November, noch nicht ausgelaufen ist, holländische Spezialisten hierherkommen werden, um den Schaden zu beheben, der sonst in Vlissingen in der Werft beseitigt werden sollte. Das bedeutet aber, dass sich der Auslauftermin noch mehr verschiebt und außerdem Vlissingen für uns „gelaufen" ist. Aber ich glaube, Genaues wissen wir erst, wenn die „Fichte" tatsächlich ausgelaufen ist.

Im Grunde genommen sitzen wir hier zeitweise untätig herum. Dann könnte man uns auch besser nach Hause fahren lassen!

Ich hatte heute Nachmittag wirklich die ganze Zeit frei und nutzte diese Zeit zum Lesen.

Um 17:30 Uhr gab es wieder Abendessen, und danach sahen wir uns im Fernsehen einige Fußballspiele an. Es spielten 1. FC Magdeburg gegen Bayern München und Dynamo Dresden gegen Dynamo Moskau. Magdeburg verlor 1:2, aber Dresden gewann nach Verlängerung und Elfmeterschießen mit 4:3 Toren [WM: Um welches Tournier es eigentlich ging, ist mir nicht mehr geläufig.] Während der Übertragung konnten

wir jeder zwei Flaschen Bier trinken, weil Peter am Nachmittag in Rostock gewesen war, um für seine Kamera einen Filter zu kaufen. Bei der Gelegenheit brachte er auch das Bier mit. Was wäre Fußball ohne Bier?
Um 23:00 Uhr lagen wir in der Koje.
Die Lösch- und Ladearbeiten gehen jetzt zügig voran. Nur in der Nacht mussten sie wegen des Regens zeitweise eingestellt werden.
Übrigens fällt mir da gerade noch etwas zum Verholen des Schiffes ein: Das Verholmanöver erfolgte mit Hilfe von drei Schleppern. Eine Einsatzstunde jedes Schleppers kostet etwa 800,- Mark, wie ich gehört habe. Leider ist mir entgangen, wie lange das Verholmanöver gedauert hat. Ansonsten kann sich jeder selber ausrechnen, dass so etwas sehr teuer ist.

Tag 4:   Rostock-Überseehafen, MS „J. G. Fichte", Donnerstag, den 07.11.1974

Nach dem Frühstück, so gegen 08:00 Uhr, gingen Manfred und ich zur Bekleidungs- und Ausrüstungskammer. Wir brauchten noch einige Sachen für die Reise, ich z.B. eine blaue Uniformhose und weiße, kurzärmelige Hemden. Das können wir alles, wenn vorhanden, für unsere Wert-Coupons kaufen.

Die Coupons nützen uns im Moment jedoch nicht viel, weil die Ausrüstungskammer wie leergefegt ist. Ich konnte mir aber wenigstens zwei kurzärmelige Hemden für die Tropen kaufen. Vor uns stand ein junger Mann, der sich auch einige Khakihemden kaufen wollte, aber es gab ja keine. Aus dem Gespräch, das er mit der Verkäuferin führte, hatte ich herausgehört, dass er seine Arbeit bei der Seereederei aufgeben wollte.

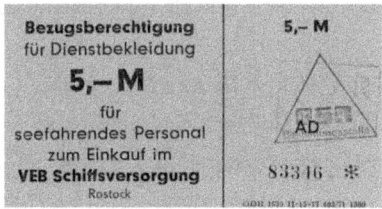

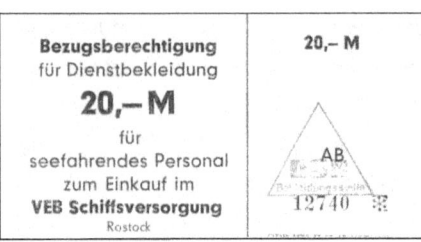

Als er hörte, dass es keine Khakihemden gibt, knallte er seine restlichen Coupons vor uns auf den Ladentisch und sagte zu uns: „Hier, schenk' ich Euch." Wir freuten uns natürlich, denn als wir sie geteilt und nachgezählt hatten, stellte sich heraus, dass es für jeden von uns Coupons im Wert von 197, – Mark waren.

Um 09:00 Uhr begann der Unterricht. In der ersten Stunde hatten wir wieder mal eine Einweisung in verschiedene Arbeitsbereiche und Arbeitsschutzbelehrung. Dabei erfuhren wir, dass jetzt um den 14. November als Auslauftermin „gekämpft" werde. Wenn es in den nächsten Tagen regnet, wird wahrscheinlich auch dieser Termin wieder verschoben werden müssen. Auf jeden Fall können wir am Wochenende nach Hause fahren. Der Unterricht wird am Freitag insgesamt auf den Vormittag verschoben, so dass wir am Nachmittag nach Hause fahren können. Ich habe aber noch von 12:00 bis 14:00 Uhr eine so genannte „Satellitenwache" und erst danach frei.

In der zweiten Stunde hatten wir Englisch.

Um 11:30 Uhr gab es, wie üblich, Mittagessen.

Soeben habe ich erfahren, dass ich meine morgige Satellitenwache nicht anzutreten brauche, sondern auch ab Mittag frei habe. Hurra! Naja, ich muss ja heute auch Glück haben; der Donnerstag ist nämlich der Seemannssonntag. Das macht sich übrigens auch beim Essen bemerkbar; heute gab es zum Frühstück Rührei.

Am Nachmittag führte man wieder einige Belehrungen durch, u.a. über die allgemeine Schiffsordnung und die Ordnung im Funkraum.

Heute Mittag war ich um 13:00 Uhr in der Post und wollte ein Gespräch nach Binz auf Rügen (mein Geburts- und Heimatort) führen, um meinen Eltern die Sachlage zu erklären; sie glaubten nämlich, ich schwimme schon längst auf hoher See. Es kam aber keine Verbindung zustande! Nach Berlin schickte ich ein Telegramm, in dem ich mein morgiges Kommen ankündigte.

Ab 16:00 Uhr hatten wir wieder Zeit für uns. Ich hätte ja noch einmal versucht, nach Binz anzurufen, aber die Post hatte zu der Zeit bereits geschlossen.

Um 17:30 Uhr gab es Abendbrot, und danach spielten wir eine Runde Skat, aber nicht sehr lange, weil wir merkwürdigerweise alle keinen richtigen Spaß daran hatten. Später las ich noch etwas. Um 00:15 Uhr klappte ich das Buch zu und schlief ein. Das heißt, ich wollte einschlafen, konnte aber nicht. Ständig quälte mich der Gedanke an zu Hause und die dort zu bewältigenden täglichen Probleme, wobei ich hier gleichzeitig ein so relativ unbeschwertes Leben führen darf.

Tag 5 bis 7: Rostock-Überseehafen, MS „J. G. Fichte", Freitag, den 08.11.1974, Berlin, Sonnabend/Sonntag, 09.11./10.11.1974

Heute Morgen um 07:00 Uhr wurden wir von Siggi geweckt. Er war gestern nach Rostock gefahren und erst heute Morgen wiedergekommen. Ich glaube, seine Freundin wohnt in Rostock. Siggi war von der Hochsee-Fischerei zu uns gestoßen und hatte die Absicht, nach erfolgreichem Studium als Funkoffizier dorthin zurückzukehren. Um 07:30 Uhr folgte wieder das Frühstück; heute zusätzlich mit „Strammem Max" [WM: Strammer Max ist ein einfaches Gericht aus Mischbrot, Schinken und Spiegelei.].

Der Unterricht begann bereits um 08:00 Uhr, weil alle vier Unterrichtsstunden auf den Vormittag verlegt worden waren:

    1. Stunde: Technische Navigation
    2. Stunde: Englisch
    3. und 4. Stunde: Gerätesysteme

Diese Reihenfolge wird grundsätzlich ständig beibehalten.
Nach dem Mittagessen konnte ich dann, nachdem ich mich umgezogen hatte, sofort losfahren, weil man, wie gesagt, meine Satellitenwache gestrichen hatte. Ich fuhr dann also mit Christian, Klaus K. und Jörg S. mit dem Bus nach Rostock. Dort ging ich zur Hauptpost und telefonierte nach Binz, um mit meinen Eltern zu sprechen. Die Verbindung kam dieses Mal sogar ziemlich schnell zustande.
Anschließend begab ich mich zu Fuß zum Bahnhof. Der Straßenbahnverkehr ist zurzeit eingestellt, da an den Gleisen gearbeitet wird, hauptsächlich in der Langen Straße, und die Busse, die den Schienenersatzverkehr fahren, sind übervoll.
Im Bahnhof kaufte ich mir eine Fahrkarte und setzte mich dann in die Mitropa-Gaststätte, wo ich bei <u>einem</u> Glas Bier mein Tagebuch vervollständigen konnte, denn ich

hatte bis zur Abfahrt des Zuges um 15:22 Uhr noch knapp zwei Stunden Zeit. In der Gaststätte wurde es mir aber bald zu langweilig, und so spazierte ich etwas auf dem Bahnhof umher.

Dann fuhr ich nach Berlin. Der Zug hatte eine Stunde Verspätung, aber was macht schon die eine Stunde, wenn man dann das ganze Wochenende frei hat. Meine Mädels freuten sich sehr darüber, dass ich vor unserer Abreise noch einmal nach Hause kommen konnte. Kati schlief allerdings schon, als ich zu Hause ankam.

Über das Wochenende möchte ich kein Tagebuch führen. Es herrschte keine Abschiedsstimmung, und das war gut so. Jedenfalls war es sehr, sehr schön zu Hause. Leider konnte ich mich meiner Familie nicht ganz so widmen, wie ich es mir vorgenommen hatte, denn ich hatte etwas Magenleiden; wahrscheinlich von dem zu guten, ungewohnten Essen auf dem Schiff......

Tag 8: Rostock-Überseehafen, MS „J. G. Fichte", Montag, den 11.11.1974

Ich kam heute Vormittag um 11:00 Uhr im Hafen an. Um 11:30 Uhr gab es Mittagessen (Hühnerfrikassee), und danach begann um 13:00 Uhr der Unterricht. Alle vier Stunden waren auf den Nachmittag verschoben worden. Um 16:30 Uhr war der Unterricht zu Ende.

Der voraussichtliche Auslauftermin ist nun der Donnerstag, also der 14. November, der sich aber bestimmt auch noch wieder um ein bis zwei Tage verschieben wird.

Christian war übers Wochenende auch zu Hause in Putbus (etwa 12 km von Binz entfernt) und brachte mir von dort eine freudige Überraschung mit. Meine Mutter war in Putbus gewesen (mit dem „Rasenden Roland" kein Problem) [WM: Der „Rasende Roland ist eine Schmalspurbahn auf Rügen] und hatte ihm dort eine finanzielle Unterstützung für mich und einen Brief übergeben. Nun konnte ich es mir leisten, den 11.11. etwas zu begießen.

Christian und ich fuhren nach dem Abendbrot nach Rostock, d.h. nicht nur Christian und ich, sondern wir waren insgesamt sieben Mann. Wir gingen in Rostock zum internationalen Seemannsklub. Man kommt nur hinein, wenn man ein Seefahrtsbuch vorzeigen kann. Es war dort sehr lustig, denn es ist, wie gesagt, ein Klub; man kann Tischtennis oder Billard spielen, Fernsehen und natürlich auch essen und trinken. Es treibt sich aber allerlei Gesindel dort herum; anders kann ich das leider nicht bezeichnen. Bei den Frauen, die dort einkehren, fällt mir der Vergleich mit einem fiktiven Filmtitel ein: „Frauen im Zwielicht!". Sie werden auch ohne Seefahrtsbuch in den Klub eingelassen. Ich glaube, allein würde ich den Klub niemals betreten.

Wir tranken nur wenig, denn die nächste Zeit konnte man uns im Billardzimmer finden. Als wir um 00:45 Uhr wieder auf dem Schiff waren, hatte ich nur ganze acht Mark ausgegeben.

Tag 9:   Rostock-Überseehafen, MS „J. G. Fichte", Dienstag, den 12.11.1974

Nach dem Frühstück waren Peter und ich in der Bekleidungs- und Ausrüstungskammer. Ich kaufte mir zwei langärmelige Khakihemden und eine lange Khakihose; Kostenpunkt ungefähr 125.- Mark in Wert-Coupons. Das Lager hatte endlich neue Ware bekommen, aber blaue Uniformhosen waren wieder nicht dabei. Ich bin jetzt aber trotzdem relativ gut mit Uniformstücken eingedeckt.

Ab 09:00 Uhr hatten wir unsere beiden obligatorischen Vormittagsunterrichtsstunden, und um 11:30 Uhr gab es Mittag (Grüne Erbsen mit Speck).

Es gehen mal wieder Gerüchte um die besagen, dass der Auslauftermin nicht der Donnerstag, sondern der Sonnabend sein soll. Dann laufen wir, glaube ich, aber ganz sicher aus.

Die Ladearbeiten gehen jetzt zügig voran.

Soweit ich das erkennen konnte, haben wir Malz aus Pilsen und verschiedene Stückgüter geladen, wie z.B. Kisten mit Musikelektronik und -instrumenten aus Klingenthal, aber leider alles nur für Kuba, so dass wir wahrscheinlich auch nur Kuba anlaufen werden. Zwei holländische Spezialisten sollen auch schon an Bord gewesen sein und die Alarmanlage in Ordnung gebracht haben. Das bedeutet also, dass wir nicht nach Vlissingen fahren. Aber, wie gesagt, Genaues wissen wir erst, wenn wir unterwegs sind.

Demnächst will ich noch zwei Briefe schreiben; einen nach Berlin und einen nach Binz.

Bis um 14:00 Uhr, bis zum Unterrichtsbeginn, hatte ich dann wieder Zeit, an meinem Tagebuch zu schreiben. Der Unterricht war um 16:00 Uhr zu Ende. Ich zog mich schnell um und fuhr mit der Fähre um 16:15 Uhr, die ich diesmal nicht verpasste, nach Warnemünde. Ich wollte mich von einem Kommilitonen (Sch....) über eine eventuell spätere Arbeit in Berlin informieren lassen, aber er konnte mir, besser ist wohl, wollte mir keinen vernünftigen Tipp oder Anhaltspunkt geben (Sch........Seine Nähe zur Stasi war ein offenes Geheimnis. Es hieß immer: „Sch......, notieren.") Sofort nach dem Gespräch habe ich es dann ganz tief in mir vergraben. Ich war mit meinem Anliegen wohl bei der falschen Adresse gelandet. Und überhaupt – warum sollte ich mich schon jetzt um einen späteren Job an Land kümmern? Ich wollte und sollte ja wohl erst einmal einige Jahre zur See fahren!

Jedenfalls nutzte ich die Gelegenheit, um noch einige Kleinigkeiten in Warnemünde zu kaufen und im Internat zu duschen. Außerdem schickte ich per Fleurop ein paar Blumen nach Hause und rief meine Eltern in Binz an, um mich für das Geld zu bedanken. Meine Mutter war ja am Wochenende extra nach Putbus gefahren, um Christian das Geld für mich mitzugeben.

Mit der Fähre um 20:40 Uhr fuhr ich wieder zurück in den Überseehafen. Lust zum Schlafengehen hatte ich noch nicht, und so schrieb ich noch etwas an meinem Tagebuch.

Übermorgen ist für die Besatzung und die Matrosenlehrlinge ab 08:00 Uhr und für uns (Praktikanten) ab 12:00 Uhr Ausgangssperre verhängt. Also wird es wahrscheinlich nun doch übermorgen Nachmittag losgehen.

Tag 10: Rostock-Überseehafen, MS „J. G. Fichte", Mittwoch, den 13.11.1974

Die „Fichte" ist jetzt fast voll beladen.
Vormittags hatten wir unsere beiden Unterrichtsstunden. „Technische Navigation" ist übrigens in seiner praktischen Anwendung ein sehr interessantes Fach.
Mittagsgericht: Gefüllte Paprikaschoten.
Da es nun morgen wirklich losgehen soll, wollten wir den letzten Abend noch einmal nutzen, um in den Seemannsklub zu gehen, und das taten wir dann auch. Dieses Mal waren wir sogar acht Mann. Es war wieder ein toller Abend. Wir hatten entdeckt, dass Billard ein wunderbares Spiel ist.
Um 00:45 Uhr lagen wir in den Kojen.

Tag 11: Rostock-Überseehafen, MS „J. G. Fichte", Donnerstag, den 14.11.1974

Heute soll es nun endlich losgehen. Die Stimmung war dementsprechend – totale Hektik.

Am Vormittag hatten wir zwei Unterrichtsstunden, aber die Englischstunde wurde andauernd durch irgendwelche Leute gestört, die etwas von uns wollten. Zum Schluss war nur noch die Hälfte der Seminargruppe im Unterrichtsraum.
Wann es genau losgeht, wissen wir immer noch nicht.
Gestern hatte ich übrigens in der Mittagspause die beiden Briefe nach Berlin und Binz geschrieben und sie gleich jemandem mitgegeben, der nach Rostock fuhr und sie dort in einen Briefkasten stecken konnte.
Heute Vormittag waren wir trotz Ausgehverbots mit Einverständnis des Kapitäns in Warnemünde (Der konkrete Auslauftermin liegt immer noch nicht fest!). Wir wollten dort aus der IHS ein Klavier holen. Dazu hatten wir uns von der Reederei einen LKW zur Verfügung stellen lassen. Es klappte alles ausgezeichnet, und wir brachten gleich noch einige andere Instrumente mit. Um 16:00 Uhr stand alles, mitsamt Klavier, im „Hypodrom" auf der „Fichte". „Hypodrom" nennen wir übrigens das Restaurant des Schiffes. Den Grund dafür werde ich bei Gelegenheit mal in Erfahrung bringen........
Ich habe das sehr schnell herausgefunden, komme aber trotzdem zu keiner vernünftigen Erklärung. „Hypodrom" ist laut Duden ein „überdachter Gang zum Spazierengehen". Es gibt also keine plausible Erklärung! Egal, das Hypodrom bleibt trotzdem einer unserer Lieblingsplätze auf der „Fichte" und eine „Überdachung" hat es ja auch.
Im Hypodrom wollen wir zu besonderen Anlässen, wie Weihnachten und Neujahr musizieren und dazu vorher eine kleine Band gründen und proben.
Nachdem wir alle Instrumente verstaut hatten und in unsere Kammern gegangen waren, hörten wir folgende Lautsprecherdurchsage: „Achtung, Achtung! Auf Grund der Lage, die sich jetzt ergeben hat, ist die Ausgangssperre vorläufig aufgehoben. Der Ausgang geht bis morgen früh um 08:00 Uhr. Wir weisen alle Besatzungsmitglieder darauf hin, pünktlich um 08:00 Uhr an Bord zu sein!". Wir waren vielleicht alle stinksauer! Vor lauter Grimm entschlossen wir uns dann, den voraussichtlich tatsächlich letzten Landgang noch einmal zu genießen. Ich durfte die Sache nur nicht übertreiben, weil ich morgen meine erste Funkwache habe. Sie geht von 05:00 bis 09:00 Uhr.
Wir hatten uns vorgenommen, diesmal nur nach Rostock-Gehlsdorf zu fahren, um schneller und bequemer wieder zum Schiff zu kommen. Außerdem wollten wir ohnehin nicht so lange bleiben. Rostock-Gehlsdorf liegt auf derselben Seite der Warnow wie der Überseehafen, wo auch die „Fichte" an der Pier liegt.
Ich duschte nach dem Abendbrot und musste dann um 19:00 Uhr allein losfahren, weil Christian und die anderen bereits mit dem Bus um 18:30 Uhr gefahren waren. Ich hatte mich vorher nicht genau erkundigt, wann die Busse nach Gehlsdorf fahren. Jedenfalls

wusste ich ja, wo ich die anderen finden konnte, nämlich im „Lindenhof" in Gehlsdorf. Als ich dort ankam, fand ich aber keinen Christian vor, und die anderen waren auch nicht dort. Ich hatte aber keine Lust, wieder umzukehren, und so fuhr ich weiter; wieder zum Seemannsklub. Außerdem hoffte ich, die anderen dort zu treffen. Aber im Seemannsklub war auch niemand aus unserer Gruppe anzutreffen. Ich wollte eigentlich nur auf die Schnelle irgendwo ein Bier trinken und dann wieder zum Schiff fahren, kam aber mit einigen Seeleuten von den Philippinen, aus Manila, ins Gespräch. Es war höchst interessant. Gleichzeitig konnte ich mal wieder mein Konversationsenglisch prüfen und vervollständigen. Wir blieben nicht mehr allzu lange im Seemannsklub, sondern zogen gemeinsam los, und ich zeigte ihnen Rostock. Nebenbei konnte ich mich noch als Dolmetscher betätigen. Gegen 24:00 Uhr fuhren wir dann gemeinsam mit einem Taxi zum Hafen. Die Seeleute aus Manila hatten das Taxi übrigens bezahlt. Es kostete 20.- Mark.
Um 00:30 Uhr lag ich in der Koje.

Tag 12: Rostock-Überseehafen, MS „J. G. Fichte", Freitag, den 15.11.1974

Die „Fichte" lief natürlich heute Morgen immer noch nicht aus. Aber es kann jetzt sicher nicht mehr lange dauern.
Heute Morgen hatte ich Wache von 05:00 bis 09:00 Uhr. Zuerst fiel es mir etwas schwer, schon so früh aufzustehen, aber dann ging es doch. Dabei denke ich übrigens wieder an zu Hause, wo meine Frau jeden Morgen um 05:00 Uhr aufstehen muss....

Die Wache war sehr interessant, obwohl vieles noch nicht richtig klappt. Das wird sich aber schon noch verbessern. Diese Wache hatte ich im Lehrfunkraum. Dort stehen eine Menge Geräte, die einem sehr viele Möglichkeiten bieten, wie z.B. Wetterkarten aufnehmen, Wetterberichte und Satellitenbilder empfangen, die internationalen Notruffrequenzen, u.a. 500 kHz, überwachen usw. Die weiteren Wachen gehen immer reihum: Lehrfunkraum, Hauptfunkraum und Lehrbrücke. Meine nächste Wache habe ich morgen, am Sonnabend, von 13:00 bis 17:00 Uhr im Hauptfunkraum.
Heute Morgen habe ich übrigens auch erfahren, weshalb ich Christian im „Lindenhof" gestern nicht angetroffen hatte. Christian und die anderen waren nämlich in einen falschen Bus gestiegen, und zwar in einen, der ohne Zwischenhalt nach Rostock durchfährt. Sie waren dann von Rostock aus sofort wieder nach Gehlsdorf zurückgefahren.

Ich war also gerade zu der Zeit im „Lindenhof" gewesen, als Christian noch nicht aus Rostock zurück war.

Heute Vormittag hatten wir unsere beiden obligatorischen Unterrichtsstunden. Es fiel mir aber sehr schwer, sie gut zu überstehen, denn erstens war ich hundemüde wegen der Wache (die Wache war um 09:00 Uhr zu Ende, und der Unterricht begann um 09:00 Uhr) und zweitens war es in dem Unterrichtsraum wahnsinnig heiß und stickig. Ich habe es aber ja doch überstanden.

Mittagsgericht: Vorsuppe, Nierenragout.

Nach dem Mittagessen hörten wir folgende Lautsprecherdurchsage: „Achtung, Achtung! Die `Fichte` wird heute Abend zwischen 21:00 und 22:00 Uhr den Hafen verlassen. Die Ausklarierung beginnt um 19:00 Uhr. Alle Personen, die nicht an Bord gehören, haben bis 17:00 Uhr das Schiff zu verlassen!". Auf solche Durchsagen geben wir eigentlich nicht mehr viel. Wir hoffen nur, dass es nun doch endlich losgeht.

Am Nachmittag hatten wir heute keinen Unterricht, sondern man erklärte uns etwas konkreter die Bedienung der Geräte im Lehrfunkraum.

Aus den Wetterberichten und Wetterkarten ist zu ersehen, dass das Wetter im gesamten Gebiet westliche Ostsee, Nordsee und Nordatlantik, gelinde gesagt, sehr mies ist. Die Fahrt wird also gleich mit großer Schaukelei beginnen. Ich bin gespannt, wie ich das verkraften kann.

Das Wetter ist ganz und gar umgeschlagen. Die Ostsee ist fast völlig ruhig. Wir sind inzwischen nämlich auf hoher See.

Mit dem Ausklarieren war es um 19:00 Uhr nichts geworden, und so gingen wir in den Musiksalon. Es gab heute den zweiten Teil der verfilmten Geschichte von Jule Verne „Die geheimnisvolle Insel" (Abenteuer-/Science-Fiction-Film, USA/Großbritannien, 1961). Den Film konnten wir nicht zu Ende sehen, weil dann der Zoll zum Ausklarieren an Bord kam. Mit Ausklarieren wird die Arbeit der Zollangestellten bezeichnet. Dazu werden die Seefahrtsbücher eingesammelt, und die gesamte Mannschaft hält sich in Bereitschaft in den Klubräumen auf. Dann werden Kammern und Schränke kontrolliert, jedoch nicht nur diese, sondern auch die Laderäume, Rettungsboote, die Abdeckung der Winschen (Winden) und überhaupt alle Bereiche des Schiffes, um Republikfluchten zu verhindern. [WM: Republikflucht war nach DDR-Recht eine schwere Straftat.]. Das dauert auf der „Fichte" wegen der vielen Besatzungsmitglieder ziemlich lange (mehrere Stunden). Anschließend werden die Seefahrtsbücher wieder ausgeteilt; dabei wird, im wahrsten Sinne des Wortes, eine Gesichtskontrolle durchgeführt; die Gesichter auf den Passbildern werden mit denen der zugehörigen Personen verglichen;

deshalb vielleicht der Begriff „Sichtvermerk"? Und dieser so genannte Sichtvermerk ist die Genehmigung der „zuständigen Behörden", das Land auf legalem Weg zu verlassen. Er muss im Seefahrtsbuch vorhanden sein. Danach konnten wir wieder auf unsere Kammern gehen. Dort warteten wir auf das Ablege-Manöver. Es ist eben unsere erste Fahrt, und da muss man das gesehen haben. Gegen 23:00 Uhr kamen zwei Schlepper („Bison" und „Darßer Ort"), und um 23:15 Uhr zogen sie die „Fichte" von der Pier weg. Langsam glitt das Schiff aus dem Hafenbecken hinaus in Richtung Reede. Wir standen bis 23:50 Uhr an der Reling und schauten uns alles genau an.

Danach schrieb ich noch etwas an meinem Tagebuch und legte mich dann in die Koje. Die „Fichte" schaukelte nur ganz sachte.

Bis nach Havanna sind es übrigens insgesamt etwa 9.700 Kilometer!

Tag 13: **Auf hoher See, MS „J. G. Fichte", Sonnabend, den 16.11.1974**

Als wir heute Morgen um 07:00 Uhr aufstanden, hatten wir eigentlich gar nicht gespürt, dass wir schon sieben Stunden unterwegs waren. Die „Fichte" schwankt entgegen allen Erwartungen nicht mal, und die Maschinengeräusche sind in unserer Kammer auch nur ganz minimal zu hören und zu spüren. Außerdem fahren wir nicht mit voller Geschwindigkeit, weil es ziemlich neblig ist (Sicht etwa zwei Seemeilen – eine Seemeile entspricht 1852 m) und regnet. Alle zwei Minuten ertönt das Typhon. Das ist bei solchem Wetter vorgeschrieben. Das Typhon ist ein sehr großes Signalhorn, das einen unvorstellbar lauten und tiefen Ton von sich gibt.

Wo wir uns jetzt befinden, ist mir nicht genau bekannt, aber wir müssten nach meinen Schätzungen bald etwa auf der Höhe von Kopenhagen sein. Viel werden wir leider wegen des Nebels nicht sehen können.

Einigen Schiffen waren wir unterwegs bereits begegnet.

Eigentlich hatten Peter und ich uns vorgenommen, gleich vom Beginn der Reise Fotos zu schießen, aber daraus wurde bisher wegen des schlechten Wetters noch nichts. Und gestern Abend, als das Schiff ablegte, war es bereits dunkel.

Heute Abend um 18:00 Uhr soll der Transit-Shop zum ersten Mal geöffnet werden.

Mittagsgericht: Vorsuppe, Bratfisch.

Mittagsposition: N 55.59; E 11.01.

Von 13:00 bis 17:00 Uhr hatte ich meine Wache. Dazu gehört u.a., dass man zu jeder vollen Stunde die Hauptbrücke anruft und sich die aktuelle Position geben lässt, so dass anhand einer Karte festgestellt werden kann, wo wir uns gerade befinden. Diese

Position wird zu jeder vollen Stunde am automatischen Alarmzeichengeber eingestellt. Das ist ein Gerät, das bei einer Havarie des Schiffes die zuletzt eingegebene Position dauerhaft per Funk auf einer Seenotfrequenz sendet, solange, bis das Gerät entweder abgeschaltet wird, der Akku leer oder das Schiff gesunken ist.

Während meiner Wache durchquerten wir das Kattegat. Vom Festland konnten wir wegen der schlechten Sichtverhältnisse leider nichts sehen. Der Wind wurde stetig stärker, und nach Bordzeit 17:00 Uhr war es bereits stockdunkel, weil wir ja ständig Richtung Norden gefahren waren.

Nach dem Abendessen konnten wir im Transit-Shop einkaufen; aber ausschließlich Tabakwaren. Der so genannte Transit-Shop ist eine Verkaufseinrichtung, in der man DDR-Waren zu sehr billigen Preisen (zollfrei) einkaufen kann. Ich kaufte mir zwei Stangen „Cabinet". Das sind insgesamt 50 Schachteln; und das für „nur" 40.- Mark. Der Kapitän hatte angewiesen, dass noch keine höher prozentigen Getränke verkauft werden dürfen. Der Grund dafür ist uns unbekannt. Aber Flaschenbier gab es. Peter und ich kauften uns einige Flaschen Bier und einen Kasten Cola und spielten eine Runde Skat. Später hörten wir, dass das Hypodrom geöffnet hätte und fast völlig leer sei, weil es dort auch „nur" Bier gäbe. Wir besuchten es aber trotzdem. Im Hypodrom saßen ausschließlich Seefahrtschüler. Micha E. (Name geändert) spielte etwas auf unserem Klavier, das wir ins Hypodrom gestellt hatten, und so wurde es noch ganz gemütlich.

Wir wussten, dass wir gegen 23:00 Uhr Skagen passieren würden und blieben deshalb so lange wach. Skagen ist die nördlichste Spitze Dänemarks und bildet die Grenze zwischen Kattegat/Skagerrak und der eigentlichen Nordsee. Viel konnten wir natürlich auch dort nicht erkennen, aber die Sicht war etwas besser geworden, so dass wir wenigstens die Lichter und den Leuchtturm von Skagen sehen konnten. Nun waren wir also in der Nordsee. Der Wind kam recht stark, ich glaube mit Stärke fünf bis sechs schräg von vorn, so dass das Schiff relativ stark zu rollen (Querbewegung) und zu stampfen (Längsbewegung) begann.

Um 00:30 Uhr lag ich in der Koje.

Tag 14: Auf hoher See, MS „J. G. Fichte", Sonntag, den 17.11.1974

Wir fahren mit einer Geschwindigkeit von etwa 11,5 Knoten (kn). Das entspricht einer Geschwindigkeit von 21 Kilometern pro Stunde (km/h).

In dieser Nacht konnte ich ohne Probleme durchschlafen. Die Schaukelei hat mir überhaupt nichts ausgemacht. Und wir hatten doch immerhin Windstärke 6! Vielen ging es aber anders als mir. Manfred musste sich zum Beispiel heute Morgen mehrfach aus dem Bulleye (rundes Bullaugenfenster) hängen und die Fische füttern. Mir geht es sehr gut, bis auf das Magendrücken, das doch ab und zu immer mal wieder auftritt. Das hängt aber nicht mit dem Seegang zusammen, und außerdem wird es immer seltener.

Auch am Wochenende werden die Seminare weitergeführt; es sind aber nur je zwei Stunden jeweils am Sonnabend- und am Sonntagvormittag.

Am Sonnabendnachmittag findet das große Kammerreinigen statt. Daran brauchte ich gestern nicht teilzunehmen, weil ich ja Wache hatte. Sonntagnachmittag ist Coffee-Time, wie man hier sagt; es gibt also Kaffee und Kuchen. Die „Fichte" hat eine eigene Bäckerei mit Bäckerin und einer Hilfskraft.

Die Wachen laufen rund um die Uhr. Meine nächste habe ich morgen früh von 01:00 bis 05:00 Uhr. Übrigens müssen wir, ungeachtet dessen, dass wir nachts Wache hatten, an den Seminaren teilnehmen.

Wir schwimmen jetzt irgendwo mitten in der Nordsee. Das Wetter ist super. Die Sonne scheint; nur ab und an schiebt sich eine Wolke davor. Auch die Sicht ist inzwischen recht gut. Aber der Wind wird immer stärker, und damit werden auch die Wellen größer. Sonderlich kalt ist es aber nicht. Die Nordsee sieht wunderbar grün aus, wie auch inzwischen leider manche Gesichter. Die Wellen sind etwa drei bis vier Meter hoch und haben durch den Wind weiße Schaumkronen.

Heute Morgen konnten wir noch ganz weit am östlichen Horizont die Küste von Dänemark sehen. Während des Unterrichts habe ich mal kurz mit Hilfe der Uhr und der Sonne unsere Fahrtrichtung festgestellt. Wir fahren fast genau in Richtung Südwesten, also in Richtung Ärmelkanal (English Channel). Der Wind kommt aus Westsüdwest und gibt damit dem Schiff so eine für manche unangenehme Schlingerbewegung.

Heute während des Seminars mussten zwei Mann wegen der erwähnten Schlingerbewegungen des Schiffes fluchtartig den Raum verlassen. Die zweite Stunde musste irgendwann abgebrochen werden, weil auch Herrn K., unserem Mentor, die Seekrankheit zu schaffen machte. Seekrank zu sein, ist aber auf diesem Schiff kein Drama, weil jeder weiß, dass es für die meisten von uns die erste Seereise ist.

Ich gehe oft an Deck, um mir das Schauspiel der Naturgewalten anzusehen. Fast jede freie Minute nutze ich dazu. Peter hatte heute die Gelegenheit, ein paar Aufnahmen für uns zu machen. Ich hatte bereits erwähnt, dass ich keine Kamera habe, Peter mir aber versprochen hat, mir auch eine Anzahl von Fotos zukommen zu lassen.

Vor und nach der Coffee-Time schlief ich, um bei meiner Wache um 01:00 Uhr fit zu sein. Bevor ich einschlief, hatte ich mir überlegt, wie sich die Schlingerbewegung des Schiffes am besten beschreiben lässt. Und zwar stelle man sich vor, man liege bäuchlings in der Koje, und die Koje wäre so glatt, dass man hin- und her rutscht. Dann würde der Bauchnabel eine Ellipse beschreiben, die in Längsrichtung der Koje gestreckt ist. Meine Koje steht längs zum Schiff. Bei Kojen, die dwars (also quer) zum Schiff liegen, geht die Schlingerbewegung etwas anders vor sich, und zwar sehr unangenehm mit „Kopf hoch" und „Kopf runter".

Nach dem Abendbrot ging ich kurz ins Hypodrom und trank dort zwei Bier, um die restlichen vier Stunden bis zur Wache besser schlafen zu können. Leider war es aber dennoch nicht so; ich dachte ständig an zu Hause. Was machen meine beiden Mädels jetzt gerade, und wie geht es ihnen?

Schließlich schlief ich doch ein.

Tag 15: **Auf hoher See, MS „J. G. Fichte", Montag, den 18.11.1974**

Heute hatten wir einen sehr ereignisreichen Tag.

Zuerst hatte ich meine Wache im Lehrfunkraum von 01:00 bis 05:00 Uhr (00:00 bis 04:00 GMT – die so genannte „Hundswache"). GMT ist übrigens abgeleitet von „**Gr**enwich **M**ean **T**ime" und wird vom so genannten Nullmeridian, der durch Greenwich in England verläuft, abgeleitet und gezählt [WM: GMT wurde später umgewandelt in „UTC" – Universal Time Coordinated].

Greenwich ist ein Stadtteil Londons und liegt am Südufer der Themse im Stadtbezirk Royal Borough of Greenwich. Der Stadtteil war früher das Zentrum der britischen Marine; durch seine Sternwarte verläuft der historische Nullmeridian (Welch ein Zufall !?). Alle 15 Grad weiter nach Osten beginnt eine neue Zeitzone, ist die Zeit eine Stunde der Greenwicher Zeit voraus. Wenn es beispielsweise bei uns in Berlin 13:00 Uhr ist, ist es in der Greenwicher Zeitzone erst 12:00 Uhr.

Während meiner Wache war nicht allzu viel los, was wohl damit zu tun hat, dass jeder „normale" Mensch zu dieser Zeit schläft. Die Überwachung der Notfunkfrequenzen findet selbstverständlich zu jeder Zeit statt, Wetterberichte müssen auch immer wieder neu aufgenommen werden, und mit der Navigation hat man sich auch zu beschäftigen.

Wir befanden uns heute Morgen ungefähr nördlich der Themsemündung, aber natürlich so weit weg, dass wir, wie schon so oft, kein Land sehen konnten.
Der Wind hatte stark abgenommen, die See sich beruhigt und so ging es unseren Seekranken heute Morgen schon wieder viel besser.
Nach dem Frühstück, als ich mich gerade auf den Unterricht vorbereiten wollte, gab es plötzlich Alarm – Komplexmanöver. Der Kapitän hatte die Gelegenheit wahrgenommen, weil das Wetter einigermaßen günstig und nicht mehr so stürmisch war. Eine laute Sirene – das Typhon – ertönte und gab eine bestimmte Folge von Tönen von sich. Es gibt auf jedem Schiff verschiedene Rettungsmanöver und für jedes Manöver eine bestimmte Tonfolge: „Mann über Bord", „Feuer im Schiff" (Feuerrolle), „Bootsmanöver" (Bootsrolle), Verschlussrolle usw. Heute hatten wir Komplexmanöver, in dem mehrere, verschiedene Manöver zusammengefasst werden. Bei jedem Manöver muss jedes Besatzungsmitglied seine Aufgaben genau kennen. Wir schnallten uns also unsere Rettungswesten um und liefen zum Rettungsboot Nummer Drei, weil das für uns vorher so festgelegt worden war. Die Boote wurden mit den Winschen zu Wasser gelassen, und wir kletterten dann über die Lotsenleiter – das ist eine etwas größere Strickleiter mit großen Holz-Sprossen – in die Boote. Es kostet einen Ungeübten sehr viel Überwindung, diese mindestens zehn Meter hinabzusteigen. Alles dauert sehr lange, so dass, glaube ich zumindest, das Schiff im Ernstfall schon längst gesunken wäre, bevor die Boote im Wasser wären. Aber derlei Übungen werden ja zu dem Zweck durchgeführt, in jeder Beziehung schneller zu werden. Wir fuhren dann etwa eine dreiviertel Stunde in der Nähe des Schiffes umher. Die „Fichte" hatte zum Bootsmanöver natürlich gestoppt und „Lee gemacht". Lee ist die dem Wind abgewandte Seite eines Schiffes, in der wir uns mit unseren relativ kleinen Rettungsbooten dann ruhiger bewegen konnten (Luv ist die Gegenseite). Dem großen Schiff machte der Wellengang zwar nichts aus und brachte es nicht mal zum Schwanken, aber die Rettungsboote bewegten sich in der See doch sehr stark. Um 08:30 Uhr war der Alarm ausgelöst worden, und um 10:30 Uhr waren wir wieder in unserer Kammer. Einige Boote, die es weiter abgetrieben hatte, blieben allerdings noch eineinhalb Stunden auf dem Wasser. Siggi gehörte auch zur Besatzung eines dieser Boote und kam später stark durchgefroren wieder an Bord. Aber dennoch war das Bootsmanöver sehr interessant.
Auf Bild 5 sind auch die so genannten Rucks-Stangen zu erkennen, die ich später noch erläutern werde.

Bild 5: Rettungsboot

Zum gestrigen Tage habe ich noch etwas zu ergänzen: Am Nachmittag wurde im Musiksalon eine Buchmesse durchgeführt. Es war ein reichhaltiges Sortiment vorhanden. Doch leider habe ich nichts Besonderes für mich entdecken können.

Heute Mittag hatte der Transit-Shop von 12:00 bis 12:30 Uhr für Angehörige der IHS, also für uns 48 Studenten, geöffnet, und wir konnten uns alkoholische Getränke kaufen. Ich holte mir für 3,43 Mark eine Flasche Weinblattsiegel (oder wie man hier sagt: „WBS" oder „Webs").

Mittagsgericht: Petersiliensuppe, Kohlroulade, Apfelsine.

Mittagsposition: N 52.18; E 02.45.

Am Nachmittag hatten wir eine Stunde Unterricht, und in der zweiten Stunde bekamen wir noch einmal eine genaue Einweisung in die Abwicklung des Funkverkehrs.

Nach dem Abendbrot machten Peter und ich uns bei einem Kartenspiel über unsere Flaschen her. Der Weinblattsiegel schmeckte tatsächlich ausgezeichnet. Anschließend gingen wir auf eine dreiviertel Stunde ins Hypodrom. Die Preise für alkoholische Getränke entsprechen den o.g. im Kleinformat, also für uns „arme" Studenten erschwinglich.

Neben den Besuchen im Hypodrom verbringen wir einen großen Teil unserer Freizeit damit, unsere Wachen vorzubereiten, und dazu gehört eine ganze Menge. Es ist schwer vorstellbar, welche umfangreichen und komplexen Arbeiten ein (angehender) Funkoffizier durchzuführen hat. Außerdem müssen wir ständig den Stoff des Unterrichts nachbereiten. Man überträgt uns zwar keine „Hausaufgaben", aber um auf dem Laufenden zu bleiben, muss man sich den gelernten Stoff immer und immer wieder verinnerlichen.

Abends konnten wir die Lichter und den Leuchtturm von Ramsgate sehen, aber leider auch nur wieder ganz weit am Horizont und in der Dunkelheit. Ramsgate liegt am Eingang zum Ärmelkanal auf der englischen Seite. Als unser Schiff die Straße von Dover passierte, schliefen wir bereits.

Tag 16: **Auf hoher See, MS „J. G. Fichte", Dienstag, den 19.11.1974**

Den Nullmeridian haben wir bereits überschritten, und damit hätten wir unsere Uhren eigentlich um eine Stunde zurückstellen müssen. Nach der Landeszeit ist es hier 12:00 Uhr, wenn es bei uns zu Hause (und vorläufig auch noch nach der Bordzeit) bereits 13:00 Uhr ist. Bis jetzt laufen unsere Uhren immer noch nach unserer Heimatzeit. Wahrscheinlich wird aber heute noch offiziell die Uhrzeit angepasst werden.
Heute Morgen hörte ich, dass wir schon fast am Ausgang des Ärmelkanals seien. Ich ging nach draußen und sah an Backbord (links) einige französische Inseln, so dachte ich jedenfalls. Es könnte aber auch Guernsey gewesen sein, das territorial zu Großbritannien gehört. Wir hatten also sozusagen die ganze Kanaldurchfahrt verschlafen. Es herrscht hier übrigens ein sehr starker Schiffsverkehr. Ist es nicht sogar die am stärksten befahrene Wasserstraße der Welt?
Gerade habe ich den Sonnenaufgang bewundert. Es wird also höchste Zeit, dass wir die Uhrzeit den Gegebenheiten anpassen, denn nach unserer Bordzeit ist es jetzt bereits 08:30 Uhr!
Wir befinden uns nun bald auf der Höhe von Brest (Frankreich) am Kanalausgang Richtung Atlantik. Der Atlantik ist ziemlich ruhig, und wir haben schönstes Wetter. Allerdings ist für die Biskaya ein starkes Tief mit Windstärken zwischen acht und zehn vorhergesagt, und wir fahren mitten hinein!
Mittagsgericht: Spargelsuppe, Kasslerbraten.
Mittagsposition: N 49.35; W 03.22.
Von 12:00 bis 16:00 Uhr hatte ich meine Wache.

Dienstags hat das Hypodrom Ruhetag, und deshalb trugen wir unsere Musikinstrumente mit entsprechender Genehmigung dorthin, um die erste Probe durchzuführen. Fünf Titel schafften wir an diesem Abend [WM: Wenn ich nur noch wüsste, welche das waren!?]. Ich spielte übrigens Schlagzeug oder besser gesagt, das Fragment von Schlagzeug, das wir haben. Eigentlich hätte ich ja viel lieber Gitarre gespielt, aber die anderen meinten alle, dass ich von den sämtlichen Nichtkönnern noch am besten mit dem „Schlagzeug" zurechtkäme.

Die Probe war um 24:00 Uhr zu Ende, und dann stieg ich in meine Koje.

Tag 17: **Auf hoher See, MS „J. G. Fichte", Mittwoch, den 20.11.1974**

Die Uhrzeit ist inzwischen endlich doch angepasst worden. Wir haben jetzt also eine Stunde Zeitunterschied zu unserer Heimat.

Wir sind jetzt mitten in der Biskaya. Das Tief haben wir zwar passiert (eigentlich hat es ja uns passiert!), haben aber nichts davon gespürt, weil wir schliefen.

Seit heute Morgen ist unsere Bordzeit gleich der Greenwich Mean Time (GMT). Wir durften also eine Stunde länger schlafen.

Das Wasser der Biskaya sieht zumindest bei der jetzigen Wetterlage und der entsprechenden Spiegelung des Himmels blauschwarz aus, und die Gischt der Bugwelle ist hellblau beziehungsweise türkisfarben. So ein beeindruckendes Naturschauspiel habe ich vorher noch nie gesehen. Die Dünung geht ziemlich hoch. Sie besteht aus Wellenbergen, deren Größe für Ost- und Nordseeverhältnisse unvorstellbar sind. Ich habe mal versucht, die Größe zu schätzen und bin zu dem Schluss gekommen, dass es von Wellenberg zu Wellenberg ungefähr 100 Meter sein müssten. Die „Fichte" passt mit ihrer Gesamtlänge von 163 Metern nicht ganz zwischen die Wellenberge, so dass sie dadurch recht stark schlingert.

Heute hatten wir tagsüber die üblichen Seminare.

Mittagsgericht: Soljanka, Bratwurst mit Sauerkraut, eine halbe Pampelmuse.
Mittagsposition: N 45.21; W 08.53.

Man hatte wieder einmal einen neuen Wachplan aufgestellt, und entsprechend diesem Plan habe ich in der nächsten Nacht von 00:00 bis 04:00 Uhr Wache, wieder im Hauptfunkraum. Eigentlich hatte ich mir vorgenommen, endlich mal acht Stunden hintereinander zu schlafen, aber daraus wird nun wieder nichts.

Tag 18: Auf hoher See, MS „J. G. Fichte", Donnerstag, den 21.11.1974

Wir sind jetzt ungefähr auf der Höhe westlich von Portugal. Gestern, als wir uns noch in der Biskaya befanden, hatten wir eine Wassertiefe von rund 5.000 Metern. Wie tief es hier ist, habe ich noch nicht in Erfahrung gebracht.
Meine Wache habe ich hinter mir. Es herrschte im Funkraum eine große Hektik. Gestern und vorgestern waren nämlich die Seefunk-Sondertelegramme (SF-Telegramme) angenommen worden. Diese Telegramme werden nur bis zum 20. November entgegengenommen, weil Rügen Radio den Festtagsverkehr sonst nicht verkraften kann. Bei einem SF-Telegramm kostet ein Wort 0,22 Mark und bei einem normalen Telegramm 0,35 Mark. Die „Fichte" hat fast 300 Mann an Bord, und jeder möchte mindestens ein Telegramm zu Weihnachten und zum neuen Jahr nach Hause senden. Während meiner Wache heute Nacht sendeten wir rund 150 Telegramme per Fernschreiber an Rügen Radio, und das ist wegen der atmosphärischen Störungen, die die Ausbreitungsbedingungen von Funkwellen stark verschlechtern können, nicht immer so einfach. Zwei Telegramme von mir waren auch dabei, eines nach Hause, nach Berlin, und das andere an meine Eltern in Binz. Meine ein Jahr jüngere Schwester und meinen Schwager, die auch in Berlin leben und arbeiten beziehungsweise studieren, wollte ich eigentlich auch entsprechend informieren. Das war mir dann aber doch zu kostenintensiv. Außerdem ging ich davon aus, dass sie ohnehin durch meine Familie informiert werden. Ich habe aber liebe Grüße ausrichten lassen.
Der Tag verlief ähnlich wie die anderen auch: morgens Frühstück, Unterricht, dann Mittagessen, Unterricht, Abendbrot. Allerdings war heute Coffee-Time, Donnerstag, der Seemannssonntag.
Mittagsgericht: Vorsuppe, Eisbein, Apfel.
Mittagsposition: N 42.07; W 15.32.
Das Wetter verschont uns gerade mit irgendwelchen Widrigkeiten. Der Wind hat sich gelegt, aber die Dünung geht trotzdem sehr hoch. Die Wellenberge sind hier noch viel länger gezogen als in der Biskaya. Die „Fichte" schlingert ziemlich stark. Zum Glück fahren wir fast genau gegen die Dünung an. Wenn der Himmel nicht bedeckt ist, sieht das Wasser wunderbar blau aus.
In diesen Breiten ist es schon recht warm. Die Lufttemperatur, die heute gemessen wurde, betrug 18 Grad Celsius, die Wassertemperatur 16 Grad Celsius. Ich stehe oft an der Reling und sehe eine halbe Stunde lang aufs Meer, ohne dabei zu frieren, obwohl ich nur meine Khakiuniform trage. Wir fahren nun in Richtung Azoren, und ab dort

dürfen wir wahrscheinlich Tropenuniform tragen. Das wird von der Schiffsleitung festgelegt.
Der Atlantische Ozean sieht ganz anders aus als Nord- oder Ostsee. Im Sommer kann man in dem Gebiet, in dem wir uns gerade befinden, bereits Delphine beobachten. Haie soll es auch geben, aber die lassen sich nicht blicken.
Heute Nacht müssen wir unsere Uhren wiederum um eine Stunde zurückstellen, so dass wir dann schon zwei Stunden Zeitverschiebung zur Heimatzeit haben. Wenn die Sonne zu Hause untergeht, scheint sie für uns noch zwei Stunden länger, morgens natürlich umgekehrt.
Morgen früh um 08:00 Uhr Bordzeit (Heimatzeit 10:00 Uhr) werde ich meine nächste Wache im Lehrfunkraum antreten; darauf muss ich mich noch etwas vorbereiten.
Jedes Mal, wenn ich an der Reling stehe und aufs Meer blicke, denke ich an zu Hause und daran, wie schön es doch wäre, wenn wir als Familie so eine Seereise antreten könnten.
Heute Abend will ich mal wieder ins Hypodrom gehen, vielleicht um die Gedanken an zu Hause zu verdrängen. Sie versetzen mich sonst zu sehr in eine trübsinnige Stimmung.
Vorbereitungen für die Wache morgen früh hatte ich inzwischen abgeschlossen. Bei meiner nächsten Wache im Hauptfunkraum werde ich versuchen, ein Telegramm nach Berlin an den Mann zu bringen, trotz meiner finanziellen Misere; habe wohl zu viel Geld in den letzten Tagen in Rostock ausgegeben. Frau und Kind werden sich über das Telegramm sicherlich sehr freuen.
Damit möchte ich mein Tagebuch für heute beschließen.

Tag 19: **Auf hoher See, MS „J. G. Fichte", Freitag, den 22.11.1974**

Heute Vormittag brauchte ich nicht zum Unterricht zu gehen, weil ich meine Funkwache hatte. Die Zeit verging recht schnell.
Während meiner Wache überholten wir einen kleinen Frachter, nachdem wir tagelang kein Schiff gesehen hatten. Der Frachter beziehungsweise seine Crew gab uns Lichtsignale, um uns zu verstehen zu geben, dass man sich mit uns in Verbindung setzen wolle. Bald hatte man von der Brücke aus eine UKW-Verbindung zu ihm hergestellt. Es stellte sich heraus, dass er einen Schwerkranken, aber keinen Arzt an Bord hatte. Die „Fichte" stoppte also die Maschinen und kam nach einigen Meilen zum Stillstand. Ein Motorrettungsboot wurde zu Wasser gelassen, und unser Arzt, der Erste Nautische

Offizier und einige Matrosen fuhren zu dem anderen Schiff hinüber. Es war inzwischen mit uns auf gleicher Höhe und hielt ungefähr eine halbe Seemeile an Steuerbord (rechts). Bald war das Rettungsboot wieder zurück und wurde an Bord gehievt. Das Ganze hatte etwa zwei Stunden gedauert. Dann wurden die Maschinen angeworfen, und die „Fichte" machte bald wieder volle Fahrt. Den kleinen Frachter verloren wir schnell aus den Augen.

Später hörte ich, dass das Schiff ein Frachter unter panamaischer Flagge war und der Kranke Blut im Stuhl hätte, Blut spucke und huste. Unser Arzt konnte ihm nur schmerzlindernde Medikamente geben und dem Kapitän empfehlen, entweder den Kranken auf die „Fichte" bringen zu lassen oder selbst nach den Azoren zu fahren. Der Kapitän entschloss sich wohl dazu, selber dorthin zu fahren, denn der Kranke wurde ja nicht auf die „Fichte" gebracht.

Während der Zeit, in der der „Doc" auf dem anderen Schiff war, überquerte ein supermoderner Schnellfrachter, ein israelisches Containerschiff, unsere achterliche Kurslinie. Im Nu war er auch schon wieder am Horizont verschwunden. Er fuhr wohl mit bis zu 25 Knoten (etwa 46 km/h) in Richtung nordamerikanisches Festland; die „Fichte" hat eine Reisegeschwindigkeit von 16 - 17 Meilen pro Stunde (26 km/h).

Da fährt man nun tagelang auf dem Ozean und sieht kein einziges Schiff und dann urplötzlich gleich zwei!

Das Wetter wird immer schöner, und die Dünung ist auch nicht mehr so stark. Das Meer ist wunderbar.

Mittagsgericht: Spargelsuppe, Gulasch, kleine Flasche Apfelmost.
Mittagsposition: N 38.39; W 21.54.

Als ich heute Mittag an der Reling stand, sah ich zum ersten Mal zwei fliegende Fische. Sie waren wohl durch das Schiff aufgeschreckt worden und flogen in einer geringen Höhe vor dem Bug her. Das waren sichere Vorboten dafür, dass wir den eigentlichen tropischen Gewässern immer näherkommen.

Die Nautiker hatten errechnet, dass wir heute Abend zwischen 19:00 und 20:00 Uhr bei den Azoren anlangen müssten. Dann hätten wir noch etwas von dieser wunderschönen Inselgruppe sehen können, aber durch die zweistündige Verspätung durch den panamaischen Frachter wird das nun auch wieder nichts. So langsam gewöhnen wir uns daran, alle „Sehenswürdigkeiten" nur in der Dunkelheit betrachten zu können!

Etwas Glück hatten wir dann aber doch noch. Wir konnten nämlich abends gegen 19:00 Uhr Bordzeit noch die größte Insel der Azoren sehen. Wir sahen sie im Schein der untergehenden Sonne etwa 20 Seemeilen entfernt (37 km). Die größte Insel der Azoren heißt Sao Miguel und ist an der höchsten Stelle etwa 1.100 Meter hoch. Wir ließen sie an Steuerbord liegen. Da war es leider schon stockdunkel. Wir konnten aber noch die vielen Lichter der Städte und Dörfer sehen, die sich an den Hängen emporziehen. Sao Miguel hat ungefähr 135.000 Einwohner. Es war trotz oder gerade wegen der Dunkelheit ein wundervolles Bild. Jedenfalls war es für mich ein faszinierendes Ereignis, plötzlich eine so steile Wand aus dem Meer herausragen zu sehen.

Man hatte mir erzählt, dass für eine kurze Zeit an Backbord (links) auch eine weitere Azoreninsel, Santa Maria, zu sehen war. Sie ist wesentlich kleiner als Sao Miguel; ihre höchste Erhebung liegt bei knapp 600 Metern. Ihre Einwohnerzahl beträgt nur rund 6.000. Die beiden Inseln liegen etwa 80 Kilometer voneinander entfernt. Die Inselgruppe der Azoren gehört politisch zu Portugal.

Ein wenig ärgerten wir uns alle, weil dies schließlich unsere erste Seereise ist und wir bisher alle markanten Punkte und Sehenswürdigkeiten nur in der Dunkelheit betrachten konnten (s.o.), wie beispielsweise Skagen, den Ärmelkanal und nun auch noch die Azoren.

Naja, die Rückreise haben wir ja auch noch! Der Kapitän wählte übrigens diese südliche Route nach Kuba, die ja einen Umweg bedeutet, weil es weiter nördlich zu dieser Jahreszeit sehr stürmisch sein kann und man auch mit Eisbergen rechnen muss (s. „Titanic"). Auf einer Kugel, hier die Erdkugel, ist die kürzeste Verbindung zwischen zwei Punkten der so genannte Großkreis. Bei einer Besatzung von etwa 300 Mann ist das Risiko zu dieser Jahreszeit wohl doch zu groß, hier die kürzeste, also die nördlichere Route, den Großkreis, zu wählen. Nun gut, bei der „Titanic" war die Zahl der Besatzungsmitglieder wesentlich höher, aber da ging es ja auch darum, New York schnellstmöglich zu erreichen.

Tag 20: **Auf hoher See, MS „J. G. Fichte", Sonnabend, den 23.11.1974**

Als erste Handlung nach dem Aufstehen werfe ich immer einen Blick aus dem Bulleye, um zu sehen, wie das Wetter ist. Die See ist nun völlig ruhig, aber es gibt immer noch eine relativ starke Dünung.

Heute Vormittag hatten wir zwei Stunden Unterricht, eine Stunde „Technische Navigation" und eine Stunde „Englisch". Der Englischunterricht ist langweilig, weil wir meines Erachtens überhaupt nicht gefordert werden.

Mittagsgericht: Gemüse- oder Linseneintopf, Götterspeise.

Mittagsposition: N 34.53; W 38.00.

Nach dem Mittagessen begann meine Wache im Hauptfunkraum um 12:00 Uhr. Während der Mittagspause erfuhr ich, dass der Transit-Shop für die Studenten der IHS, also für uns Praktikanten, von 15:30 bis 16:00 Uhr geöffnet habe. Ich ließ mich von meiner Wache etwas früher ablösen und kaufte mir zwei Flaschen Wodka zu je 2,69 Mark und fünf Büchsen Juice zu je 1,20 Mark. Die Preise stelle man sich mal an Land vor! Bei dem „Juice" handelt es sich meistens um Orangen- oder Grapefruit-Saft.

Heute Nacht stellen wir unsere Uhren wiederum um eine Stunde zurück, um in der richtigen Zeitrelation zu bleiben. Eigentlich werden die Uhren ja nachts um 02:00 Uhr für eine Stunde angehalten.

Während meiner Wache gab ich heute zwei Telegramme ab, um meiner Familie mitzuteilen, dass es mir gut gehe. Leider hatte ich zu einer Zeit Wache, zu der ich wegen der schlechten Ausbreitungsbedingungen von Funkwellen meine Telegramme nicht selber nach Rügen Radio absetzen konnte.

Ab morgen ist es bei uns an Bord 15:00 Uhr, wenn es zu Hause bereits 18:00 Uhr ist.

Ab morgen dürfen wir außerdem unsere Tropenuniform tragen. Das wird uns ein besonderes Vergnügen sein, weil es in diesen Breiten doch schon sehr warm ist, obwohl wir uns immer noch auf der nördlichen Erdhalbkugel befinden und hier zu dieser Jahreszeit „Winter" herrscht.

In der letzten Nacht habe ich wegen der Hitze sehr stark geschwitzt. Gute Nacht!

Tag 21: Auf hoher See, MS „J. G. Fichte", Sonntag, den 24.11.1974

Heute sollte eigentlich das Bordsportfest stattfinden, aber es musste wegen des schlechten Wetters abgesagt werden. Seit heute früh weht der Wind nämlich mit Stärke sechs, und die See geht sehr hoch.

[WM: Ungefähr an der Position, an der wir uns jetzt gerade befanden – etwa 700 Kilometer südwestlich der Azoren – sollte uns auf der Rückreise am 31.01.1975 – s. Tag 89/90 – eine Beinahe-Katastrophe ereilen.]

Ich hätte am Sportfest ohnehin nicht teilnehmen können, weil der Wachplan mal wieder kurzfristig umgeändert worden war und ich danach heute von 08:00 bis 12:00 Uhr Bordzeit Wache auf der Lehrbrücke habe. Dort durfte ich mich mit der Navigation und mit dem Wetter beschäftigen. Zu jeder vollen Stunde wird, wie oben bereits erwähnt, die exakte Position des Schiffes bestimmt und in die Seekarten eingetragen. An Bord sagt man: „Der Ort wird gemacht.". Zurzeit geschieht das nach dem so genannten OMEGA-Verfahren. Das ist eine neue, supermoderne Navigationsart [WM: Man bedenke, dass das Tagebuch 1974/1975 geschrieben wurde!]. Ich befasste mich damit zum ersten Mal, und es machte mir großen Spaß. Gegen Ende der Wache konnte ich den Ort des Schiffes mit Hilfe dieses Verfahrens schon selber „machen". Nebenbei befassten wir uns mit der Wetterbeobachtung, wie z.b. Bewölkung, Luftdruck, Luftfeuchtigkeit, Windstärke (Stärke 7 – 8), Seegang, Dünung usw. Die Lufttemperatur betrug heute Vormittag trotz des starken Windes aus südlichen Richtungen 24 Grad Celsius, und das Wasser hatte eine Temperatur von 22 Grad Celsius. Wir befinden uns bald im Zentrum eines riesigen Tiefdruckgebietes. Diese Druckgebilde haben auf der nördlichen Halbkugel eine Drehrichtung entgegen dem Uhrzeigersinn. Hochdruckgebiete dagegen drehen sich auf der Nordhalbkugel rechts herum. Auf der Südhalbkugel ist es demnach genau entgegengesetzt. Das hängt mit der Gravitation der Erde zusammen. Auf einer Seekarte stellte ich fest, dass der Ozean unter uns eine Tiefe von 3.000 bis 4.000 Metern hat.

Wetterbeobachtungen sind für jedes Schiff und die erforderliche Navigation von großer Bedeutung. Wettersatelliten stecken noch in den Kinderschuhen.

In der letzten Nacht stellten wir unsere Uhren wieder um eine Stunde zurück; Zeitunterschied jetzt also drei Stunden.

Seit heute Morgen tragen wir unsere Tropenuniform: Khakihose und kurzärmeliges weißes Hemd oder Khakihemd mit Schulterstücken. Damit entfällt die lästige Krawatte.

Zur Tropenuniform gehört auch eine kurze Khakihose, die allerdings in der Offiziersmesse nicht getragen werden darf. Jetzt im letzten Studienjahr tragen wir als angehende Funkoffiziere vier blaue Streifen auf den Schulterstücken (viertes Studienjahr). Später werden es dann zwei und noch später unter bestimmten Voraussetzungen sogar drei so genannte Kolbenringe (gelbe Ärmel- oder Schulterstücken-Streifen) sein. Kapitäne tragen vier Kolbenringe; daraus wird u.a. auch ersichtlich, dass der Funkoffizier ausschließlich dem Kapitän disziplinarisch „untergeordnet" ist. Bei den angehenden nautischen Offizieren gibt es rote Streifen. Später aber in ihrem eigentlichen Beruf auch die so genannten Kolbenringe.

Durch den Uniformwechsel ist es jetzt viel angenehmer. Die Hitze war ja nicht mehr zu ertragen!

Mittagsgericht: Spargelsuppe, Rinderroulade.
Mittagsposition: N 34.43; W 38.39.
Etwa am nächsten Wochenende sollen wir Kuba erreichen.

Meine nächste Wache habe ich erst wieder am Dienstag früh von 00:00 bis 04:00 Uhr.

Am Nachmittag war Coffee-Time, und am Abend wollte ich mir eigentlich einen Film ansehen, aber Jan K. und Klaus K. suchten noch einen dritten Mann zum Skat, und dort schloss ich mich an.

Normalerweise werden die Kinoveranstaltungen immer im Freien auf dem achteren B-Deck (hinteres Deck) durchgeführt, das direkt hinter der Lehrbrücke liegt. Dazu wurde eine Leinwand zwischen den achterlichen Masten gespannt. Aber bisher mussten alle dortigen Veranstaltungen wegen des schlechten Wetters abgesagt werden. Deshalb zeigte man den Film „Florentiner 73" (Komödie, DDR, 1972, u.a. mit Agnes Kraus, Gerd E. Schäfer, Brigitte Spira) in der Offiziersmesse. Der Film soll ganz toll gewesen sein, hab´ ich mir von Peter und Manfred später erzählen lassen.

Tag 22: **Auf hoher See, MS „J. G. Fichte", Montag, den 25.11.1974**

In einem Monat haben wir schon Weihnachten, und ich bin dann einige tausend Kilometer von zu Hause weg!

Heute Morgen hatten wir noch fast genau das gleiche Wetter wie gestern. Der Wind hat die Stärke sechs bis sieben, und die See geht mit Stärke fünf bis sechs hoch. Der Himmel ist düsterer als gestern.

Bild 6: Der rote Kreis kennzeichnet die ungefähre Lage unserer Kammer weit vorn am Bug an der Backbordseite des Schiffes

Seit heute früh ist Verschlusszustand im so genannten E-Deck angeordnet worden, d.h., dass alle Bulleyes mit der Panzerblende verschlossen werden. Das E-Deck befindet sich eine Etage unter uns. Demnach wohnen wir im D-Deck. Aus dem Verschlusszustand im E-Deck kann man schließen, dass der Seegang noch stärker werden wird; sonst hätte die Schiffsleitung diese Anordnung nicht getroffen.

Wir im D-Deck können unsere Bulleyes auch nicht mehr geöffnet lassen, weil die Gischt sonst in die Kammer spritzt. Und wir befinden uns immerhin sieben bis acht Meter über der Wasseroberfläche, allerdings recht weit vorn am Bug.

Am Vormittag und am Nachmittag hatten wir wieder unsere üblichen Seminare.

Mittagsgericht: Vorsuppe, gebratene Leber, Apfel.
Mittagsposition: N 33.08; W 45.40.

Um 16:00 Uhr, nach Unterrichtsschluss, versammelten wir uns, die Bandmitglieder, im Hypodrom, um unsere nächste Probe durchzuführen. Wir sollen nämlich bald auftreten und spielen. Morgen wollen wir noch einmal eine Intensivprobe durchführen, und dann kann es, glaube ich, endlich losgehen.

Morgen ist Dienstag, und dienstags hat das Hypodrom Ruhetag, so dass wir den ganzen Abend üben können. Ich spiele übrigens nicht mehr Schlagzeug, sondern Gitarre. Wir haben nämlich ein komplettes Schlagzeug und einen Schlagzeuger auftreiben können. Der Schlagzeuger ist ein kleiner, schüchterner Matrosenlehrling, der auch noch nicht besonders gut Schlagzeug spielen kann, aber er wird sich mit unserer Unterstützung schon bei uns einarbeiten, so dachten wir zumindest [WM: Wo das komplette Schlagzeug plötzlich herkam, ist mir bis heute ein Rätsel.].

Bild 7: MS „J. G. Fichte" in rauer See

Heute Nacht habe ich meine nächste Wache im Lehrfunkraum von 00:00 bis 04:00 Uhr.
Ebenfalls heute Nacht werden die Uhren erneut um eine Stunde zurückgestellt. Also ist es dann zu Hause 16:00 Uhr, wenn es bei uns gerade mal 12:00 Uhr ist.
Der Sturm war im Laufe des Vormittags doch tatsächlich noch stärker geworden (Windstärke acht bis neun, Seegang noch sechs). Die „Fichte" wurde kräftig durchgeschüttelt. Beim Abendbrot in der Offiziersmesse hatte man die Tischdecken benetzt, damit die Teller und Tassen nicht so leicht verrutschen können. Die Tassen wurden ohne Untertassen aufgedeckt, und die Löffel steckten bereits in den Tassen. Das war eine sehr gute Vorsichtsmaßnahme.
Christian und ich haben heute Nacht zur gleichen Zeit Wache, er im Hauptfunkraum, ich im Lehrfunkraum.
Wir tranken nach der Probe noch jeder zwei (kleine) Bier und gingen dann schlafen, um bei unseren Wachen fit zu sein.

Tag 23:   **Auf hoher See, MS „J. G. Fichte", Dienstag, den 26.11.1974**

Der Sturm hatte sich in der Nacht fast völlig gelegt, nur die Dünung geht noch ganz leicht.
Wenn man etwas länger auf das Wasser sieht, kann man jetzt schon fast hundertprozentig fliegende Fische entdecken.
Der Unterricht fand wieder wie üblich statt. Ich war den ganzen Tag über etwas müde durch die Nachtwache, die ich von 00:00 bis 04:00 Uhr hatte.
Christian und einige andere gingen in der Mittagspause im Schwimmbecken baden [WM: Mit dem Begriff „Swimmingpool" konnte damals in den 1970er Jahren so gut wie niemand umgehen.]. Ich wage es noch nicht, weil eine leichte Erkältung, die ich mir irgendwo geholt hatte, glücklicherweise gerade im Abklingen ist. Und das soll auch so bleiben.
Mittagsgericht: Vorsuppe, Rinderbraten mit Rotkohl, Apfelsine.
Mittagsposition: N 31.27; W 53.21.
Gleich nach dem Unterricht um 16:00 Uhr gingen wir ins Hypodrom, um zu proben. Wir haben jetzt ein Klavier, ein komplettes Schlagzeug (oben bereits erwähnt), eine Bassgitarre, eine Konzertgitarre, zu der wir uns selbst einen Tonabnehmer aus zwei alten Kopfhörern gebaut haben, und eine Wandergitarre. Ich spiele die Konzertgitarre.
Die Probe mussten wir zweimal unterbrechen. Das erste Mal wegen des Abendessens

um 17:30 Uhr und das zweite Mal wegen einer Filmvorführung. Nachdem bis jetzt alle Film-Veranstaltungen als Freilichtvorführung wegen des schlechten Wetters abgeblasen werden mussten, zeigte man nun den Film „Die Abenteuer des Werner Holt", erster Teil (Anti-Kriegsfilm, DDR, 1965, u.a. mit Klaus-Peter Thiele, Günter Junghans, Peter Reusse, Angelica Domröse). Die Filme werden, wie kürzlich gerade beschrieben (s. Tag 21), meistens auf dem achteren Freideck gezeigt, und wir hätten die Veranstaltung gestört, wenn wir fast genau darunter im Hypodrom, dessen Türen zum Achterschiff offen standen, geprobt hätten. So mussten wir also zwei Stunden lang aussetzen. Das fanden wir gar nicht so tragisch, weil die Hypo-Chefin uns trotz des Ruhetages Bier ausschenkte. Vielleicht gefiel ihr ja auch unsere Musik so gut, dass sie uns „belohnen" wollte. Ich sah mir allerdings den Film eineinhalb Stunden lang mit an. Hinterher probten wir weiter und brachten es auf insgesamt 35 Titel, die sich schon allesamt ganz akzeptabel anhören [WM: Wenn ich nur noch wüsste, welche Titel das waren! Nur an einen Titel kann ich mich heute noch so richtig erinnern: „Champs Elysees" von Joe Dassin. Vielleicht war es aber auch noch Albert Hammond mit seinem Titel „Free Electric Band" aus dem Jahre1973.]. Aber wir hatten uns darauf geeinigt, dass Michael E., der das Klavier spielte, bei jeder Veranstaltung als erstes die Titelmelodie aus „Der Clou" (Gaunerkomödie, USA 1973, mit Paul Newman und Robert Redford) spielen sollte. Und dann verbindet sich für mich immer noch der Titel „Hello Mary Lou" (Jan & Kjeld, 1961) mit Christian B.

Die Probe zog sich bis um 01:00 Uhr hin. Dann räumten wir die Instrumente zusammen und gingen schlafen.

Tag 24:   **Auf hoher See, MS „J. G. Fichte", Mittwoch, den 27.11.1974**

Heute Morgen war schönes, sonniges Wetter. Die leichte Dünung ließ die „Fichte" angenehm über die Wellen gleiten.

Christian und ich hatten von 08:00 bis 12:00 Uhr Wache im Lehrfunkraum. Wir nahmen einige Faksimile-Wetterkarten von Norfolk-Radio auf, um die Wetterlage zu sichten, die uns an der amerikanischen Küste erwartet. Übermorgen werden wir wahrscheinlich dort sein. Norfolk liegt an der mittleren östlichen US-amerikanischen Küste im Bundesstaat Virginia.

Während der Mittagspause gab es heute mal wieder Alarm, aber ohne in die Rettungsboote steigen zu müssen.

Mittagsposition: N 29.45; W 61.03.

Am Nachmittag hatten wir zwei Stunden das Fach „Gerätesysteme".

Am Abend gingen Siggi und ich ins Hypodrom, um etwas Erfrischendes zu trinken. Ich war nämlich mächtig durchgeschwitzt, obwohl ich gerade geduscht hatte; und zwar kam das so: Es gibt auf dem Schiff verschiedene Sportgemeinschaften, wie z.B. Kraftsport, Judo, Volleyball, Schießen, Schach und einiges andere mehr. Ich schloss mich dem Kraftsportzirkel an, um zu verhindern, dass ich Speck ansetze. Das kann einem nämlich bei dem guten Essen und der relativ wenigen Bewegung sehr schnell passieren. Nun hatten wir heute Abend unser erstes Training, und ich bin dabei stark ins Schwitzen gekommen, aber ich spüre, es bekommt mir gut.

Wie gesagt, Siggi und ich saßen im Hypo – das war ziemlich leer – und plötzlich hörten wir von draußen Musik. Dort saß unsere übliche Runde bei Wodka und Juice beisammen, hatte sich ein Tonbandgerät besorgt und ließ den schönen Tag bei Bier oder Wodka und mit Musik ausklingen.

Natürlich hielten Siggi und ich es nicht mehr lange im Hypo aus; wir holten uns einige Getränke und setzten uns zu den anderen.

Wie ich aus der täglichen Pressemitteilung von Rügen-Radio entnommen habe, liegen die Temperaturen in Berlin um fünf Grad, und wir feiern hier bei Außentemperaturen von 24 Grad. Sogar nachts sinkt die Temperatur nicht unter 22 Grad Celsius. Das Wasser hat inzwischen eine Temperatur von 23 Grad Celsius.

Bei derartigen Nachttemperaturen gestaltet sich das Schlafen sehr schwirig. Um dem abzuhelfen, schlafen wir dann meistens ohne das Schlafanzug-Oberteil, tragen an dessen Stelle aber einen so genannten Nierenwärmer. Das ist ein etwa 20 Zentimeter breiter Leinenstreifen, den man sich um den Körper, um die Nierengegend, windet und auf der vorderen Seite mit Schleifenbändern zusammenbindet.

Meine Familie hat es bestimmt sehr schwer, den Alltag zu bewältigen, Wetterkapriolen zu überstehen und Probleme zu lösen, gerade jetzt, wo der Winter vor der Tür steht!

In dieser Nacht werden die Uhren wieder um eine Stunde zurückgestellt – fünf Stunden Zeitunterschied!

Um 01:00 Uhr lag ich in der Koje.

Tag 25:   **Auf hoher See, MS „J. G. Fichte", Donnerstag, den 28.11.1974**

Heute haben wir wieder den Seemannssonntag. Der ist einmal eingeführt worden, weil es auf See für die Besatzung grundsätzlich kein freies Wochenende oder auch keinen einzelnen freien Tag gibt. Man kann das Schiff mitten auf dem Ozean ja nicht einfach für einen Tag anhalten! Um der entsprechenden Eintönigkeit und Routine entgegenzuwirken, hat man den Donnerstag als so genannten zweiten Sonntag eingeführt, der sich von den normalen Arbeitstagen auf See dadurch unterscheidet, dass es zum Frühstück „Eier nach Wunsch" gibt und am Nachmittag, genau wie am Sonntag, eine so genannte Coffee-Time stattfindet. Es gibt aber auch andere Interpretationen für die Einführung des so genannten Seemannssonntages [WM: Seit Beginn des Ruhestandes haben meine Frau und ich gemeinsam entschieden, den so genannten Seemannssonntag auch bei uns zu Hause einzuführen; dadurch freuen wir uns immer neben dem Sonntag besonders auf das Frühstück am Donnerstag!].

Die heutige Coffee-Time hätte ich über meine Arbeit beinahe vergessen. Ich hatte nämlich wieder Wache im Lehrfunkraum.

Die beiden Unterrichtsstunden am Vormittag verliefen wie immer. In dem Fach „Technische Navigation" befassen wir uns gegenwärtig mit dem LORAN-Navigationsverfahren. Das ist ebenfalls ein modernes Navigationsverfahren [WM: 1974/1975!], das vom nordamerikanischen Militär entwickelt wurde. An der gesamten nordamerikanischen Küste wird u.a. nach diesem System navigiert.

Mittagsgericht: Champignoncremesuppe, Sauerbraten mit Klößen, Apfelsine.

Mittagsposition: N 27.52; W 68.43.

Nach dem Mittag hatte der Transit-Shop geöffnet. Ich kaufte mir einen Karton Juice (24 Büchsen), zwei Flaschen Wodka und eine Stange „Pall Mall". Die „Pall Mall" muss ich am Ende der Reise mit der dann erhaltenen Valuta-Währung bezahlen. Die Stange kostet aber nur 6.- D-Mark (so genannte, westdeutsche Fremdwährung), und ich habe nicht die Absicht, noch viel mehr von der Fremdwährung auszugeben, obwohl sich das in Kuba wohl kaum vermeiden lässt. Eine Flasche Wodka kostet 3,00 Mark und eine Büchse Orangenjuice 1,10 Mark (wenn ich „Mark" schreibe, ist damit immer die DDR-Mark gemeint).

Wir haben heute wunderbares Wetter, blauen Himmel und Sonnenschein. Das Wasser hat eine unvorstellbar blaue Farbe. Der Wind hat etwas aufgebrist, so dass es nicht zu warm, sondern sehr angenehm ist.

Heute Mittag begegneten wir einem Passagierschiff, dem wir sogar ausweichen mussten. Auch bei der Seefahrt gilt grundsätzlich die Regel: Wer von rechts kommt, hat Vorfahrt. Das Schiff war so weit entfernt, dass es sich nicht lohnte, es zu fotografieren. Herkunft beziehungsweise Nationalität waren auch nicht zu erkennen.

Am Abend ging ich wieder mit Siggi ins Hypo. Christian gesellte sich auch bald hinzu. Ich trank ein paar Wodka/Juice und ging dann schlafen, etwa gegen 22:00 Uhr. Übrigens, wenn man im Hypo einen Wodka bestellt, bekommt man einen Doppelten (vier Zentiliter [cl]; 20 Pf.), bestellt man aber einen Doppelten, bekommt man acht Zentiliter. Ein Wodka/Juice kostet 70 Pf. (alles nach DDR-Mark). Mir ist hier meistens ein Wodka/Juice lieber als ein Bier, weil im Hypo als Fassbier „Rostocker Hafenbräu" ausgeschenkt wird. Und wir haben inzwischen die Erfahrung gemacht, dass dieses Bier nach dem abendlichen Genuss von nur zwei Flaschen (je 0,33 l) am nächsten Morgen Kopfschmerzen verursacht, wahrscheinlich wegen der Haltbarkeitsstoffe, die diesem Bier beigemischt sein sollen. Bei dem Bier, das man im Transit-Shop kaufen kann (Berliner Pils), ist dies nicht der Fall.

Tag 26: **Auf hoher See, MS „J. G. Fichte", Freitag, den 29.11.1974**

Siggi hat heute Geburtstag. Darauf will er heute Abend eine Runde ausgeben.
Am Vormittag hatten wir wieder unseren üblichen Unterricht.
Weil wir so wunderbares Wetter hatten, nutzte ich die Mittagspause, um zum ersten Mal in unserem Schwimmbecken zu baden. Es befindet sich auf dem Achterschiff unterhalb der Lehrbrücke, direkt vor dem Eingang zum Hypodrom. Das Becken ist ungefähr vier mal sechs Meter groß und zwei Meter tief. Meines Erachtens könnte es ein wenig besser in Schuss gehalten werden. Das Wasser ist sehr salzig, weil es aus dem Meer hineingepumpt wird; man muss sich erst daran gewöhnen. Das Wasser ist so salzig und dadurch so tragfähig, dass man sich auf den Rücken legen kann und ohne sich zu bewegen an der Oberfläche bleibt. Dabei kann man die Arme sogar hinter dem Kopf verschränken, etwa so, als wenn man auf einer Luftmatratze liegt.
Mittagsgericht: Vorsuppe, Gulasch mit grünen Bohnen, eine Büchse Grapefruitsaft.
Mittagsposition: N 25.58; W 76.06.
Etwa um 15:00 Uhr sahen wir die erste Insel der Bahamas, Abaco, an Steuerbord weit voraus. Bald passierten wir die Insel. Es war nicht viel zu sehen. Die Entfernung war zu groß. Außerdem sieht Land, wenn man es aus der Ferne betrachtet, fast immer gleich aus; das entspricht zumindest meiner bisherigen Erfahrung. Es war also nichts Besonderes.
Um 16:00 Uhr hatte ich meine nächste Wache im Hauptfunkraum anzutreten. Die Wache verlief sehr ruhig. Während dieser Zeit passierten wir die nächste Insel der Bahamas. Wir sahen sie an Backbord. Ob es sich dabei um die Insel „New Providence"

handelt, auf der die Hauptstadt der Bahamas, Nassau, liegt, oder ob wir bereits die Nordspitze der flächenmäßig größten Insel der Bahamas, Andros, passiert hatten, konnte ich leider nicht feststellen. Wir nahmen jetzt also Kurs auf Florida.

Nach Ende meiner Wache um 20:00 Uhr gesellte ich mich zu der Gruppe, die sich bereits auf unserem achteren Freideck versammelt hatte, um Siggis Geburtstag zu feiern. Wir tranken wie üblich Wodka und Juice und hatten sogar Musik dabei. Jemand hatte ein Tonbandgerät mit Lautsprecherbox besorgt. Alle angehenden Funkoffiziere mit Ausnahme unserer vier Wachgänger waren versammelt. Sogar Christine, unsere einzige Frau in den Reihen der angehenden Funkoffiziere, feierte mit.

Ab und zu sahen wir große, hellerleuchtete Passagierschiffe oder Fähren, die die Verbindung zwischen dem amerikanischen Festland und den Bahamas herstellen.

An diesem Abend war es ziemlich kühl, so dass ich mir eine Jacke überziehen musste. Peter machte einige Fotos mit Blitzlicht.

Ich hatte keine richtige Lust zum Feiern und ging deshalb bereits um 22:30 Uhr schlafen.

Tag 27:   Auf hoher See, MS „J. G. Fichte", Sonnabend, den 30.11.1974

Zum Frühstück gab es heute ein kleines Steak mit Zwiebeln und Letscho! Das war etwas ganz besonders Leckeres!
Heute Vormittag hatten wir keinen Unterricht. Wir mussten einige Arbeiten an verschiedenen elektrischen Anlagen erledigen. Ich verlegte z.B. gemeinsam mit einigen anderen ein Stromkabel über eine Strecke von 60 Metern und über mehrere Etagen. Das sind gute Übungen für die spätere Praxis; dann werden wir als Funkoffiziere u.a. auch für die Reparatur defekter Funk- und Navigationsgeräte und prinzipiell auch für die komplette Schiffselektronik an Bord zuständig sein.
Heute Nacht haben wir die Uhren wieder um eine Stunde zurückgestellt. Bei uns ist es jetzt also 12:00 Uhr mittags, wenn es zu Hause bereits 18:00 Uhr abends ist. Und das wird wohl, abgesehen von der Rückreise, auch die letzte Zeitanpassung gewesen sein; ein Zeitunterschied zur Heimat von sechs Stunden!
Natürlich haben wir Florida auch wieder bei Nacht passiert. Und zwar zu einer Zeit, zu der jeder normale Mensch, der dienstfrei hat, schläft. Von Florida konnten wir also auch nichts sehen.

Heute Nachmittag sahen wir allerdings noch eine Menge Florida vorgelagerte Inseln. Das sind die Florida Keys mit Key West an der südwestlichsten Spitze, die sich in den Mexikanischen Golf hinein erstrecken.

Die „Fichte" fährt im Moment nur mit halber Kraft. Wir sind nämlich erst für morgen Vormittag für Havanna gemeldet. Würde die „Fichte" mit normaler Geschwindigkeit fahren, wären wir früher als angemeldet dort. Vielleicht steht uns aber auch wieder ein Bootsmanöver bevor.

Es ist natürlich genauso gekommen, wie ich „befürchtet" hatte. Das Bootsmanöver begann um Punkt 13:00 Uhr. Ich war gerade dabei, in Christians Kammer meine gewaschene Wäsche aus dem Wust, der dort lag, herauszusuchen. Aber dazu später.

Die Alarmsirene heulte. Wir zogen uns schnell ein paar alte Sachen an. Für das Bootsmanöver ist vorgeschrieben, dass man etwas Langärmeliges trägt und die Uniformmütze mit weißem Bezug aufsetzt; auch festes Schuhwerk gehört dazu. Dann schnallten wir uns die Schwimmwesten um und liefen zu unserem Rettungsboot. Dieses Mal wurden die Boote schnell zu Wasser gelassen; und zwar mitsamt Inhalt. Das geschieht wie folgt: Die Rettungsboote sind jeweils an zwei so genannten Davids befestigt. Das sind äußerst stabile Metallausleger, die sich vom Schiff wegklappen lassen und so das daran befestigte Boot mithilfe von Winschen neben dem Schiff auf die Wasseroberfläche bringen können.

Wir stiegen gleich oben ein und wurden dann hinabgelassen. Ich habe dabei immer ein äußerst beklemmendes Gefühl in der Magengegend. Das Schiff ist insgesamt mit sechs so genannten Handpropellerbooten und sechs Rettungsflößen für je 12 Personen ausgestattet. Außerdem gibt es zusätzlich zwei Ruderboote. Die Rettungsboote fassen jeweils 85 Personen, und das Boot selber ist auch sehr schwer. Und dann wird das Ganze nur an zwei Stahlseilen herabgelassen, über eine Höhe von mindestens 10 Metern. Bei Seegang – und der muss nicht mal sehr stark sein – ist das so genannte „Ausschäkeln" das große Problem, weil beide Schäkel unmöglich gleichzeitig geöffnet werden können, um das Boot freizugeben. Also hängt ein Teil (Bug oder Heck) immer in der Luft, der andere Teil im Wasser, und kann das Boot zum kippen bringen.

Es ging aber alles gut. Wir fuhren schnell weg vom Schiff. Heutzutage [WM: 1974/1975] ist es so, dass die Boote nicht mehr durch Riemen (Ruder) fortbewegt werden, sondern durch eine angetriebene Schiffsschraube. Vor jedem Sitz befindet sich eine Stange, die hin- und herbewegt werden muss. Durch entsprechende Kraftübertragung wird die Schraube in Drehbewegung versetzt; daher die Bezeichnung

„Handpropellerboot". Wir sagen übrigens „rucksen" dazu. Das Rucksen ist sehr mühselig, und man kommt kaum von der Stelle. Es hat aber den Vorteil, dass man das Boot auch noch bei starkem Seegang einigermaßen manövrieren und stabil halten kann; mit den unhandlichen Riemen lässt sich dann nämlich nicht mehr viel machen. Vorsichtshalber sind aber auch ein paar Riemen an Bord vorhanden.

Im Übrigen sind die Rettungsboote nicht dazu konstruiert, sehr weit mit ihnen zu fahren. Früher hätte ich das nicht verstehen können, aber jetzt, wo ich selbst gesehen habe, wie groß der Ozean ist und wie selten einem ein Schiff begegnet, sehe ich ein, dass jeder Versuch, mit einem Rettungsboot Land zu erreichen oder ein Schiff zu treffen, wenn man sich mitten auf dem Meer befindet, sinnlos und kraftverschwendend wäre. Die Boote sind vielmehr dazu gedacht, den Ort der Katastrophe so schnell wie möglich zu verlassen, um nicht in den Sog des sinkenden Schiffes zu geraten, dann jedoch wieder zur Untergangsstelle zurückzufahren und dort Stunden, vielleicht auch Tage, auf Hilfe zu warten. Meistens ist es in solchen Fällen noch möglich, per Funk den aktuellen Standort innerhalb einer Notmeldung zu versenden. Die Rettungsboote sind mit haltbaren Lebensmitteln und Trinkwasser für mehrere Tage ausgestattet.

Eineinhalb Stunden waren wir mit unserem Rettungsboot unterwegs und umrundeten dabei die „Fichte".

Einige von uns hatten Fotoapparate mit, Christian sogar eine Schmalfilmkamera. Sie konnten einige schöne Aufnahmen von dem Manöver und von der „Fichte" machen. Peter hatte seine Kamera leider nicht dabei, so dass auch für mich keine Fotos „abfallen" konnten. Es war nämlich ein sehr schöner Anblick dabei: Die „Fichte" unter dem Regenbogen. Es fing plötzlich an zu regnen; die Sonne schien aber noch. Dadurch bildete sich ein wunderschöner Regenbogen, der vollkommen ausgebildet war und von einem Ende des Horizontes bis zum anderen verlief. Die „Fichte" stand während dieser Zeit genau unter ihm. Es war ein faszinierender Anblick.

Plötzlich waren alle sehr aufgeregt. Wir sahen nämlich nicht weit weg von uns (etwa 30 Meter) den Rücken eines riesigen Tieres aus dem Wasser erscheinen und gleich wieder verschwinden. Wir wussten nicht, was es war, vermuteten aber, dass es sich um einen Wal handelte. Es sah bräunlich aus, war etwa sechs bis zehn Meter lang und hatte eine Rückenflosse. Ein Hai war es aber nicht, Haie schwimmen anders und auch die Rückenflosse ist anders gestaltet. Dieses Tier bewegte sich schlangenförmig unter der Wasseroberfläche, oder das sah nur so aus, weil es mehrere Male hintereinander auftauchte und wieder verschwand. Vielleicht war es ein kleiner Wal, von denen es ja sehr viele Unterarten gibt. Wir verloren das Tier bald aus den Augen.

Das Anlegemanöver war eine Katastrophe. Man wollte die Boote wieder hieven, ohne die Besatzung vorher aussteigen zu lassen; das ging aber wegen der Dünung nicht. Wenn der Bug des Rettungsbootes im Wasser lag, hing das Heck in der Luft und umgekehrt, so dass es jedes Mal – immer im Wechsel zwischen Bug und Heck und Welle zu Welle – einen gewaltigen Schlag gab und wir glaubten, die Stahltrossen würden „brechen" (reißen). Ich hielt mich an einem der so genannten Manntaue fest, damit beim unfreiwilligen „Ausschäkeln" des Bootes eine gewisse Sicherheit gegeben war. Manntaue sind Leinen, die von Bord des Schiffes bis in das Rettungsboot herabgelassen werden, um sich daran festhalten zu können. Zwischen den beiden vorher beschriebenen Davids ist eine Strahltrosse befestigt, an der wiederum die so genannten Manntaue herabgelassen werden. Wir kletterten also alle über die Strickleiter (Jakobsleiter) zurück an Bord.

Bild 8: MS „J. G. Fichte" hier vor den Azoren; auf diesem Foto ist besonders gut erkennbar, wie die Rettungsboote an den Davids befestigt sind. Zwischen den Davids befindet sich ein Stahlseil, an dem die beschriebenen Manntaue hängen.

Später sprang ich schnell mal ins Schwimmbecken.

Als ich mein Bad beendet hatte, waren die letzten Rettungsboote an Bord gehievt worden, und die „Fichte" setzte ihre Fahrt mit halber Kraft fort. Aus welchem Grund, habe ich bereits beschrieben.

Nun noch einmal zurück zur Wäsche. Wir haben das derart organisiert, dass Christian für uns Praktikanten (allerdings nur für die angehenden Funkoffiziere) sämtliche Wäsche wäscht. Er hat sich freiwillig dazu bereit erklärt. Es lässt sich hier wegen der vielen Menschen an Bord und wegen der beschränkten Möglichkeiten zum Wäsche waschen kaum anders einrichten. Wir dürfen den Waschraum nur einmal in der Woche, und zwar am Freitag, nutzen. Demnach ist es wohl nicht möglich, dass jeder seine Wäsche selber wäscht. Allerdings gibt es auch Schwierigkeiten; die Wäsche muss gekennzeichnet werden, um sie später aus dem „Wust" von Wäsche wieder herauszufinden. Mir fehlen im Moment zwei Unterhosen (Wer die wohl jetzt trägt?) und drei Sporthemden. Das muss besser organisiert werden! Aber wie?

Am Sonnabendnachmittag ist immer so genannte Reinschiffzeit. Siggi und ich waren heute an der Reihe, die Toiletten und die Duschen zu reinigen. Wir sind es beide von unserer Armeezeit her gewöhnt, uns in solche „Niederungen des Lebens" zu begeben, und zu Hause muss man das ja auch tun. Ja, ich weiß, der Vergleich hinkt sehr, denn zu Hause ist es ja sein eigener „Dreck", den man wegmacht.

Heute musste jeder von seinen Zivilsachen, die er dann später an Land auf Kuba tragen möchte, ein Hemd, eine Hose und ein Paar Schuhe zum Desinfizieren abgeben. Das ist für uns eine recht unverständliche Angelegenheit. Aber man erklärte uns das wie folgt: Vor einigen Jahren, als Kuba in seiner Landwirtschaft so weit fortgeschritten war, dass man sich bald selber hätte versorgen können und jeder Kubaner genug Fleisch zu essen gehabt hätte, wurde eine Krankheit, die Schweinepest, eingeschleppt, die den Schweinebestand bis fast auf null reduzierte. Um das nicht erneut geschehen zu lassen, müssen jetzt vorbeugende Desinfizierungsmaßnahmen vorgenommen werden.

Die Vorsichtsmaßnahmen betreffen auch die Versorgung an Bord. Es dürfen keine Lebensmittel, in denen Fleisch vorhanden ist, mit an Land genommen werden. Auch die Fleischlast wird vom Zoll im Hafen versiegelt.

Abends ging ich mit Christian ins Hypo [WM: Inzwischen ist aus dem „Hypodrom" das vertrautere „Hypo" geworden.]. Wir tranken Wodka/Juice und unterhielten uns angelegentlich. Jedoch ging der Wodka bald zur Neige. Wir beschafften uns eine Flasche aus der Kammer und ließen uns im Hypo davon bedienen. Ausschankschluss war heute bereits um 22:00 Uhr wegen eines so genannten „Blackouts", der um 23:00 Uhr planmäßig beginnen sollte. Unter einem „Blackout" versteht man das Abschalten sämtlicher Stromaggregate, also totales Dunkel (zumindest nachts). Daher kommt, glaube ich, auch die Bezeichnung. Diese Maßnahme wurde ergriffen, weil an dem Hauptstromversorgungsaggregat des Schiffes gearbeitet werden musste. Die „Fichte" stoppte dazu ihre Fahrt.

Als wir aus dem Hypo kamen, konnten wir bereits die Lichter von Havanna sehen.

Tag 28: **Reede Havanna/Kuba, MS „J. G. Fichte", Sonntag, den 01.12.1974**

Heute ist der erste Advent, und genau an diesem Tag liefen wir in Havanna ein. Um 07:00 Uhr sahen wir Havanna vor uns liegen. Es war ein wunderbarer Anblick. Die Sonne schien und machte alles noch farbenprächtiger als es ohnehin schon war. Peter schoss einige Fotos für uns.

Exakt um 07:30 Uhr passierten wir die Einfahrt zur Binnenreede von Havanna.

Bei der Einfahrt nach Havanna ist an Backbord die Festung „Castillo de los Tres Reyes del Morro" zu sehen, eine weiße Festung, die ab 1589 von der spanischen Kolonialmacht auf dem Felsen „El Morro" errichtet wurde. Sie sollte die Stadt vor Piratenangriffen schützen. Die Bauarbeiten dauerten bis 1630. Der heute so markante hohe

Bild 9: Ankunft in Havanna

Leuchtturm der Festung stammt nicht aus ihrer Anfangszeit, sondern wurde erst im Dezember 1845 errichtet. Er ist 30 Meter hoch und besitzt einen Durchmesser von fünf

Metern. Die Reichweite des Leuchtfeuers beträgt etwa 25 Seemeilen, also 46 Kilometer. Heute ist die Festung ein Museum und kann besichtigt werden. Es gibt eine lange Geschichte zur Festung, die zu erzählen jedoch an dieser Stelle den Rahmen des Tagebuches sprengen würde.

Bild 10: Die Festung „Castillo de los Tres Reyes del Morro"

Nun liegen wir auf Binnenreede und um uns herum viele andere Schiffe. Neben uns an Backbord liegt zum Beispiel die „Fritz Reuter", ein Kühlschiff aus der DDR, umgangssprachlich als „Bananendampfer" bezeichnet. Außerdem habe ich viele kubanische Schiffe gesehen und jeweils eines aus der Sowjetunion sowie eines aus Zypern. Von unserem Ankerplatz aus können wir die Kaianlagen und einen Teil der Stadt sehen. An Landgang können wir wohl erst denken, wenn das Schiff an der Pier liegt. Wie lange das noch andauern wird, ist unbekannt. Im Moment ist noch der Zoll mit seinen Klarierungsarbeiten beschäftigt. Es sind nur drei Beamte, und deshalb glaube ich, dass sie keine Durchsuchung des Schiffes machen werden........ und ich behielt Recht.
Gleich nach dem Mittagessen setzten wir uns zusammen, um unsere nächste Probe durchzuführen. In der Besetzung mussten wir wieder einmal etwas austauschen. Und zwar durfte unser Matrosenlehrling, der zuerst bei uns Schlagzeug spielen sollte, nicht mehr mitmachen, weil er sich irgendetwas hatte zu Schulden kommen lassen (Wie dumm von ihm!). Denn die Matrosenlehrlinge dürfen ihren gesonderten Bereich grundsätzlich nicht verlassen, geschweige denn das Hypo betreten! Außerdem sind seine

Leistungen in der Klasse die schlechtesten. Man schickte uns also zwei andere Lehrlinge, und wir erhofften uns Einiges von ihnen, aber leider wurden wir enttäuscht. Keiner von beiden kann Schlagzeug spielen; sie können nicht einmal einen vorgegebenen Takt beim Spielen halten! Das ist die Grundvoraussetzung zum Schlagzeugspielen. Deshalb mussten wir sie leider „nach Hause" schicken. Es blieb uns also nichts weiter übrig, als die ganze Sache anders anzupacken. Unsere ursprüngliche Besetzung war die folgende: Micha Klavier, Christian oder Jörg Bass (abwechselnd), Klaus und ich Gitarre (Nebeneinander, wobei ich die Elektrogitarre spiele) und der Lehrling am Schlagzeug. Jetzt spiele ich Schlagzeug und Klaus die Hauptgitarre, und wenn wir noch etwas intensiver üben, klingt sicher alles ganz passabel. 40 Titel haben wir nun zusammen, und damit kann man, wie die Erfahrung lehrt, einen ganzen Abend bestreiten. Am Dienstag sollen wir das erste Mal offiziell spielen, für das Personal des Schiffes. Speisen und Getränke gibt es dann frei.

Mittagsgericht: Goldbroiler (Brathähnchen).

Noch ein Wort zu den 180 Lehrlingen und deren Unterkünfte: Die Lehrlingsunterkünfte sind für uns Studenten tabu, genauso wie auch die „oberen Decks" für die Lehrlinge tabu sind. Die Unterkünfte, Lehr- und Verpflegungsräume habe ich immer als geheimnisvolle oder unheimliche Katakomben empfunden. Soweit mir das bekannt ist, dürfen die Lehrlinge, um einmal frische Luft zu atmen, nur bis auf das so genannte achtere „Mooring"-Deck (moor – Festmachen, Vertäuen) hochsteigen. Das Mooring-Deck ist überdacht; das heißt, für die Lehrlinge gibt es an Bord offiziell keinen einzigen Platz, an dem sie direkt unter freiem Himmel sind – eigentlich menschenunwürdig! Desto mehr, so ist meine Ansicht, sollten sich diejenigen Lehrlinge, die in unserer Band mitspielen wollen, mehr Mühe geben, aus diesen Katakomben zumindest zeitweise herauszukommen.

Am Abend zeigte man an Deck wieder einen Film: „Der Amphibienmensch" (Science-Fiction-Film, Sowjetunion, 1962). Anschließend ging ich ins Hypo, trank zwei Gläschen Bier, weil im Hafen keine Transitware verkauft wird und deshalb unser Wodka zur Neige gegangen war. Danach ging ich schlafen.

Tag 29: Reede Havanna/Kuba, MS „J. G. Fichte", Montag, den 02.12.1974

Wir liegen noch auf Binnenreede.
Die Temperaturen sind hier zu dieser Jahreszeit recht angenehm. Es ist für uns nicht zu warm und nicht zu kalt.

Der Unterricht läuft auch während der Reede- und Hafenliegezeit genauso weiter wie auf See; vormittags zwei Stunden und nachmittags zwei Stunden. Wenn aber irgendwelche organisierten Besichtigungsfahrten oder Exkursionen vorgesehen sind, fällt der Unterricht aus. Ich finde es super, dass die Schiffsleitung und der Chef-Ausbilder derart flexibel sind.

In den meisten Häfen der Welt ist es verboten, die Sendeanlagen des Schiffes zu benutzen. In einigen Häfen wird sie für die Dauer der Hafenliegezeit sogar versiegelt (Welch eine Wonne für den jeweiligen Funkoffizier!). Aber das Empfangen von Nachrichten und Informationen ist meistens nicht verboten. Deshalb arbeitet Rügen Radio im so genannten Einseitigen Dienst. Dazu vereinbart man mit Rügen Radio einige Zeit bevor man den Hafen erreicht, aus dem nicht gesendet werden darf, schon bestimmte Frequenzen, auf denen zu bestimmten Zeiten zumindest die Telegramme abgesendet werden, die bei Rügen Radio vorliegen. Wegen der teil- und zeitweise schlechten Ausbreitungsbedingungen im Kurzwellen-Frequenzbereich erfolgt das mehrfach innerhalb eines bestimmten Zeitraumes auf verschiedenen Frequenzen (zweimal innerhalb von 24 Stunden) sozusagen blind, also ohne sofortige Empfangsbestätigung. Aus diesem Grund ist unsere Wache so eingeteilt, dass immer zwei Mann gleichzeitig 24-Stunden-Dienst haben. Ich habe heute gemeinsam mit Christian von 11:00 Uhr bis morgen Vormittag 11:00 Uhr Wache. Wir brauchen nur zu den Zeiten, zu denen etwas anliegt, und das steht ja vorher fest, in die Funkstelle zu gehen. Dementsprechend fallen die Wachen im Lehrfunkraum und auf der Lehrbrücke aus. Während Reede- und Hafenliegezeiten macht die Beschäftigung mit Wetterberichten, Faxkarten und Navigation keinen Sinn, es sei denn, das Schiff ist kurz vor dem Auslaufen.

Christian und ich hatten während unserer Wache doch einiges mehr zu tun, als ich gedacht hatte, weil die Empfangsqualität wetterbedingt sehr schlecht war und wir viele Anläufe nehmen mussten, um die Telegramme in guter Qualität niederschreiben zu können. Aber trotzdem fanden wir die Zeit, abends für zwei Stunden ins Hypo zu gehen und ein paar Bier zu trinken. Christian gab aus, weil er noch 50 Mark entdeckt hatte, von denen er gar nichts mehr gewusst hatte.

Um 22:00 Uhr gingen wir schlafen.

Tag 30: Reede Havanna/Kuba, MS „J. G. Fichte", Dienstag, den 03.12.1974

Wir liegen immer noch auf Binnenreede.

Zum Glück lag in der Nacht im Funkraum nichts weiter für uns an, so dass Christian und ich bis 05:30 Uhr schlafen konnten. Wir wollen versuchen, die tägliche Schiffspresse von Rügen Radio mit dem Fernschreiber aufzunehmen und uns damit viel Arbeit zu ersparen. Es ist nämlich sehr mühselig, die Presse über Morsetelegrafie von Hand aufzunehmen, weil sie meist aus zwei eng beschriebenen DIN-A4-Seiten besteht und die wollen erst einmal geschrieben sein. Die Aufnahme dauert ungefähr eine dreiviertel bis eine Stunde. Da hat man es, wenn alles klappt, mit dem Fernschreiber sehr viel einfacher. Die erste Presse über Fernschreib-Frequenzen kommt planmäßig um 06:00 Uhr Bord- oder Ortszeit. Das ist 11:00 Uhr Greenwich Mean Time (GMT) oder 12:00 Uhr Heimatzeit. Dann wird alles noch einmal um 06:30 Uhr und um 07:00 Uhr auf jeweils anderen Frequenzen wiederholt. Zwischen 06:00 und 07:00 Uhr haben wir hier die Morgendämmerung, und das spiegelt sich in der Empfangsqualität wider. Um 06:00 Uhr ist es noch dunkel. Das war wohl auch der Grund dafür, dass wir diese Presse nicht empfangen konnten. Um 06:30 Uhr ging es schon etwas besser, und mithilfe der Übertragung um 07:00 Uhr, da ist es bereits hell, und zwar sowohl auf der Sendeseite (Rügen Radio) als auch auf der Empfangsseite (Havanna); und so konnten wir die Pressemeldungen komplettieren.

Um 11:00 Uhr wurden wir abgelöst.

Heute Abend soll unser erster großer Auftritt stattfinden.

Mittagsgericht: Kaltschale, Kohlrouladen.

In der Mittagspause bauten wir im Hypo unsere Instrumente auf, weil wir nach dem Unterricht um 16:00 Uhr noch etwas proben wollten. Um 20:00 Uhr sollte die Veranstaltung beginnen, Bordfest für das festangestellte Personal der „Fichte". Die Stewardessen hatten das Hypo wunderbar hergerichtet. Unter der Decke hing ein riesiges Netz, mit farbigen Lampen durchzogen und mit Girlanden und Luftballons verziert. Die Köche hatten ein beeindruckendes Bankett aufgebaut. So etwas Schönes habe ich in meinem ganzen Leben vorher noch nicht gesehen. Getränke gab es vom Sekt über Mixgetränke bis zum Bier kostenlos. Die Interpretation unserer Musik gelang uns heute recht gut, und so wurde es ein wunderschöner Abend. Wir spielten bis um 02:00 Uhr. Danach wurde aber noch weitergemacht. Da feierte dann die Band ihren „Auftaktsieg". Ich blieb aber nur bis um 03:00 Uhr und ging dann schlafen. Das war nach ungefähr 14 Tagen das erste Mal, dass ich wieder Zivil getragen hatte.

Später ist mir dann zu Ohren gekommen, dass man in Ermangelung von Luftballons Kondome aufgeblasen und unter die Decke gehängt hatte. Die waren jedoch nicht so robust wie die Luftballons, verließen schrittweise ihre unkonventionelle Zweckbestimmung und diejenigen, die über dem Bankett gehangen hatten, fielen so nach und nach auf das sehr schön angerichtete Bankett. Durch die beschwingenden Getränke fiel das den meisten Leuten allerdings gar nicht auf!

Tag 31:   Reede Havanna/Kuba, MS „J. G. Fichte", Mittwoch, den 04.12.1974

Heute Morgen war ich das einzige Bandmitglied beim Frühstück. Die anderen hatten nämlich noch bis um 05:45 Uhr weitergefeiert.
Der Unterricht fiel mir eigentlich leichter als ich gedacht hatte. Die beiden Stunden vergingen recht schnell. Genau so war es mit den beiden Stunden am Nachmittag. Der Unterricht war höchst interessant.
Mittagsgericht: Kaltschale, Fischfilet, Apfelsine.
Anschließend gingen wir ins Hypo, um unsere Musikinstrumente zusammenzupacken und aufzuräumen. Danach holten wir aus dem Kühlkeller zwei Fässer Bier für den abendlichen Betrieb im Hypo, denn die Chefin (wie wir immer sagen) kann das allein nicht bewältigen. Christian und Jörg S. holen täglich ein Fass aus dem Keller. Dafür gibt es dann für jeden zwei Gläser Freibier.
Am Abend erfuhren wir, dass es eine Möglichkeit gibt, die Post relativ schnell nach Hause befördern zu lassen und dass wir den Brief bis zum nächsten Morgen um 09:00 Uhr abgeben sollten. Die Reederei hat das so organisiert, dass die Passagiermaschine, die wöchentlich oder 14-tägig (?), genauer ist mir das nicht bekannt, zwischen Kuba und der DDR verkehrt, unsere Post mitnimmt. Der umgekehrte Weg ist auch möglich, indem man an den Überseehafen schreibt und den Namen des Schiffes angibt, auf dem der Brief eintreffen soll.
Ich schrieb also den Brief an meine Familie, kam damit aber nicht zu Ende, weil ich doch sehr müde war. Ich hatte zwar versucht, in der Mittagspause etwas zu schlafen, war aber ständig durch irgendwelche Leute gestört worden.
Es durfte nur ein Brief abgegeben werden, wahrscheinlich, weil die vorhandenen Kapazitäten wegen der vielen Leute an Bord sonst überfordert gewesen wären.
Ich konnte natürlich nur die gröbsten Eindrücke schildern. Vor allen Dingen wusste man zu Hause noch nicht, wann genau wir in Rostock abgelegt hatten und wie die Fahrt bisher verlaufen war. Außerdem schrieb ich, dass die Antwort auf demselben Weg erfolgen könne. Ich kam bis auf fünf Seiten und wurde dann zu müde.

Tag 32: Reede Havanna/Kuba, MS „J. G. Fichte", Donnerstag, den 05.12.1974

Heute ist wieder der Seemannssonntag. Ob es da im Hafen auch Coffee-Time gibt, ist mir noch nicht bekannt.
Morgen haben wir bereits den „Nikolaustag". Das ist für mich eigentlich unfassbar. Meine kleine Tochter Katrin wird sich bestimmt darauf freuen, weil sie etwas Hübsches als Überraschung zu erwarten hat. Da möchte ich gern zu Hause sein, um die glänzenden Augen zu sehen.
Heute Morgen schrieb ich den Brief zu Ende und gab ihn um 08:45 Uhr beim Purser (Zahlmeister) ab. Ich war bis auf fast acht Seiten gekommen.
Der Unterricht verlief wie immer.
Mittagsgericht: Vorsuppe, Hamburger Schnitzel, Salat, Apfelsine.
In der Mittagspause wusch ich zehn Paar Strümpfe und ging unter die Dusche.
Am Nachmittag hatten wir anstelle der zweiten Unterrichtsstunde das Fach „Brandschutz". Jeder Schiffsoffizier muss theoretisch und praktisch mit den Brandschutzanlagen vertraut sein, und davon gibt es auf jedem Schiff Unmengen. Ein Schiffsbrand zählt zu den schwersten Havarien, die es auf See geben kann.
Um 18:00 Uhr mussten wir uns noch einmal im Unterrichtsraum treffen, um eine so genannte Seminargruppenstunde durchzuführen. Wir haben uns nämlich vorgenommen, uns intensiv auf die mündliche Marxismus-Leninismus-Prüfung vorzubereiten. Dazu haben sich die Praktikanten kammerweise verpflichtet, einen der sechs gestellten Themenkomplexe auszuarbeiten und während der Seminargruppenstunden vorzutragen, so dass sich jeder einzelne besser auf die Prüfung vorbereiten kann. Das taten wir heute zum ersten Mal [WM: Das Fach musste in der Prüfung bestanden werden, sonst war der Gesamtabschluss in Frage gestellt. Deshalb bereiteten wir uns so intensiv darauf vor.].
Danach musste ich wegen der großen Hitze noch einmal duschen gehen. Manchmal ist es unerträglich heiß. Später unternahm ich noch einen kleinen Spaziergang an Deck und ging dann schlafen.
PS: Coffee-Time fand heute doch statt. Es gibt diesbezüglich also keinen Unterschied zwischen Seetagen und Reedeliegezeiten.

Tag 33:   Reede Havanna/Kuba, MS „J. G. Fichte", Freitag, den 06.12.1974

Heute Morgen, am Nikolaustag, erwartete uns eine freudige Überraschung. Vor jeder Kammer der angehenden Funkoffiziere einschließlich der Kammer unseres Ausbilders, Herrn K., lagen fein säuberlich in so genannte DSR-Servietten (DSR – Deutsche Seereederei) eingehüllt, vier kleine Geschenke. Und zwar zwei Apfelsinen, eine Tüte Erdnüsse und eine Stange Kaugummi. Auf den Servietten war die „Leipzig", Typ Frieden, abgebildet. Ich fand es richtig nett, aber wer den lieben guten Nikolaus gespielt hatte, wissen wir nicht.

Wir liegen immer noch auf der Binnenreede von Havanna.

Inzwischen sind noch einige weitere Schiffe eingetroffen, u.a. einige sowjetische Schiffe und die „Leipzig" aus der DDR. Die „Leipzig" wurde 1959 auf der Warnow-Werft in Warnemünde gebaut. Sie gehört zur Baureihe Typ IV, der ersten Serie von 10.000-Tonnen-Stückgut-Frachtern, die auf Werften der DDR gebaut wurden.

Die am 1. Dezember erwähnte „Fritz Reuter" (Bananendampfer) liegt bereits seit zwei Tagen an der Pier.

Der Sonnenaufgang sah heute Morgen wieder wunderschön aus. Anscheinend wird es nun noch wärmer werden, nachdem der Himmel sonst um diese Zeit meistens bedeckt war.

Es ist nun bereits wieder Abend, und inzwischen haben wir herausgefunden, wer heute früh den Nikolaus gespielt hatte. Christine war es, unsere einzige Frau im Kreis der angehenden Funkoffiziere. Wir haben uns bei ihr sehr herzlich bedankt.

Es war heute wärmer als an den vorangegangenen Tagen, was sich bei 26 Grad Celsius auch auf den Geruch des Hafenwassers auswirkt. Es ist eine stinkende dunkle Brühe. Man darf auf keinen Fall hineinfallen. Dazu kommt ein im Hafen vorhandenes Elektrizitäts-Werk auf Schwerölbasis. Durch die Schornsteine werden die dunklen, fettigen Abgase direkt in die Luft geblasen, wahrscheinlich auch ungefiltert. Bei ungünstigem Wind ist es bei geöffnetem Bulleye nicht auszuhalten. Dann wird es unerträglich heiß, und an Deck kann man auch nicht gehen.

Der Unterricht am Vormittag war ja noch erträglich, weil wir diese beiden Stunden immer in dem klimatisierten Unterrichtsraum im E-Deck haben. Am Nachmittag war es leider nicht so. Da findet der Unterricht in unserem zweiten Unterrichtsraum im B-Deck statt, der nicht klimatisiert ist. Unserem Mentor, Herrn K., ging es wohl auch nicht so richtig gut, und so machte er eine Viertelstunde früher Schluss.

Mittagsgericht: Kaltschale, Hühnerfrikassee, Mandarine.

In der Mittagspause sonnten wir uns auf dem B-Deck. Es war dort im Schatten für mich einigermaßen erträglich.

An dieser Stelle vielleicht mal eine kurze Erläuterung zu der Bezeichnung der verschiedenen Schiffsdecks. Ich hatte sie bereits mehrfach erwähnt und stelle sie anschließend so dar, wie sie von oben nach unten auf dem Schiff zu finden sind:

A-Deck: Brückendeck (Hauptbrücke, Hauptfunkraum)
B-Deck: Bootsdeck (achtere Aufbauten: Lehrbrücke, Lehrfunkraum), Unterrichtsräume, Offiziersunterkünfte
C-Deck: Bordrestaurant (Hypodrom), Schwimmbecken, Offiziersmesse, Bibliothek, Unterrichtsräume, Offiziersunterkünfte, Freideck an Bug und Heck
D-Deck: Praktikanten- und Ausbilderkammern, „Mooring"-Deck (moor – Festmachen, Vertäuen), Bootsmannsunterkunft und „Gewerberäume"
E-Deck: Kombüse, Unterrichtsräume, Lehrlingsunterkünfte

So etwa sind die verschiedenen Decks belegt [WM: In meinem handschriftlichen Tagebuch-Original hatte ich das nicht beschrieben, deshalb bin ich mir über die richtige Zuordnung leider nicht ganz im Klaren.].
Der Abend brachte erfrischende Kühle.
Weil ich gerade den Abend erwähne, fällt mir noch ein Thema von gestern ein. Bei meinem Spaziergang entdeckte ich am Himmel den Mond. Wir haben jetzt Halbmond; das müsste in der Heimat wohl auch so sein. Es gibt aber einen ganz wesentlichen Unterschied. Bei dem beschriebenen Zustand des Mondes befindet sich die Rundung in Europa rechts oder linksseitig; hier sieht man die Wölbung/Rundung nach unten gerichtet. Hinzu kam noch, dass ich ihn kurz über dem Horizont sah, und dass er noch von der Sonne beschienen wurde und dadurch blutrot aussah. Es war bereits stockdunkel, und es sah aus, als sei die Sonne gerade aufgegangen oder wäre hinter einer dunklen Wolke (fast) verschwunden. Ein faszinierendes Bild!
Es gibt hier übrigens keine lange Abenddämmerung. Bei Sonnenuntergang geht der Tag sehr schnell in die Nacht über. Gegen 21:00 Uhr wird auf dem bereits erwähnten „Castillo de los Tres Reyes del Morro" eine Kanone abgefeuert. Danach ist es bereits stockdunkel.

Wenn ich hier von angenehmer Kühle am Abend spreche, meine ich natürlich nicht, dass man sich für draußen eine Jacke überziehen muss. Nein – in normalem Hemd und normaler Hose ist es gerade angenehm.

Für die Zeit nach dem Abendessen habe ich mir schon einen gewissen Trott angewöhnt. Zuerst gehe ich duschen, und dann schreibe ich an meinem Tagebuch. Manchmal vertausche ich diese Reihenfolge auch. Das dauert schon seine Zeit. Dann habe ich meistens noch mit der Wäsche zu tun, weil ich meine Hemden jetzt immer selber wasche. Christian als alleinigen Wäscheexperten für uns alle einzusetzen, seinem eigenen Vorschlag entsprechend, war eigentlich eine gute Idee, die letztendlich aber daran scheiterte, dass einige mit dem Kennzeichnen der Wäsche überfordert waren. Und so wäscht jetzt jeder doch wieder seine Wäsche selber.

Später war ich noch etwas im Hypo, aber nicht lange, weil ich wieder müde war. Ich könnte hier den ganzen Tag lang schlafen. Das liegt bestimmt an der ungewohnt starken Hitze.

Als ich in meine Kammer kam, lag auf meiner Koje ein Telegramm, ein Telegramm von zu Hause. Meine Frau telegrafierte mir, dass es Kati und ihr gut gehe, dass sie mir weiterhin eine gute Fahrt wünschten und dass sie auf mich warteten. Ich habe mich riesig gefreut über die ersten Zeilen von zu Hause!

Tag 34: Reede Havanna/Kuba, MS „J. G. Fichte", Sonnabend, den 07.12.1974

Heute begann der Unterricht bereits um 08:00 Uhr. Wir hatten am Vormittag vier Stunden. Morgen wollten wir das eigentlich auch so organisieren, um dann, wenn wir an der Pier liegen, einen ganzen Tag frei zu haben. Dann hätten wir nämlich den Unterricht für diesen Tag vorgezogen. Es geht morgen aber nicht, weil für den Vormittag ein Preisskat angesetzt ist, an dem wir teilnehmen können und den wir uns auch nicht entgehen lassen wollen. Wir haben morgen also gar keinen Unterricht.

Die „Fichte" liegt immer noch auf der Binnenreede von Havanna. Es ist bereits der siebte Liegetag auf Reede. Es wird so langsam eintönig und langweilig; man ist wegen der Hitze erschöpft und relativ schnell reizbar. Bei einigen ist das sehr deutlich spürbar. Bei mir glücklicherweise nicht. Man kann ja selber für Abwechslung sorgen.

Nach den vier Unterrichtsstunden hörten wir, dass die Motorbarkasse jetzt regelmäßig an die Pier führe. Diese Chance wollten wir nutzen. Peter und ich gingen also zu unserem Mentor, Herrn K., und fragten ihn, wie es mit Landgang aussehe. Er stimmte zu und gab uns die Landgangtickets, nachdem er uns noch einige Ratschläge mit auf den Weg gegeben hatte.

Wir zogen uns schnell Zivilsachen an, denn die Barkasse sollte schon um 12:30 Uhr fahren. Sie fuhr dann auch pünktlich ab – mit uns an Bord. Nachdem die Formalitäten beim Zoll geklärt waren, konnten wir abmarschieren. Die Formalitäten waren schnell erledigt; allerdings mussten wir unsere „Wertsachen" angeben und auf einer so genannten Landgangskarte vermerken lassen, Peter zum Beispiel seinen Fotoapparat und ich mein Feuerzeug, die Armbanduhr, den Ehering, eine Schachtel Zigaretten und meine Sonnenbrille. Die auf der Landgangskarte vermerkten Gegenstände muss man bei der Rückkehr alle wieder vorzeigen können.

Wir hatten nun nach so langer Zeit auf See endlich mal wieder festen Boden unter den Füßen und waren außerdem die ersten aus unserer Gruppe, die an Land gegangen waren. Es würde den Rahmen eines Tagebuches sprengen, die Eindrücke, die wir dort hatten, hier festzuhalten. Darüber könnte ich ein eigenes Buch schreiben, doch dazu fehlt einfach die Zeit. Peter hat aber eine Menge Fotos für uns geschossen. Hoffentlich sind sie alle was geworden [WM: In der digitalisierten Welt ist das ja überhaupt kein Problem mehr.].

Einige markante Dinge, die mir sofort aufgefallen sind, möchte ich aber doch beschreiben.

Mein Eindruck war, dass etwa 50 Prozent der Einwohner von Havanna afrikanische Vorfahren haben, zu erkennen an der dunklen bis schwarzen Hautfarbe. Der Lebensstandard ist relativ niedrig; das Land steckt immer noch im Aufbau seiner Wirtschaft. Außerdem war das Land, wie oben bereits erwähnt, von der Schweinepest betroffen. Man trifft Menschen, die relativ gut gekleidet sind, aber auch andere, die abgerissene Sachen tragen. Aber meistens sind sie alle sehr sauber gekleidet, wenn es sich nicht gerade um ihre Arbeitsanzüge handelt. Eine Mode, wie bei uns zu Hause, gibt es, glaube ich, nicht.

Man kann noch sehr viele alte Kraftfahrzeuge US-amerikanischer Bauart herumfahren sehen. Sie werden sehr gehütet und mit allen provisorischen und primitiven Mitteln gepflegt. Irgendwann werden sie aber wohl doch abgewrackt werden müssen. Auf den Zustand der Fahrzeuge achten die Kubaner nicht so sehr, Hauptsache, sie fahren [WM: …und so fahren sie wohl auch noch heute!]. Eine Verkehrsregelung gibt es wohl auch, wie die aber funktioniert, habe ich bisher noch nicht durchschaut. Wir haben auch einige Fahrzeuge aus der DDR gesehen, wie z.B. die Automarken „Trabant",

„Wartburg", ein Motorrad, die „ES", sowie LKW „W50" und „H3A". An einer Straßenecke spielten einige Kinder mit zwei großen Plastikspielzeug-LKW aus der DDR.
Im Allgemeinen sind die Kubaner sehr freundlich und zugänglich. Es gibt aber auch noch einige, die versuchen zu „chinchen", wie wir sagen. Das heißt, sie wollen Tauschgeschäfte machen und versuchen dabei natürlich, die anderen „über das Ohr zu hauen". Unsere Uniformstücke oder auch im Westen produzierte Zigaretten sind sehr begehrt. Wir hatten aber meistens ohnehin nichts, was wir hätten eintauschen können und gingen ihnen deshalb aus dem Weg.

Bild 11: In der Altstadt von Havanna

Es gibt einige Prachtstraßen in Havanna und daneben zehntausend kleine Winkel und Gassen, in denen man viele Gaststätten oder Restaurants, oder sollte ich besser sagen „Trinkbars", finden kann, die meistens in einer Hausecke untergebracht und nach zwei Seiten hin offen sind. Wegen der besseren Fluchtmöglichkeiten oder wegen der dadurch besseren Klimatisierung? Besuchen konnten wir so eine Trinkbar jedoch nicht, weil wir keinen einzigen Peso mitgenommen hatten.
Exotische Gewächse, wie z.B. Palmen, findet man überall. Wir haben viele davon auf unseren Film gebannt.

Das Telefonieren ist in ganz Kuba gebührenfrei. Man findet kaum einen installierten Apparat, der nicht besetzt ist.

An diesem Tag war es auf dem Schiff schon sehr warm gewesen, aber in der Stadt war es noch deutlich wärmer. Ich schätze die aktuelle Temperatur, die wir heute im Schatten hatten, auf 26 bis 28 Grad Celsius.

Um 17:00 Uhr mussten wir wieder an der Pier sein. Wir schafften das pünktlich, obwohl wir mehr als drei Stunden quer durch Havanna gelaufen waren, übrigens, ohne uns zu verlaufen. Die Barkasse stand schon für uns bereit.

Bild 12: Das Kapitol In Havanna

Meine erste Handlung an Bord war die, meinen Schrank zu öffnen und den Inhalt einer Büchse Juice hinunterzustürzen.

Zum Mittag und zum Abendessen gibt es hier in den Tropen in der Offiziersmesse eiskalte Getränke zu kaufen. Ich musste mir gleich noch eine eisgekühlte Cola hinunterstürzen, um meinen Durst zu stillen.

Nach dem Landgang war ich völlig k.o. Vor allen Dingen taten mir die Füße weh. Dadurch, dass wir schon wochenlang auf dem Schiff sind, ist man die viele Lauferei natürlich nicht mehr gewöhnt.

Am Abend wurde der Film gezeigt „Balduin, der Trockenschwimmer" (Komödie, Frankreich, 1968). Solcher Art Filme verbuche ich in der Rubrik „Klamauk"; um die „Zeit totzuschlagen", sah ich mir den Film aber trotzdem an.

Nach diesem ereignisreichen und schönen Tag (abgesehen von dem Klamauk-Film) ging ich dann schlafen.

Tag 35: **Reede Havanna/Kuba, MS „J. G. Fichte", Sonntag, den 08.12.1974**

Nach dem Aufstehen um 07:00 Uhr wurden wir wieder mit herrlichem Sonnenschein begrüßt. Aber wir liegen immer noch auf Binnenreede.
Um 08:30 Uhr begann der Preisskat im Hypo. Natürlich nahm ich daran teil, denn ich hatte ja noch nie so etwas mitgemacht und wollte neue Erfahrungen sammeln.
Im Hypo war es angenehm kühl; man hatte die Klimaanlage eingeschaltet. Draußen war es unerträglich heiß. Ich glaube, wir hatten heute mindestens 30 Grad Celsius im Schatten.
Beim Preisskat kamen insgesamt 32 Leute zusammen. Wir spielten zwei Runden zu je 24 Spielen. In der ersten Runde war ich der schlechteste von allen Spielern mit minus 24 Punkten. Aber als Trost kann ich mir sagen, dass ich zufälligerweise mit zwei alten Hasen, nämlich dem Purser (Zahlmeister) und Herrn T. (Name geändert), unserem Englischlehrer, spielen musste. In der zweiten Runde war ich dann viel besser. Ich erkämpfte mir 478 Punkte, so dass ich bei der Endabrechnung auf 454 Punkte kam, und das gehörte schon zum guten Mittelfeld. Wenn ich in der ersten Runde auch so gut gespielt hätte, wäre ich wohl sogar unter die ersten Fünf geraten. Herr T., einer meiner beiden Mitspieler, wurde Zweiter. Als ersten Preis gab es eine Flasche Schnaps und eine Riesenbüchse Wiener Würstchen. Wir hatten jeder drei Mark Eintritt bezahlt, wovon die Preise gekauft wurden. Ich hatte während des Spiels drei kleine Bier getrunken.
Nach dem Mittagessen legte ich mich den ganzen Nachmittag in die Sonne. Man wird sehr schnell braun, aber die Färbung verschwindet auch wieder recht schnell. Wenn wir wieder zu Hause sind, wird wohl nichts mehr davon zu sehen sein.
Zwischendurch hatten wir Coffee-Time.
Am Abend ging ich wie üblich ins Hypo. Dort ist es immer angenehm kühl wegen der Klimaanlage, und außerdem gibt es dort ständig eisgekühlte Getränke. Die Treffen im Hypo nutzen wir meistens, um uns über alle möglichen Themen auszutauschen, aber auch, um uns gegenseitig besser kennenzulernen. Diese Atmosphäre werde ich später sehr vermissen. Das weiß ich jetzt schon.

Peter war heute den ganzen Tag in Havanna. Ich dagegen war letztendlich froh darüber, nicht mitgegangen zu sein, denn er und die anderen waren nur in der Stadt umhergelaufen und hatten nichts entdecken können, was wir beide nicht schon gestern gesehen hatten. Unter anderem hatten sie vor einem Schwimmbecken gestanden, durften aber nicht hineinspringen, weil es ausschließlich für Hotelgäste reserviert war; und das bei dieser Hitze!

Ich gehe wohl erst wieder an Land, wenn wir an der Pier liegen und ich mich jemandem anschließen kann.

Eigentlich wollte ich ja nicht lange im Hypo bleiben, sondern mal richtig ausschlafen. Das gelang mir aber nicht, denn im Hypo traf ich Christian. Er hat morgen Geburtstag und wird 26 Jahre alt [WM: Meinen letzten Geburtstag hatte ich übrigens am 31. August 1974 hinter mich gebracht; ich bin 24 Jahre alt geworden.]. Das Hypo hatte bis 23:00 Uhr geöffnet. Wir blieben dort bis zum Ausschankschluss. Anschließend feierten wir auf Christians Kammer seinen beginnenden Geburtstag bis um 01:30 Uhr.

Dann ging ich schlafen.

Tag 36: Reede Havanna/Kuba, MS „J. G. Fichte", Montag, den 09.12.1974

Es ist heute unser neunter Tag auf der Binnenreede von Havanna!
Das Wetter war heute Morgen nicht so schön wie gestern. Der Himmel war verhangen. Gestern Abend hatte es, glaube ich, sogar mal kurz geregnet.
Heute Abend soll Christians große Geburtstagsfete steigen.
Vom gestrigen Tag habe ich noch versäumt zu erwähnen, dass wieder ein Film gezeigt wurde, den ich mir auch ansah: „Petroleum-Miezen" (Western-Komödie, Italien/Frankreich/Spanien/Großbritannien, 1971).
Der Unterricht lief heute wieder wie gewöhnlich; vormittags zwei Stunden, nachmittags zwei Stunden.
Zum Mittagessen ging ich heute nicht, weil ich Trouble mit meinem Magen hatte. Ich glaube, das kam von einer schlecht gewordenen Cola (oder eher von den heruntergestürzten eiskalten Getränken?).
Am Abend ging es mir aber schon wieder viel besser, so dass ich beim Abendessen das Versäumte nachholen konnte.
Dann trafen wir uns auf der Lehrbrücke, die ja auf Reede beziehungsweise im Hafen nicht benutzt wird, um Christians Geburtstag zu begießen. Wir wollten eigentlich nur

im kleinen Rahmen feiern, und so kamen ausschließlich geladene Gäste; die Bandmitglieder und einige andere. Insgesamt waren wir dann aber doch 13 Mann. Für Musik und Getränke hatte Christian gesorgt. Wir hatten ein Tonbandgerät, das wir über einen Verstärker an einen Lautsprecher anschlossen. Zuerst tranken wir Bier und später ein Mixgetränk. Christian hatte es sich von den Stewardessen mixen lassen. Ich weiß nicht genau, was alles darin war, jedenfalls ein paar Flaschen Weinblattsiegel, Juice, Selters und viel Zitrone. Es schmeckte ausgezeichnet.

Wir ließen Christian hochleben, und er freute sich besonders, weil er vor neun Jahren schon einmal seinen Geburtstag hier in Havanna auf der „Fichte" gefeiert hatte, damals allerdings als Matrosenlehrling; die Lehrlinge haben keine solchen Privilegien wie wir als angehende Schiffsoffiziere. Ich hatte das vorher bereits einmal beschrieben.

Christian ist nun 26 Jahre alt. Wir feierten seinen Geburtstag bis etwa 03:00 Uhr, räumten alle Sachen zusammen und gingen dann schlafen.

Tag 37: Reede Havanna/Kuba, MS „J. G. Fichte", Dienstag, den 10.12.1974

Heute Morgen kam ich nicht rechtzeitig aus der Koje, so dass ich das Frühstück verpasste. Ansonsten ging es mir aber ganz gut.

Wir liegen immer noch auf Binnenreede. Vor dem nächsten Wochenende ist wohl nicht mit dem Verholen an die Pier zu rechnen. Die „Leipzig" liegt inzwischen auch schon an der Pier.

Das Wetter ist heute nicht gerade überragend. Der Himmel ist bedeckt. Wie ich das aber aus den Wetterkarten ersehen habe, wird es bald wieder schöner werden.

Das schlechte Wetter beeindruckt mich gegenwärtig gar nicht, weil wir ja ohnehin nicht regelmäßig an Land gehen können. Unsere Barkasse fährt zwar morgens, mittags und abends zwischen dem Schiff und dem Hafen hin und her, aber wir haben ständig Unterricht.

Außerdem hörten wir heute Mittag eine Ansage über Bordlautsprecher, wonach die Hafenbehörden Quarantäne über unser Schiff verhängt hätten, wir also ohnehin nicht an Land könnten.

Das Hypo hat heute Ruhetag, und das wollen wir nutzen, um wieder einmal eine Intensivprobe durchzuführen.

Womit die Quarantäne zusammenhängt, die man über unser Schiff verhängt hat, bleibt uns ein Rätsel, mit einer Krankheit jedenfalls nicht. Wir fühlen uns alle gesundheitlich sehr wohl.

Ab 16:00 Uhr probten wir im Hypo und schafften bis 19:30 Uhr sechs neue Titel. Wir konnten nur bis 20:30 Uhr proben, weil wieder ein Film gezeigt wurde. Zwischendurch waren wir noch Abendbrot essen.

Nach dem Abendessen lief die „Fichte" aus dem Hafen von Havanna aus, und zwar, um auf hoher See den Abfallentsorgungstank zu entleeren. Innerhalb des Hafens ist das verboten. Wenn man das von den kubanischen Behörden hätte erledigen lassen, hätte uns das 500 Dollar harter Devisen gekostet. So schipperten wir etwa 15 Seemeilen von Havanna weg und hielten uns dort die ganze Nacht auf. Ob das wohl tatsächlich preiswerter war, als besser die 500 Dollar zu zahlen?

Den abendlichen Film sah ich mir noch an. Es gab „Neues vom Hexer" (Klamauk von 1965 nach Edgar Wallace, Regisseur Alfred Vohrer, mit Heinz Drache, Brigitte Horney, Eddi Arent, Klaus Kinski u.a.).

Anschließend wollten wir eigentlich noch weiter proben, hatten dann aber doch keine Lust mehr, ließen die Sachen liegen und gingen schlafen.

Tag 38: Reede Havanna/Kuba, MS „J. G. Fichte", Mittwoch, den 11.12.1974

Heute Morgen liefen wir wieder in den Hafen von Havanna ein. Die Silhouette von Havanna war auch dieses Mal wieder bei aufgehender Sonne wunderschön anzusehen. Nur die Luft war nicht ganz so klar wie bei unserer ersten Anfahrt am ersten Advent. Die diesige Luft kann meteorologisch eigentlich nur bedeuten, dass es bald wieder so heiß sein wird, wie am letzten Wochenende. Wir haben keine einzige Wolke am Himmel, und in Berlin kann man bald mit einem warmen Wintermantel [WM: Im Original hatte ich von einem „Pelzmantel" gesprochen. Aber das geht heute wohl wegen der verschärften Tierschutzbestimmungen nicht mehr!] herumlaufen.

Am Schluss der Pressemitteilung, die wir täglich empfangen, wird regelmäßig die Wetterlage für Berlin und Umgebung bekanntgegeben. Gestern lautete sie z.B.: „Niederschlagsfrei, bedeckt, Temperaturen um fünf Grad." Und hier schwitzen wir bei für uns ungewohnt hohen Temperaturen!

Wann wir an die Pier kommen, ist immer noch ungewiss.

Der Unterricht lief auch heute wieder wie gewöhnlich.

Um 16:00 Uhr trafen wir uns im Hypo, um erneut zu proben. Wir brauchten uns nur an die Instrumente zu setzen, denn wir hatten sie ja gestern stehen gelassen.

Heute ist der Tag des Gesundheitswesens, und darauf durften wir jeder zwei Cognac trinken. Denn „Schwester Lucie", ein Unikum, war nämlich während unserer Probe anwesend und gab eine Flasche aus. Schwester Lucie ist übrigens keine Frau, sondern ein Mann. Er ist hier an Bord als Gesundheitsassistent tätig. Alle sind der Meinung, dass sie im Krankheitsfall lieber zu Schwester Lucie als zu einem Arzt gehen würden. Die „Fichte" hat übrigens einen richtigen Arzt mit an Bord. Schwester Lucie herrscht über die Krankenstation an Bord; mit Sprechzimmer, OP-Einrichtung, Labor und mehreren Betten für Kranke.

Bis zum Abendbrot hatten wir drei neue Titel einstudiert.

Anschließend ging ich in den Musiksalon, um mich etwas auf die morgige Klausur im Fach „Technische Navigation" vorzubereiten. Um 22:00 Uhr hatte ich alles geschafft und war auch selbst geschafft, hatte aber trotzdem noch keine Lust schlafen zu gehen. Ich brauchte noch einen „Absacker". Und so führte mich mein Weg doch noch ins Hypo. Bald darauf ging ich schlafen.

Tag 39:　　Reede Havanna/Kuba, MS „J. G. Fichte", Donnerstag, den 12.12.1974

Der heutige Tag empfing uns wieder mit strahlendem Sonnenschein; aber bei einer Luftfeuchtigkeit von 98 Prozent!

Es ist wieder Seemannssonntag, und wir liegen immer noch auf Reede.

Nach dem Frühstück sah ich mir noch einmal die „Technische Navigation" an, und um 09:00 Uhr schrieben wir die vorgesehene Klausur. Sie müsste für mich eigentlich ganz gut gelaufen sein, aber so genau weiß man das vorher ja nie.

Es gab tagsüber eigentlich nichts Besonderes zu berichten. Nur, man munkelte, dass wir nun endlich bald an die Pier kommen würden, aber Konkreteres wusste noch niemand. Morgen soll nämlich in der Offiziersmesse ein großes Essen gegeben werden. Dazu ist einer der Direktoren der Deutfracht/Seereederei aus Rostock extra nach Havanna eingeflogen. Da geht es natürlich nicht an, dass die „Fichte" dann noch auf Reede liegt!

Aber eine interessante Abwechslung gab es dann doch noch: Das beeindruckende sowjetische Forschungsschiff „Akademik Sergeij Koroljow" lief in den Hafen ein und ankerte ganz in unserer Nähe. Viele unserer Kommilitonen waren an Deck, um zu fotografieren. Das Schiff soll wohl eine große Rolle bei dem ersten Flug eines Menschen um die Erde (Juri Gagarin; 12. April 1961) gespielt haben. Aber es hat wohl auch noch eine andere Zweckbestimmung; zu erkennen an den riesigen Richtantennen an Bord (Spionage).

Bild 13: Das sowjetische Forschungsschiff „Akademik Sergeij Koroljow"

Abends wurde der Film gezeigt „Der Clan der Sizilianer" (Gangsterfilm, Frankreich, 1969). War nicht sooo schlecht.
Anschließend ging ich ins Hypo, trank ein paar Bier und legte mich dann in die Koje zum Schlafen.

Tag 40:   **Havanna/Kuba, MS „J. G. Fichte", Freitag, den 13.12.1974**

Heute ist Freitag, der Dreizehnte, aber ich bin zum Glück nicht abergläubisch.
Um 04:50 Uhr wachte ich von Maschinengeräuschen auf. Man hatte die Maschinen der „Fichte" angeworfen, um das Schiff an die Pier zu verlegen. Ich sah mir das Anlegemanöver an und legte mich dann noch für eineinhalb Stunden wieder ins Bett.
Viele von uns waren am Morgen sehr erstaunt, weil sie von dem Verholmanöver nichts bemerkt hatten.

Bild 14: Die „Fichte" an der Pier in Havanna

Kurzfristig hieß es nun, wir könnten zum Baden fahren und der Unterricht fiele aus. Leider hatte man uns aber nur einen Bus zur Verfügung gestellt, so dass nur die Hälfte unserer Leute mitfahren konnte. Wir mussten also losen. Siggi und ich hatten in unserer Kammer das große Glück, keine Niete gezogen zu haben und demnach mit zum Baden fahren zu dürfen. Die anderen waren aber nicht sehr traurig, weil sie ja auch frei hatten und zumindest an Land gehen konnten.

Siggi tauschte dann noch mit Peter, unser beider Fotograf, weil er wohl etwas anderes vorhatte, so dass wir am Strand zu einigen schönen Bildern kommen konnten.

Um 09:00 Uhr fuhren wir vom Hafen los. Der Bus war übrigens ein „Robur" aus der DDR. Das Wetter war herrlich, d.h., morgens hatten wir über Havanna dicken Nebel, aber später vertrieb die Sonne ihn.

In Havanna liegen fast alle Bademöglichkeiten, bis auf die Stadtbäder, weit außerhalb der Stadt, so dass man sich ein Fahrzeug beschaffen muss, um zum Strand zu gelangen.

Die Fahrt durch diese exotische Natur war wunderbar, dauerte aber leider nur 20 Minuten. Dann hatten wir unser Ziel, den Strand von Bacuranao, erreicht. Wir sahen eine kleine Bucht, deren Durchmesser nur etwa 300 Meter beträgt. An der linken Seite der Bucht, vom Strand aus betrachtet, steht eine kleine Ruine, Das Wasser hat eine herrlich blaugrüne Farbe. Hier kann man sich fühlen wie im Märchen.

Der Strand war fast völlig menschenleer, denn für die Kubaner ist nun Winter, und da geht kein Mensch baden.

Bild 15: Der Strand und die Bucht von Bacuranao

Das Wasser war nur wenig kühler als die Luft, also 22 beziehungsweise 23 Grad Celsius. Fast alle hatten wir unsere Taucherausrüstungen, d.h. Schwimmflossen, Brille und Schnorchel, mitgenommen. Wir tauchten zwischen den Korallenriffen, und es machte einen riesigen Spaß.

Das Wasser ist glasklar. Man kann unter Wasser fast 20 Meter weit sehen. Wir beobachteten Seeigel, Zebrafische, Fächerkorallen und vieles andere. Es ist sehr beeindruckend, insbesondere weil wir so etwas vorher noch nie gesehen hatten und wir viele neue Erfahrungen und Eindrücke sammeln konnten.

Haie und Barrakudas hatten wir nicht zu fürchten, weil die Bucht fast gänzlich vom offenen Meer durch Korallenriffe abgegrenzt ist, allerdings unter der Wasseroberfläche. Über dieser Abgrenzung liegen vielleicht 30 Zentimeter Wasser.

Wenn keine Vorsichtsmaßnahmen getroffen werden (beispielsweise ein weißes T-Shirt beim Tauchen anziehen), kann man sich beim Tauchen durch die intensive Sonne sehr schnell einen Sonnenbrand einhandeln. Das ist so zu erklären, dass man beim Schnorcheln immer nur eine dünne Wasserschicht über sich hat, die wie ein Brennglas wirken kann.

Ich war anschließend leicht gerötet, mehr zum Glück aber auch nicht.

Als ich eineinhalb Stunden zwischen den Korallen getaucht war, gingen Christian und ich zum Flachbadestrand und tobten uns dort aus.

Der Strand sieht hier ganz anders aus als zu Hause, beispielsweise in meiner alten Heimat, dem schönen Ostseebad Binz. Solchen feinen weißen Quarzsand wie wir ihn in Binz haben, gibt es hier nicht. Der Strand besteht ausschließlich aus Milliarden kleinster Steinchen oder Muschelstücken.

Man kann nicht sehr weit ins Wasser hineingehen, ohne dann gleich schwimmen zu müssen, sondern der Meeresboden fällt sehr schnell relativ steil ab. Nach sechs bis acht Metern ist das Wasser bereits mehr als zwei Meter tief.

Das Wasser hat eine unglaubliche Tragfähigkeit. Man kann sich tatsächlich auf den Rücken legen und sich sonnen, sogar mit aufgesetzter Sonnenbrille. Ich habe es ausprobiert. Christian und ich hielten uns dort eine ganze Stunde auf und tummelten uns die ganze Zeit fast nur im Wasser.

Um 12:00 Uhr fuhr der Bus zurück. Diese Fahrt war noch schöner, weil wir ja am Morgen ziemlich starken Nebel gehabt hatten.

Wenn man in Richtung Bacuranao fährt, muss man unter der Hafeneinfahrt von Havanna hindurchfahren. Dafür hat man einen riesigen Tunnel gebaut (Tunel de La Habana); oben schwimmen die Zehntausendtonner auf dem Wasser, und unten fahren die Autos. Das ist schon sehr beeindruckend.

Nach dem Mittagessen auf dem Schiff mussten wir erst einmal duschen. Nach dem Baden im Meer hat man eine Salzschicht auf der Haut; es sind sogar die einzelnen Salzkristalle zu erkennen.

Nachmittags legte ich mich in der Kammer schlafen. Nach dem Baden war ich nämlich durch die ungewohnte Hitze körperlich sehr geschafft! Auf dem Schiff gibt es aber in jeder Kammer ein Gebläse, durch das in kühleren Gegenden Warmluft und in tropischen Gegenden Frischluft geblasen wird, so dass es sich dort aushalten lässt.

Nach dem Abendessen ließ ich mir aus meinem Kontingent zwei kubanische Pesos aushändigen. Dazu muss ich noch etwas erklären: In Havanna gibt es, ähnlich wie in Rostock oder auch in anderen Hafenstädten weltweit, einen internationalen Seemannsklub. Hier wird aber nicht mit dem normalen kubanischen Peso bezahlt, sondern mit so genannten „Klub-Pesos". Der Grund dafür ist der, dass im Klub viele Getränke und auch das Essen wesentlich preiswerter sind als anderswo. Nun haben also Geschäftemacher versucht, dort billig einzukaufen und dann teuer oder teurer weiterzuverkaufen. Um dem einen Riegel vorzuschieben, hat man den Klub-Peso eingeführt.

Der wurde uns an Bord zur Verfügung gestellt und entspricht dem Wert nach dem normalen Peso.

Peter und ich gingen nach dem Abendbrot los in Richtung des nicht sehr weit entfernt liegenden Seemannsklubs. Er ist meines Erachtens etwas besser eingerichtet als der in Rostock. Wir wussten anfangs nicht so recht, was wir trinken sollten, wollten aber irgendwas Erfrischendes haben. Man empfahl uns „Havanna Dry". Als erstes fragte ich nach dem Preis. Ein „Havanna Dry" kostet 30 Centavos (100 Centavos = ein Peso). Das Getränk besteht aus farblosem Schnaps, vermutlich Havanna Club-Rum, Eis und einer Zitronenscheibe. Die Zitronen werden hier übrigens schon verwendet, wenn sie noch grün sind [WM: Wie naiv wir doch waren! Sicherlich handelte es sich um Limetten, die man aber in der DDR offiziell nicht kannte.]. Zu dem Ganzen wird eine kleine Flasche mit einem alkoholfreien, gelblichen Erfrischungsgetränk serviert. Das Eis sieht auch anders aus, als wir es von zu Hause kennen. Es ist glasklar.

Wir tranken jeder drei „Havanna Dry". Das Zeug schmeckte zwar ganz gut, zeigte aber keine alkoholische Wirkung. Das preiswerteste Getränk in der Bar war allerdings „Cuba-Libre": Doppelter Rum mit Eis und mit Cola aufgefüllt, für 25 Centavos.

Fast die halbe Besatzung der „Fichte" hatte sich nach und nach im Seemannsklub eingefunden. Nach den bisherigen Strapazen auf See und den langen Liegezeiten, konnte jetzt endlich mal entspannt und in ungewohnter, interessanter und exotischer Atmosphäre gefeiert werden.

Für Unterhaltung sorgte eine Drei-Mann-Band; Besetzung: Zwei äußerst voluminöse Konzertgitarren und Rumbakugeln. Die drei Mann spielten typisch lateinamerikanische Musik und sangen auch dazu. Was die aus den Instrumenten herausholten, war für uns, die wir ja teilweise auch Musik machten, unglaublich. Als sie mitbekamen, dass viele Deutsche anwesend sind, spielten sie (leider) „Rosamunde..." und „Tante Hedwig..." u.Ä. Damit hatte die Stimmung dann den Höhepunkt erreicht. Alles „grölte" mit... Anders kann ich das nicht bezeichnen. Peter und ich hielten uns abseits, weil uns die Szenerie zu absurd vorkam. Die „Gröler" waren wohl hauptsächlich Leute von der Stammbesatzung der „Fichte". Nun, sie hatten in den letzten Wochen viel geleistet und schwer gearbeitet und brauchten deshalb wohl jetzt diese Abwechslung.

Bis um 21:00 Uhr hatte bei uns am Nebentisch ein Ehepaar aus Großbritannien (England) gesessen. Ein kleiner Junge mit bräunlicher Hautfarbe war auch dabei. Das war ein ganz niedlicher Fratz. Ich habe ihn ungefähr so alt geschätzt wie meine eigene kleine Tochter. Es ist hier übrigens ganz normal, wenn die Kinder abends um 22:00 Uhr noch auf der Straße spielen und herumtollen.

Im Seemannsklub hängen an einer Wand ein Bild und ein Rettungsring von der „Fichte"; wahrscheinlich ein Zeichen der Verbundenheit, weil das Schiff schon sehr häufig in Havanna war.

Gegen 23:00 Uhr machten wir uns auf den Rückweg. Es ist nicht weit, ungefähr eine Viertelstunde Fußmarsch. Die Gegend um den Hafen herum ist ziemlich düster. Allein möchte ich nur ungern dort entlanggehen. An jeder Ecke stehen dunkle Gestalten, die wahrscheinlich „nur" darauf warten, dunkle Geschäfte machen zu können. „Dunkle Gestalten" im wahrsten Sinne des Wortes; sie sind nämlich wegen ihrer Hautfarbe in der Dunkelheit sehr schwer zu erkennen.

Ich muss noch einmal auf den Peso zu sprechen kommen:

Für einen Peso, den wir eintauschen, werden uns von den Devisen 4,20 D-Mark abgezogen. Das ist sehr viel Geld. Denn wir bekommen pro Seetag nur eine D-Mark. Manchmal gelang es uns jedoch, ein oder zwei Schachteln Zigaretten nordamerikanischer Produktion (lange rote Packung ohne Filter) mit an Land zu nehmen. Der Wert einer solchen Schachtel, umgerechnet in kubanische Pesos, ermöglichte es uns sogar, davon einen ganzen Abend an der Bar im „Havanna Libre" zu verbringen – Wahnsinn! .....Mit unseren äußerst bescheidenen „Studentenmitteln" hätten wir in Havanna oder überhaupt auf Kuba keine Chance gehabt, am gesellschaftlichen Leben ein wenig teilzunehmen. Diese Art von Zigaretten konnten wir für Devisen bei uns im Schiffs-Shop für etwa 0,70 D-Mark pro Schachtel kaufen. Und das war sogar für uns Studenten einigermaßen erschwinglich.

Als wir auf dem Schiff ankamen, war das große Essen mit dem „Reederei-Oberen" schon vorbei, und wir gingen schlafen.

Tag 41:   Havanna/Kuba, MS „J. G. Fichte", Sonnabend, den 14.12.1974

Heute Morgen sollten wir eigentlich vier Stunden Unterricht haben, hatten aber tatsächlich nur zwei. Danach war allgemein „Reinschiff" angesagt, und diejenigen, die gestern nicht zum Baden waren, konnten das heute nachholen.

Ab 11:00 Uhr hatte ich Wache, so dass ich also ohnehin nirgendwo hätte hinfahren oder -gehen können. Diese Wache habe ich mal nicht gemeinsam mit Christian, weil in der Reihenfolge des Wachplans eine Änderung vorgenommen worden war.

Heute Nachmittag kam ich bei der Arbeit mächtig ins Schwitzen, denn ich musste zusätzlich zu der normalen Arbeit noch den Funkraum reinigen und bohnern, weil das am Sonnabend obligatorisch ist.

Bei dieser Hitze ist einem jede Bewegung zu viel. Nicht auszudenken, was wäre, wenn wir im Sommer hier wären und Temperaturen von über 40 Grad Celsius herrschten. Nur nachts ist es angenehm kühl.

Heute Nacht muss ich um 02:30 Uhr kurz meine Nachtruhe unterbrechen, um eine Wetterkarte aufzunehmen. Das wird aber hoffentlich nur eine halbe Stunde dauern.

Nun hätte ich beinahe noch etwas vergessen. Wir bekamen heute unsere kürzlich im Fach „Technische Navigation" geschriebenen Klausuren zurück. Die Arbeiten von zwei Dritteln der Seminargruppe wurde mit „Befriedigend" bis „Genügend" bewertet; meine natürlich auch („Befriedigend").

Tag 42: **Havanna/Kuba, MS „J. G. Fichte", Sonntag, den 15.12.1974**

Meine Wetterkarte von heute Nacht konnte ich in guter Qualität empfangen. Bis dahin, also bis 02:30 Uhr, konnte ich aber wegen der Hitze so gut wie nicht schlafen. Anschließend schlief ich zwar schnell ein, musste aber um 05:30 Uhr schon wieder aufstehen, um die Presse um 06:00 Uhr mit dem Fernschreiber aufzunehmen. Leider gelang es mir nicht, sie aufzunehmen. Es lag nicht mal ein Signal an! Um 06:30 Uhr versuchte ich es erneut, und dieses Mal ging es besser. Aber nicht alles war zu entziffern. Also musste ich auch die dritte und letzte Chance nutzen, die Presse doch noch zu vervollständigen. Die Fernschreib-Presse wird um 07:00 Uhr auf einer anderen Kurzwellen-Frequenz erneut von Rügen Radio gesendet. Aber auch hier kamen die Nachrichten nicht lückenlos. Wir brauchen aber an Bord täglich eine vollständige Pressemeldung! Um sie allen Besatzungsmitgliedern zugänglich zu machen, wird sie an zentraler Stelle auf dem Schiff ausgehängt (schwarzes Brett).
Es blieb mir also nichts weiter übrig, als die Presse um 09:00 Uhr in Form von Morsetelegrafie-Zeichen mit der Schreibmaschine mitzuschreiben. Leider war die Qualität dieser Sendung auch nicht besonders gut. Es ist äußerst anstrengend für Ohren und Kopf. Das Procedere hatte ich vor einigen Tagen bereits einmal beschrieben. Durch Vergleiche und Korrekturen gelang es mir endlich, die Pressemeldung zusammenzubauen. Beim Zusammenfassen und Abschreiben hatte ich dann auch noch einiges Pech. Zweimal wickelten sich die Blätter um die Rolle der Schreibmaschine, ohne dass ich es rechtzeitig bemerkte, und damit war die Presse zunächst erst einmal futsch. Es blieb mir nichts weiter übrig, als die gesamte Presse noch einmal neu zu schreiben. Dadurch hatte ich nicht um 11:00 Uhr Feierabend, sondern erst um 13:00 Uhr.

Wie man sieht, wird die aufgenommene Presse letztendlich von Hand mit der Schreibmaschine niedergeschrieben. Und dabei können Fehler auftreten, auch Flüchtigkeitsfehler. Aber man könnte die Presse eigentlich auch manipulieren, was natürlich niemand tat. Aber – eines Tages gab es einen kleinen Artikel über Willi Stoph, einem Mitglied der höchsten Regierungsriege der DDR, und der Name war nicht zu lesen als „Willi Stoph", sondern als „Willi Sto**pf**" (ein typischer Tippfehler!)! Welch eine Verunglimpfung dieser staatsführenden Persönlichkeit! Unsere „Obrigkeit" bemerkte diesen Fehler zwar, amüsierte sich aber mit Augenzwinkern über diesen „Tippfehler". Das heißt, man sah über den Fehler hinweg.....

Im Übrigen nervt uns alle sehr, dass jedes Mal, wenn der „Erste Sekretär der Sozialistischen Einheitspartei Deutschlands und Vorsitzender des Staatsrates der Deutschen Demokratischen Republik, Erich Honecker" mehrfach in einem Artikel vorkam, dieser immer vollständig ausgeschrieben werden muss.

Ich war wegen des wenigen Schlafs, des Ärgers mit der Presse und wegen der Hitze so geschafft, dass ich mich trotz des schönen Wetters den ganzen Nachmittag „aufs Ohr" legte. Dass es in der Kammer einigermaßen erträglich ist, vor allem, wenn man sich dort allein befindet, hatte ich ja bereits erzählt.

Die anderen waren fast alle bereits am frühen Morgen nach Santa Maria gefahren. Dieser Ort liegt einige Kilometer weiter hinter Bacuranao in östlicher Richtung, aber der Strand soll dort noch schöner sein. Sie kamen abends alle rot- oder braungebrannt zurück; so sieht man auch aus, wenn man bei schönstem Wetter eine Woche an der Ostsee verbringt. Hier nach einem Tag!

Allerdings waren einem Kommilitonen bei diesem Ausflug die Schuhe abhandengekommen, wie uns dann zu Ohren gekommen ist. Das heißt, weil jemand nicht richtig Acht gegeben hatte, konnten die unbeaufsichtigten Schuhe gestohlen werden.

Nach dem Abendessen gingen Peter, Horst R. und ich in die Stadt. Der Trubel beginnt in Havanna immer erst am Abend, und den wollten wir uns ansehen.

Es ist unbeschreiblich, was dann in den Hauptstraßen los ist. Das muss man einfach mal gesehen haben! Zum Beispiel kamen wir auf eine Allee – mit Gehweg in der Mitte der Straße – genauso breit wie in Berlin die Straße Unter den Linden. Mitten auf der Allee baute gerade eine Band ihre Instrumente auf. Wir blieben natürlich stehen, um uns dieses Schauspiel eine Weile anzusehen. Immer mehr Passanten blieben ebenfalls stehen. Als die Band dann zu spielen begann, standen wir inmitten einer dicht gedrängten Menschenmenge. So wie die ersten Töne erklangen, sahen wir, wie sich hier und dort jemand im Takt der Musik bewegte. Nach einer Stunde tanzten fast alle.

Wir standen mitten drin und mussten arg an uns halten, nicht auch einfach los zu tanzen. Aber warum denn eigentlich nicht?

Bild 16: Wofür die Leute hier wohl „Schlange stehen"?

Inzwischen war es 21:30 Uhr geworden. In der Menge tanzten auch viele Kinder, aber, wie schon erwähnt, ist das hier allabendlich so. Die meisten Kinder können übrigens besser tanzen als bei uns der größte Teil der Erwachsenen.

Die Band spielte zwar mit einfachen Instrumenten, aber aus diesen holte sie alles heraus, und die Musik kam gut an. Wir wollten ja eigentlich auch nur eine kurze Weile bleiben! Zum Beispiel hatten sie nur ein Mikrofon und dazu zwei Lautsprecher, die wie die Bahnhofslautsprecher bei uns zu Hause aussahen. Sie spielten eine Mischung aus amerikanischer Pop-Musik und lateinamerikanischen Klängen. Dieser Rhythmus kann einem wirklich das Blut in Wallung bringen. Als Takt angebende Instrumente hatten sie nicht wie bei uns nur ein Schlagzeug, sondern diverse Trommeln, Bongos und andere Taktinstrumente (Percussion).

Überall gab es Bierstände. Wir wollten das Bier kosten. Es schmeckte fast genau wie unser Bier, nur etwas leichter, nicht so leicht bitter wie bei uns zu Hause. Es wird in Ölpapier ausgeschenkt, das zu einer Tüte gedreht ist. Ein Bier kostet 1,20 Pesos. Für ein Bier ist das für uns und wohl auch für die Einheimischen sehr viel Geld.

Anschließend machten wir noch einen Bummel durch einige Haupt- und Nebenstraßen und waren um 22:00 Uhr unversehrt wieder auf unserem Schiff.

Um 23:00 Uhr ging ich schlafen.

Tag 43: Havanna/Kuba, MS „J. G. Fichte", Montag, den 16.12.1974

Der heutige Tag empfing uns wieder mit strahlendem Sonnenschein.
Wir liegen an der Pier, aber mit dem Löschen der Ladung tut sich noch nichts (Soll uns eigentlich auch Wurscht sein!). Den ganzen Tag über wurde, glaube ich, nur eine einzige Kiste mit eigenem Schiffs-Ladegeschirr auf einen LKW umgeladen.
Heute haben wir wieder normalen Unterricht.
Richtige große Kräne wie beispielsweise in Rostock gibt es hier nur wenige. Die Löscharbeiten werden mit Hilfe der Ladebäume der Schiffe selber durchgeführt. Das nimmt natürlich viel mehr Zeit in Anspruch, als wenn man ordentliche Kräne hätte.
Ab 16:00 Uhr probten wir und tranken dabei jeder zwei Wodka/Juice, die Petra (jetzt ist der Name raus!), die Chefin vom Hypo, spendierte. Vielleicht haben sich ja zwischen ihr und uns so nach und nach einige Sympathien angebahnt.?
Nach dem Abendessen räumten wir die Instrumente weg und blieben dann gleich dort, um ein paar Bier zu trinken, obwohl das Hypo eigentlich erst ab 19:30 Uhr geöffnet ist. Zu dieser Zeit setzten wir uns dann an unseren üblichen Tisch.
Das Hypo nimmt die gesamte Breite des Schiffes ein, also fast 20 Meter, und hat etwa 70 Plätze; ist also in der Platzanzahl beschränkt. Dementsprechend gibt es eine Sitzordnung. Wir, also die A- und die F-Seminargruppe [WM: „F" ist definitiv von „Funk" abgeleitet, mit dem Buchstaben „A" sind sicherlich die angehenden Nautischen Offiziere gemeint, allerdings beginnt „Nautik" mit „N"!], haben zwei Tische zu je sieben Plätzen; wir als Praktikanten sind aber fast 50 Personen! Wenn man nun vor 21:00 Uhr einen Platz ergattern will und die beiden Tische sind besetzt, muss man eben bis 21:00 Uhr warten. Ab dann kann man sich an jeden Tisch setzen, wobei die beiden Tische des so genannten Schiffsrates tabu sind. Zum Schiffsrat gehören der Kapitän, der Erste Nautische Offizier, der Zahlmeister und noch einige andere. Es gibt noch weitere Aufteilungen für die Nutzung der Tische, wie z.B. für die so genannte Komplexbrigade und für das Wirtschaftspersonal. Zur Komplexbrigade gehören die Matrosen und das Maschinenpersonal. Die Matrosenlehrlinge haben zum Hypodrom keinen Zutritt. Sie dürfen während der gesamten Reise keinen Alkohol trinken. Aber wahrscheinlich wird man über Weihnachten und Silvester unter bestimmten Auflagen Ausnahmen zulassen.
An unserem Tisch spielten wir mit sechs Mann „Mensch ärgere dich nicht". Das ist jetzt ein sehr beliebtes Spiel geworden, denn Skatspielen ist im Hypo verboten.
Um 23:00 Uhr stieg ich in meine Koje.

Tag 44: Havanna/Kuba, MS „J. G. Fichte", Dienstag, den 17.12.1974

Heute Morgen entdeckten wir, dass man uns an eine andere Pier verholt hatte. Nun konnten wir uns auch den Lärm erklären, der uns in der Nacht nicht hatte schlafen lassen. Die Löscharbeiten begannen dann auch sofort, aber es geht sehr langsam voran.

Nach dem Frühstück hörte ich, dass ich mit zum Baden fahren könne, weil ich ja am Wochenende Wache gehabt hatte. Diese Chance nutzte ich natürlich. Die anderen hatten ihren normalen Unterricht.

Der Bus fuhr um 08:50 Uhr vom Hafentor ab. Es war wieder eine sehr schöne Fahrt, obwohl wir nicht so schönes Wetter hatten wie an den vorhergehenden Tagen.

Dieses Mal fuhren wir nach Santa Maria, wo ich bisher noch nicht war. Es liegt, wie bereits erwähnt, auf derselben Strecke wie Bacuranao, jedoch etwa 20 Kilometer weiter östlich.

Alles war ganz anders als in Bacuranao. In Santa Maria gibt es keine malerische Bucht und keine Korallen. Der weiße Sandstrand fällt flach zum Wasser hin ab. Man kann weit ins Meer hineinlaufen. Der Strandsand ist hier feiner als der Ostseesand, aber nicht ganz so schön weiß.

Das Tauchen lohnt sich hier nicht, weil es nichts Nennenswertes zu sehen gibt. Vielleicht bin ich auch nur nicht weit genug hinausgeschwommen, aber das wage ich wegen der Haie und der Barrakudas nicht. Vor denen habe ich einen Heidenrespekt.

Wir sahen einen Einheimischen und seinen Sohn, die gerade Fische an Land brachten. Sie hatten einen großen aufgeblasenen Traktorreifen bei sich, auf dem zwei Drahtkäfige lagen. Die Drahtkörbe waren Käfige für die Fische, die mit Hilfe von Harpunen geschossen werden.

Ich sah mir die Fische aus der Nähe an. Eine Muräne war auch dabei. Die Fischer töteten sie mit kräftigen Stockschlägen, wobei sie gehörigen Respekt vor dem Tier zeigten. Die schlangenartige Muräne ist nämlich ein äußerst gefährliches Tier, das auch dem Menschen gefährlich werden kann. Sie lebt meist in Korallenhöhlungen, lässt nur ihren Kopf sehen und wartet so auf Beute. Wenn man nicht vorsichtig genug war und zufällig mit der Hand in die Nähe einer Muräne gerät, kann diese mit ihren sehr scharfen und spitzen Zähnen zuschnappen; ihr Körper verkrampft sich und verklemmt sich dadurch in der Höhlung, so dass es fast unmöglich ist, die Hand mitsamt dem Tier aus dem Loch herauszuziehen. Da hilft dann nur noch ein Tauchermesser, das übrigens viele von uns besitzen und beim Tauchen auch stets bei sich haben, um sich damit zu befreien und die Muräne damit zu töten. Man sollte also auch nie allein zum Tauchen gehen! Es handelt sich hier um äußerst aggressive Tiere.

„Unsere" Muräne war etwa einen halben Meter lang; es gibt aber auch sehr viel Größere. Nachdem sie tot war, quetschte der Fischer ihren Körper in Richtung Maul, und zum Vorschein kam ein Fisch, den die Muräne gerade erst heruntergewürgt haben musste, weil er noch nicht ansatzweise verdaut war. Der Fisch war im Durchmesser größer als die Muräne. Ob die kubanischen Fischer ihre Fische immer auf diese Art und Weise fangen?

Dort am Strand habe ich zum ersten Mal einen so genannten Dwarsläufer (dwars – quer), eine kleine Krabbe, gesehen, aber sie verschwand so schnell wieder in ihrem Erdloch, dass ich sie mir nicht genauer betrachten konnte. Jedenfalls war sie etwa zehn Zentimeter lang, hatte Stielaugen, eine grauweiße Farbe, und zeigte ein „seitlich orientiertes Fluchtverhalten", wie es wissenschaftlich ausgedrückt wird; deshalb „Dwarsläufer".

Als wir uns um 11:00 Uhr wieder am Bus trafen, verzog sich die Sonne gerade hinter die Wolken. Wettermäßig hatten wir also Glück gehabt.

Am Nachmittag fanden wieder die zwei obligatorischen Stunden Unterricht statt.

Für den Abend hatte ich mir noch nichts Besonderes vorgenommen, so dass ich plötzlich allein war. Alle anderen waren ausgegangen. Das störte mich aber nicht weiter, sondern ich zog meine Zivilsachen an und ging allein an Land.

Die erneuten Eindrücke, die ich dort hatte, sind nur sehr schwer in einem Tagebuch zu beschreiben. Das nächste Mal werde ich mir wohl etwas zum Schreiben mitnehmen, um jede Besonderheit, die mir auffällt, sofort aufzuschreiben. Hier ist sowieso alles ganz anders als zu Hause, und es gibt viele Dinge, die einem besonders ins Auge fallen.

Mir ist beispielsweise aufgefallen, dass es sehr viele freilaufende Hunde gibt, so kleine merkwürdige „Promenadenmischungen". Die Geschäfte haben zum Teil noch abends um 22:00 Uhr geöffnet. Die normalen Gaststätten beziehungsweise Restaurants schließen zwischen 21:00 und 22:00 Uhr, und die Nachtbars öffnen zwischen 22:00 und 24:00 Uhr. Von allem Aufgezählten findet man das Beste und das Schlechteste.

Die Kubaner lieben die Musik, wie wir schon mehrfach festgestellt haben. Ich habe oft in dunklen Gassen und auch auf den Hauptstraßen Leute vor sich hinsingend schlendern gesehen. Irgendwann eines Abends habe ich gegen 21:00 Uhr einen Müllwagen gesehen, der den Abfall einsammelte.

Die Wohnungen in der Altstadt sehen äußerlich zwar unansehnlich aus, sind innen aber recht sauber. Dafür sind die Straßen sehr schmutzig. Der Abfall wird einfach in Zeitungspapier gewickelt oder in kleine Behälter gefüllt und vor die Haustür gelegt. Da kann man dann oft die gerade erwähnten Hunde darin herumwühlen sehen. Besonders aufgefallen ist mir außerdem, dass sich in dem Abfall hunderte, tausende oder gar Millionen von Kakerlaken suhlen, die bis zu sieben Zentimeter lang werden können. Das kann innerlich großen Ekel erregen. Christian erzählte uns eines Abends im Hypo, dass er gemeinsam mit einigen anderen auf dem Heimweg innerhalb des Hafengeländes eine solche Menge von Kakerlaken gesehen habe, dass man ihnen nicht ausweichen konnte, sondern darauf treten musste, so dass es fürchterlich krachte und knackte. Eine „Studenten"-Legende besagt, dass diese sehr große Art von Kakerlaken in der Körpermitte mit einem Scharnier ausgestattet ist, um eine Ecke bzw. Kurve besser bewältigen zu können.

Ein Trinkwasserleitungssystem gibt es in Havanna wohl nicht. Das Trinkwasser wird in Tonnen vor die Häuser gefahren und die Leute holen sich das dann mit eigenen Behältnissen ab. Sie tun das oft mit einem Eimer, an dem ein Seil befestigt ist, der dann leer vom Balkon herabgelassen und gefüllt wieder heraufgezogen wird. Wie die Schmutzwasserentsorgung wohl funktioniert?

Es gibt in Havanna eine Menge Filmtheater, in denen alle möglichen Filme gezeigt werden. Dort kommt man aber nur hinein, wenn man ein Kind bei sich hat! Die werden doch nicht nur Kinderfilme zeigen? Oder habe ich das falsch verstanden?

Um 23:00 Uhr schmerzten mir meine Füße vom Laufen derart, und ich hatte einen solchen Durst, dass ich eine kleine Bar aufsuchte, um mir einen eiskalten Drink zu gönnen. Ich hatte auch bald eine gefunden und traf sogar zufälligerweise einige Leute aus meiner Seminargruppe. Es handelte sich um Kommilitonen, mit denen ich sonst situationsbedingt weniger Kontakt habe.

Der eiskalte Drink war ziemlich teuer. Ich bezahlte 1,50 Pesos. In der Bar fiel mir auf, dass Prostitution zwar nicht mehr großgeschrieben wird, dass es sie aber immer noch gibt. In einer Ecke sah ich einige dunkle Frauengestalten. Die Bar war so dunkel, dass ich mich, als ich hineinging, erst einen Augenblick an die Dunkelheit gewöhnen musste, um überhaupt etwas sehen zu können. Man sollte es nicht glauben – der Kellner kam mit einer Taschenlampe in der Hand. Ich hielt mich in der Bar nicht lange auf, verabschiedete mich von meinen Kommilitonen und machte mich auf den Rückweg. Als ich um 24:00 Uhr auf dem Schiff war, schmerzten die Füße, und ich sank todmüde in die Koje.

Tag 45: Havanna/Kuba, MS „J. G. Fichte", Mittwoch, den 18.12.1974

Der gestrige Wolkenaufzug war der Kaltfrontausläufer eines Tiefdruckgebietes gewesen. Jetzt liegen wir hinter der Kaltfront, und dementsprechend ist es für kubanische Verhältnisse zu dieser Jahreszeit sehr kühl. Die Temperaturen liegen bei etwas über 20 Grad Celsius. Das Wetter interessiert mich jetzt etwas mehr, weil wir uns auch mit der Meteorologie beschäftigen müssen und nun die Wetterkarten, die wir aufnehmen, selber auswerten sollen.

In der zweiten Vormittagsunterrichtsstunde schrieben wir den ersten Teil unseres „Sprachkundigen-Abschlusses" in Englisch. Es war aus meiner Sicht nicht besonders schwer. Man hatte uns verschiedene Fakten in deutscher Sprache vorgegeben, und wir sollten daraus einen Brief in englischer Sprache aufsetzen, in dem möglichst viele der vorgegebenen Fakten enthalten sein sollten. Fünfundvierzig Minuten hatten wir Zeit; ich war etwas früher fertig.

Nach dem Mittagessen fiel der Unterricht aus, und wir fuhren alle zum Baden nach Bacuranao. Die Luft war recht frisch, aber dafür war das Wasser ja warm. Außerdem ging die Brandung ziemlich hoch, so dass wir uns mal wieder richtig austoben konnten. Das Tauchen lohnte sich heute nicht, weil das Wasser durch die Brandung stark aufgewühlt und trübe war. Aber trotzdem war es wieder ein sehr schöner Nachmittag. Um 17:00 Uhr waren wir wieder an Bord.

Um nicht zu viel Geld auszugeben, hatte ich mir für den Abend nichts Besonderes vorgenommen. Bis jetzt habe ich vier Pesos aus meinem Devisenkontingent entnommen, und das sind immerhin, wenn ich davon ausgehe, dass wir nur eine D-Mark pro Reisetag erhalten, Devisen von fast 17 Tagen. Hinzu kommen noch sechs D-Mark, für die ich mir die schon erwähnte Stange einer bekannten nordamerikanischen Firma gekauft hatte. Ich möchte doch natürlich etwas für meine Mädels im Basar einkaufen, wenn wir wieder zu Hause sind. Bis dahin wird aber noch eine ganze Zeit vergehen. Ich habe etwas von Mitte Februar 1975 gehört, und jetzt haben wir noch nicht einmal Weihnachten!

Am Abend ging ich etwa zwei Stunden in der Nähe des Hafens spazieren, setzte mich anschließend doch noch etwas ins Hypo und ging dann schlafen.

Ich hatte zwar gerade meine relativ geringen finanziellen Mittel beklagt, aber damit war im Wesentlichen die finanzielle Situation hinsichtlich der Devisen gemeint, also D-Mark, die man benötigt, um hier in Kuba Pesos, in anderen Ländern die jeweilige Landeswährung einzutauschen oder zu Hause im „Basar" einzukaufen. Im Hypo dagegen ist die übliche Währung die DDR-Mark, und die Preise im Hypo hatte ich schon mehrfach beschrieben. Einen kleinen Aufenthalt im Hypo gab meine Kasse deshalb immer noch her.

Tag 46:   Havanna/Kuba, MS „J. G. Fichte", Donnerstag, den 19.12.1974

Heute ist wieder Seemannssonntag mit seinen zusätzlichen Annehmlichkeiten.
Heute Morgen war der Himmel zwar bedeckt, aber es war nicht mehr so kalt wie gestern. Die meisten Kubaner haben bei den gestern anliegenden Temperaturen gefroren. Das war ihnen anzusehen. Ich habe sogar schon einige Einheimische gesehen, die wintergemäß eine Pelzmütze trugen!
Ich habe mal kurz die Devisen überschlagen, die uns bis jetzt zustehen. Es sind, wenn ich mit einer D-Mark pro Reisetag rechne, 34,- D-Mark, wenn ich aber als Grundlage 1,50 D-Mark in Ansatz bringe, 51,00 D-Mark. Wieviel wir nun tatsächlich pro Tag erhalten, haben wir immer noch nicht herausgefunden. Aus meinem Kontingent habe ich bisher 23.- D-Mark entnommen [WM: Wenn ich mich richtig erinnere, gab es zum Jahreswechsel 1974 zu 1975 eine Änderung, wonach es bis Ende 1974 eine D-Mark und ab 1975 1,50 D-Mark pro Seetag als Devisen pro Praktikant und Seetag gab.].
Heute ist wieder normaler Unterricht.
Ich kann es immer noch nicht richtig fassen, dass wir in fünf Tagen Weihnachten haben und ich dann nicht zu Hause bei meiner Familie sein kann. Hoffentlich kommt es hier auf dem Schiff nicht zu trübsinniger Stimmung; das wäre das Schlimmste, was mir passieren könnte. Andererseits ist es aber auch so, dass man die Situation ja selber mit herbeigeführt hat. Ich hätte ja auch eine völlig andere Studienrichtung einschlagen können! Also: „Wer das Eine will, muss das Andere mögen".
Der Unterricht verlief wieder wie üblich. Die eine Hälfte der Seminargruppe machte am Vormittag eine Stadtrundfahrt. Die andere Hälfte, zu der auch ich gehöre, kommt wahrscheinlich in den nächsten Tagen an die Reihe.
Am Nachmittag schrieben wir in dem Fach „Brandschutz" eine Klausur. Zwölf Fragen hatten wir zu beantworten. Bei bestandener Prüfung erhalten wir dann am Ende der Reise ein Zertifikat als Brandschutzhelfer.
Am Abend zog ich mal wieder allein durch die Stadt und besuchte einige Bars. Ich wollte das Nachtleben von Havanna kennenlernen; es gefällt mir nicht besonders. In einer Bar traf ich zufällig einige Seeleute von der „Robert Koch", einem Fischerei-Hilfsschiff des Fischkombinates Rostock (Stapellauf 1956), die am Vormittag eingelaufen

war. Die Seeleute erzählten mir, dass sie am 23. Dezember um 11:00 Uhr nach Hause fliegen würden, also zu Weihnachten zu Hause wären. Ich beneide sie sehr. Vor allen Dingen deshalb, weil unsere Reise voraussichtlich ja erst Mitte Februar beendet sein wird.

Morgen Nachmittag haben wir frei und werden dann erneut eine Badefahrt unternehmen, jedoch nicht nach Bacuranao und auch nicht nach Santa Maria, wie ich gehört habe. Wir werden also hoffentlich etwas Neues kennenlernen.

An dieser Stelle sollte ich mal positiv erwähnen, dass ich es sehr erstaunlich und bemerkenswert finde, wie sich die Schiffsleitung und unsere Dozenten darum bemühen, uns zu so vielen Erlebnissen, Exkursionen und zu äußerst interessanter Freizeitbeschäftigung zu verhelfen!

Die Altstadt von Havanna und deren Umgebung sind mir nun ziemlich gut bekannt. Deshalb hätte ich gern, dass wir bei Gelegenheit auch noch andere Möglichkeiten in Erwägung ziehen.

Tag 47: **Havanna/Kuba, MS „J. G. Fichte", Freitag, den 20.12.1974**

In vier Tagen ist der 24. Dezember, Heiligabend, für mich eigentlich unfassbar, einerseits wegen der hier herrschenden Temperaturen und andererseits wegen der großen Entfernung nach Hause.

Wir haben hier das allerschönste Wetter, befinden uns in einem ausgedehnten Tropenhoch.

Heute sahen wir uns im Fach „Meteorologie" einige Wetterkarten an und werteten sie gemeinsam aus. Über dem Nordatlantik liegen zwei riesige Tiefdruckgebiete, die sich noch verstärken und über Europa hinwegziehen werden. Die Prognosen sahen wir uns ebenfalls an. Es wird mit Windstärken zwischen acht und zehn Beaufort (Bft) auf der 12-stelligen Beaufort-Skala zu Hause ein schönes Weihnachtsgeschenk geben.

Eigentlich hatte ich ja die Absicht, eine Menge Ansichtskarten und Briefe zu verschicken, aber das ist gar nicht so einfach. Mit dem Weg über die Reederei scheint es doch nicht ganz so zu klappen, wie erhofft. Jedenfalls habe ich noch nichts wieder davon gehört, dass man diese Möglichkeit wahrnehmen kann. Außerdem gibt es in ganz Havanna mit einer Ausnahme keine Ansichtskarten; und das ist der Seemannsklub. Ich habe mich erkundigt und musste feststellen, dass es dort zurzeit leider auch keine Ansichtskarten gibt. Ich hoffe nur, dass meine bereits im November abgegebenen Telegramme zu Weihnachten zu Hause ankommen werden.

Am Nachmittag fuhren wir zum Baden. Das Wetter war herrlich, die Temperaturen erträglich. Eine kleine Brandung verhalf dazu, dass wir uns wieder richtig austoben konnten. Das ist deshalb immer sehr schön und für uns sehr wichtig, weil man an Bord wohl doch zu wenig Bewegung hat. Leider waren wir nicht zu einem anderen Ort gefahren, wie ich gestern noch gehofft hatte, um Neues kennenzulernen, sondern wieder nach Santa Maria, jedoch vom Hauptbadestrand ein Stück weiter weg. Dort gab es auch einige Korallenriffe, so dass sich das Tauchen lohnte. Einige von uns erzählten später, dass sie sich urplötzlich inmitten eines riesigen Schwarms von Barrakudas befunden hätten. Als sie auf die Barrakudas zu geschwommen seien, hätten diese die Flucht ergriffen. So gefährlich scheinen sie dann also doch nicht zu sein; diese Anmerkung nur, weil ich früher schon mal Barrakudas in einem Atemzug mit Haien erwähnt hatte. Wie ich gehört habe, sollen sie aber doch sehr gefährlich sein können, wenn sie ihre maximale Größe von zwei Metern erreicht haben; auch, weil sie sehr schnell schwimmen können. Barrakudas sehen ähnlich aus wie Hechte bei uns in der Heimat, sind hier jedoch Schwarmfische und leben im Salzwasser.

Horst R. brachte aus dem Wasser eine Krabbe mit, deren Innereien ein anderes Tier bereits ausgesaugt hatte. Ich habe sie aus nächster Nähe fotografiert und hoffe, dass sie, obwohl tot, auf dem Bild auch so farbenfreudig aussieht wie in der Natur [WM: Das Foto ist leider verloren gegangen.].

Peter und ich interessierten uns für den Inhalt von Kokosnüssen. Deshalb stiegen wir auf eine Palme und holten einige Kokosnüsse herunter. Die Kokospalmen hatten nur eine Höhe von drei bis vier Metern, die für uns zu bewältigen waren. Dabei schossen wir gleich noch ein paar Fotos.

„Unsere" Kokosnüsse waren noch lange nicht reif, aber wir wollten trotzdem sehen, was sie enthielten. Es ist gar nicht so einfach, eine Kokosnuss mit einem Messer zu öffnen – wir hatten wie immer unsere Tauchermesser dabei. Schließlich schafften wir es doch und probierten vom Inhalt. Die Flüssigkeit sieht aus wie Wasser, schmeckt aber leicht süßlich und ist recht warm. Gut, aber die Palmen stehen ja auch in der prallen Sonne. Trotzdem lässt sich der Durst damit recht gut löschen.

In der Nähe gab es eine kleine Strandbar. Die suchten wir kurz auf, um eine Flasche Bier zu trinken und damit den Salzgeschmack loszuwerden. Eine Flasche kostet 60 Centavos. Das ist ziemlich teuer, aber es schmeckte köstlich und wurde eiskalt serviert.

Bild: 17:
Beim „Ernten" von Kokosnüssen

Bild 18: Beim Kosten des Inhalts von Kokosnüssen

Bild 19:
Peter und ich unter Phoenix-Palmen mit kühlem Flaschenbier und mit unseren Kokosnüssen

Um 16:30 Uhr war unser Bus wieder zur Stelle, und wir fuhren zurück zum Schiff. Als wir dort ankamen, war ich durch die viele Bewegung, die wir uns gegönnt hatten, und durch die Hitze fix und fertig.

Nach dem Abendessen ging ich duschen und verschwand um 19:00 Uhr in die Kammer. Das heißt, eigentlich wollte ich nur etwas ruhen, schlief dann aber doch durch.

Tag 48: Havanna/Kuba, MS „J. G. Fichte", Sonnabend, den 21.12.1974

Der Schlaf ist mir sehr gut bekommen.

Heute Vormittag hatten wir wieder vier Stunden Unterricht. Dafür haben wir morgen den ganzen Tag frei.

Peter konnte sich einen halben Tag frei nehmen, weil er am Mittwoch Wache gehabt hatte. Er wollte den Tag an Land verbringen.

Nach dem Mittagessen hatten wir, wie sonnabends obligatorisch, „Reinschiff" zu machen. Das dauerte aber nur eine Dreiviertelstunde.

Danach machte ich einen eineinhalbstündigen Spaziergang durch die Hafengassen von Havanna und beschäftigte mich anschließend mit so notwendigen Dingen wie Wäsche waschen, Knöpfe annähen, Schrank aufräumen usw. Das muss ja auch immer mal wieder erledigt werden.

Die anderen waren fast alle an Land gegangen. Ich möchte mich jetzt mit Landgängen zurückhalten, weil man dort zu viel Geld ausgibt.

Um 17:30 Uhr gab es Abendbrot, und um 19:30 Uhr ging ich ins Hypo, um ein Gläschen Bier zu trinken. Das ist immer noch viel billiger als wenn man an Land geht.

Es gehen wieder Gerüchte um, dass wir bereits am 23. Dezember, also am Montag, auslaufen werden. Die Löscharbeiten waren nämlich in den letzten Tagen zügig vorangegangen. Welchen Hafen wir dann anlaufen werden, ist uns noch nicht bekannt.

Um 23:00 Uhr lag ich in der Koje.

Tag 49:   **Havanna/Kuba, MS „J. G. Fichte", Sonntag, den 22.12.1974**

Heute ist nun also der vierte Advent. Und ich stelle mir gerade vor, wie sich die vier Kerzenlichter in den Augen meiner kleinen Tochter widerspiegeln und eine weihnachtliche Stimmung aufkommt.

Hier spüren wir aber fast nichts von vorweihnachtlicher Stimmung. Ich bin mir nicht sicher, ob Weihnachten in Kuba überhaupt gefeiert wird.

Heute ist es sehr drückend schwül. Der Himmel ist bedeckt. Bei solchem Wetter ist einem jede Bewegung zu viel. Ich hätte eigentlich heute Vormittag zum Baden fahren können, aber Peter und ich zogen es vor, in die Stadt zu fahren und uns irgendwie um Ansichtskarten zu kümmern.

Bild 20: Hotel National („Nacional de Cuba")

Mit den Ansichtskarten klappte es nicht. Man hatte uns gesagt, dass es im Hotel „National" (Nacional de Cuba) manchmal welche gebe. Dort gibt es zwar einen Verkaufsstand für Touristen, der ist aber heute, am Sonntag, geschlossen.

Dorthin waren wir mit dem Bus gefahren. Innerhalb der Stadt kostet eine Fahrt fünf Centavos. Den Rückweg gingen wir zu Fuß und konnten dabei einige schöne Aufnahmen und Schnappschüsse machen. Für diesen Rückweg brauchten wir mehr als zwei Stunden.

Ob wir morgen noch einmal Zeit finden werden, zum Hotel „National" zu fahren, um Ansichtskarten zu kaufen, ist noch ungewiss, weil es möglich sein kann, dass wir bereits morgen Abend auslaufen. Außerdem haben wir wieder Unterricht (Den täglich wiederkehrenden Unterrichtsstunden-Algorhythmus hatte ich mit den Aufzeichnungen zu Tag 5 bis 7 bereits erwähnt). Wenn es aber doch möglich sein sollte, fahren wir gleich um 16:00 Uhr los, so dass wir bis zum Abendessen wieder zurück sind.

Am Nachmittag sollten wir ein besonders interessantes Schauspiel erleben.

Um 14:00 Uhr fuhren wir mit einem Linienbus zum Leninpark. Dort fand eine Rodeo-Veranstaltung statt. Der Lenin-Park ist ein riesiger Naturpark mit mehreren kulturellen Einrichtungen; eine davon ist die Rodeo-Arena.

Bild 21: Das Rodeo-Stadion im Lenin-Park von Havanna

Rodeo ist so etwas Ähnliches wie Stierkampf, wobei aber keine Stiere getötet werden. Es werden Reitkünste mit Pferden gezeigt, Stiere werden eingefangen, man reitet auf ihnen, und sie werden an den Hörnern gepackt, umgeworfen und gefesselt. Das ist eine große Kunst. Dieses Schauspiel ist sehr sehenswert.

Die Atmosphäre im Rodeo-Stadion ist vergleichbar mit der in großen Fußballstadien in unserer Heimat. Wir hatten wunderbare Plätze ergattert und konnten die Veranstaltung sehr schön verfolgen. Peter schoss viele Fotos. Im Leninpark ist für alle Veranstaltungen der Eintritt frei.

Am Abend ging ich mal wieder in die Stadt – allein. Zu Anfang hatte ich wohl den Anschluss zu den anderen verpasst. Es hat sich inzwischen eine gewisse Cliquenwirtschaft herausgebildet, und ich möchte mich keiner dieser Cliquen aufdrängeln. Also gehe ich lieber allein in die Stadt.

Ich setzte mich in einen Linienbus und fuhr zu den „besseren" Vierteln Havannas. Dort kann man Menschen aus aller Herren Länder treffen. In diesem Viertel steht auch das größte Hotel Havannas, das „Havanna Libre". Das ist das ehemalige Hilton-Hotel.

Bild 22:
Das Hotel „Havanna Libre" (Habana Libre)

Dort gibt es auch eine wunderschöne Bar im obersten Stockwerk. Sie ist von den anderen Räumlichkeiten durch eine Bambuswand enormen Ausmaßes abgeteilt. Aber leider ist dort am Wochenende kaum Platz zu bekommen.

Es gibt hier nämlich eine für unsere Begriffe [WM: für unsere damaligen Begriffe!] sehr merkwürdige Sitte. Wenn man in irgendein Restaurant oder eine Bar geht, darf man sich nur an einen vollkommen freien Tisch setzen. Oft sieht man einzelne Personen oder auch Paare vor der Tür stehen und warten, obwohl drinnen an jedem Tisch nur eine Person sitzt. Die Kubaner leiden es nicht, wenn man sich hinzusetzt.

Übrigens ist eines im positiven Sinne noch ganz anders, als bei uns zu Hause: Man kann einkehren, wo man will, die Preise sind überall fast gleich. In der Beziehung bleibt es sich also ziemlich gleich, ob ich in die Bar im „Hilton" gehe oder irgendeine „miese Stampe" besuche.

Ich ging allerdings nicht gleich in eine Bar, sondern besuchte eine Ausstellung im Hause, in der ich viele hübsche und interessante Dinge gesehen habe. Die Ausstellungsräume sind wunderbar gestaltet. Wegen der vielen tropischen Pflanzen fühlt man sich gar nicht wie unter einem Dach, sondern eher wie in freier Natur.

Als erstes fiel mir in der Ausstellung die kubanische Fahne auf. Daneben hatte man in einer Vitrine einige Kleidungsstücke von gefallenen Revolutionären ausgestellt.

Dann machte ich einen Rundgang entlang der verschiedenen Ausstellungsstände. Am ersten Stand sah ich, wie eine Frau an einer Drehscheibe von Hand kunstvolle Töpfe formte. Weiterhin sah ich, wie eine echte kubanische Zigarre gedreht wird. Dazu gehören sehr viel Geschick und Geduld. Es dauert etwa 15 Minuten, bis eine Zigarre fertig gedreht ist. Zigarrendrehen ist meistens Frauenarbeit. Nachdem ich eine Weile zugesehen hatte, war ich sehr verblüfft, als man mir eine solche Zigarre schenkte. Vermutlich war ich wohl wegen meiner blonden langen Haare zwischen den vielen Schwarzhaarigen als „Fremdling" so aufgefallen, dass man mir etwas Besonderes zukommen lassen wollte. Ich bedankte mich sehr herzlich auf Englisch und mit „Händen und Füßen".

Die Ausstellungsgegenstände waren nicht verkäuflich; das gilt eigentlich auch für die Zigarren, aber verschenken durfte man sie vielleicht!

Es gab noch viele andere Dinge zu sehen, wie z.B. Holzschnitzereien, Holzmasken, Holzmalereien, einen modernen Frisiersalon, Babypflege, eine Webmaschine und vieles andere mehr. Es war sehr interessant. Ungefähr eineinhalb Stunden hielt ich mich in der Ausstellung auf.

Da der Malecón, die berühmte, acht Kilometer lange Uferstraße in Havanna, nur etwa 800 Meter entfernt liegt, machte ich noch einen kurzen Abstecher dorthin. Die Kubaner halten sich dort sehr gern auf, insbesondere bei Sonnenuntergang. Der Blick auf die

Uferpromenade mit ihren vielen historischen Bauten, aber auch der Blick auf das Meer sind sehr beeindruckend.
Anschließend suchte ich mir eine Bar in der Nähe und kam wieder mit vielen Leuten ins Gespräch, die mir viel Interessantes über Kuba, die „amerikanische Besatzungszeit", wie man hier sagt, über die Revolution und vieles andere erzählen konnten. Vor allem können die älteren Leute von der damaligen Zeit her noch Englisch. Sie sprechen meistens mit amerikanischem Akzent. Die Sprache ist sehr schwer zu verstehen, weil es den spanisch sprechenden Menschen wohl generell schwerfällt, das Englisch für uns verständlich auszusprechen. Aber irgendwie konnten wir uns doch immer verständigen.
Erst um 02:00 Uhr war ich wieder auf dem Schiff.

Tag 50: Havanna/Kuba, MS „J. G. Fichte", Montag, den 23.12.1974

Morgen ist nun also, so unglaublich es auch für mich klingt, Heiligabend. Und ich weiß nicht einmal, wo sich meine Frau und meine Tochter dann aufhalten werden, in Berlin, in Binz oder bei meiner Schwiegermutter in der Nähe von Rostock.
Heute hieß es nun wieder, dass wir erst morgen, also genau am 24. Dezember, auslaufen würden. Der nächste Hafen soll Nicaro sein. Das liegt am anderen Ende der kubanischen Hauptinsel, nördlich von Santiago de Cuba.
Heute hatten wir wieder die obligatorischen Unterrichtsstunden.
Das Wetter ist herrlich, obwohl der Himmel zum großen Teil bedeckt ist.
Ab 16:00 Uhr bauten wir unsere Instrumente auf und probten. Wir sollen nämlich an den beiden Weihnachtsfeiertagen für die Besatzung Musik machen.
Mit den Ansichtskarten ist es dann leider auch nichts mehr geworden. Einerseits war die Probe jetzt wichtiger und anderseits war die Ungewissheit zu groß, wann wir Havanna verlassen würden.
Um 17:45 Uhr gingen wir essen, bauten danach die Instrumente ab und blieben dann gleich im Hypo sitzen. Wir wollten, wie so oft, ein Gläschen Bier trinken.
Um 22:30 Uhr lag ich in der Koje.

Tag 51: Havanna/Kuba, MS „J. G. Fichte", Dienstag, den 24.12.1974

Heute ist nun Heiligabend.
Hier ist es jetzt 08:00 Uhr, zu Hause also bereits 14:00 Uhr.

Meine kleine Tochter hält bestimmt gerade ihren Mittagsschlaf. Oder kann sie vor lauter Aufregung heute gar nicht schlafen? Die Bescherung wird ganz sicher wieder zu einer großen Freude bei ihr führen. Ich habe noch das Bild von vor einem Jahr zu Weihnachten vor Augen, vor allem, wie schön Kati ihr Gedicht dem Weihnachtsmann vorgetragen hat. Allerdings weiß ich nicht mehr genau, ob es ein Gedicht oder nicht vielleicht doch ein Lied war. Zu Hause ist es in ein paar Stunden soweit.

Weihnachten, meines Erachtens die schönsten und bedeutsamsten Feiertage in unserer Region und Heimat, haben in meiner Familie große Tradition, sind jedoch mehr als Familienfest zu begreifen und nicht als christlich-religiöses Fest. Man baut einen Weihnachtsbaum auf, schmückt ihn, möglichst gemeinsam mit den Kindern und beschenkt sich gegenseitig, wobei der Großteil natürlich für die Kinder vorgesehen ist.

Bild 23: Meine Tochter Katrin

Und man widmet sich an diesen Tagen viel intensiver als sonst den Gaumengenüssen. Manchmal begibt man sich am ersten Weihnachtsfeiertag auch in die Kirche, um das wunderschöne Krippenspiel anzuschauen. Das Fest hat also in meiner Familie nicht die große Bedeutung, weil Jesus Christus am 24. Dezember geboren worden war, sondern es sollen gewachsene Traditionen bewahrt werden, und es wird an die christlichen Werte und an die christliche Erziehung erinnert, auf die meine Familie, meine Eltern, stolz sind, auch wenn wir nicht dem entsprechenden Glauben nachhängen.

Der 24. Dezember empfing uns mit strahlendem Wetter, wie man es sich nicht besser vorstellen kann. Es gibt keine einzige Wolke am Himmel.

Für uns wird der Tag, auf jeden Fall bis zum Abend, genauso ablaufen wie jeder andere auch. Wie der weitere Tag dann gestaltet wird, werden wir erfahren. Jedenfalls haben wir heute Vormittag erst einmal unsere obligatorischen beiden Unterrichtsstunden. Auch am Nachmittag verlief alles wie gehabt.

Den ganzen Tag über sah ich ständig auf die Uhr, um darüber nachzudenken, was zu Hause wohl gerade passiert. Dabei musste ich natürlich immer die sechs Stunden Zeitdifferenz beachten.

Als wir zum Abendessen gingen, das es dieses Mal übrigens schon um 17:00 Uhr gab, war es zu Hause bereits 23:00 Uhr. Auf dem Abendbrottisch stand für jeden ein Weihnachtsteller mit Nüssen, Schokolade, Gebäck und Zigaretten. Es war alles hübsch zurechtgemacht. Ein geschmückter Weihnachtsbaum war auch vorhanden.

Abends begann dann die Weihnachtsfeier. Den Matrosenlehrlingen wurde für diese Feier ausnahmsweise die Offiziersmesse überlassen. Die Stammbesatzung und wir saßen an den Tischen auf den Freidecks. Es gab Freibier und Wein.

Die Decksgang konnte den Heiligabend nicht feiern; sie musste arbeiten, denn die „Fichte" wurde klar zum Auslaufen gemacht. Gegen 24:00 Uhr verließen wir den Hafen von Havanna, nachdem wir dort mit einer kurzen Unterbrechung inklusive der Reede-Liegezeit 24 Tage verbracht hatten.

Wohin es nun gehen wird, weiß ich noch nicht genau, aber Nicaro soll es wohl doch nicht werden.

Nach 24:00 Uhr löste sich die Gesellschaft so nach und nach auf, und ich ging dann auch um 01:00 Uhr schlafen. Zu der Zeit war es dann zu Hause bereits 07:00 Uhr früh des ersten Weihnachtsfeiertages.

Tag 52: Auf hoher See, Höhe Isabela de Sagua/Kuba, MS „J. G. Fichte", Mittwoch, den 25.12.1974

Zum Frühstück kam ich heute nicht rechtzeitig aus dem Bett. Ich wachte erst um 07:55 Uhr auf. Um 08:00 Uhr sollte aber schon der Preisskat im Hypo beginnen, und den wollte ich mir eigentlich nicht entgehen lassen. So trank ich schnell eine halbe Büchse Juice, aß einige Kekse von meinem Weihnachtsteller und ging dann zum Skat spielen.

Der Preisskat zog sich den ganzen Vormittag hin. Ich hatte leider kein Glück (auch wenn es sich beim Skat um eine Denksportaufgabe handelt, gehört Glück in einer größeren Portion doch immer dazu), war aber auch nicht das Schlusslicht. Es machte mir auf jeden Fall trotzdem großen Spaß.

Die Hälfte der Nacht und den Vormittag war die „Fichte" unterwegs. Dann hatten wir wohl unser Ziel erreicht, und der Anker wurde geworfen. Ganz weit am Horizont konnten wir Land sehen.

Wenn die „Fichte" in See sticht, werden alle Wachen wieder voll besetzt, unser Wachplan also erneut geändert. Demnach habe ich nun in der Nacht vom 25. zum 26. Dezember Wache von 00:00 bis 04:00 Uhr, d.h., wenn wir bis dahin nicht schon an der Pier liegen. Dann würde nämlich wieder der 24-Stunden-Wachplan weitergeführt werden, und ich hätte keine Wache.

Mittagsgericht: Hähnchen mit Klößen und pro Tisch eine Flasche Wein.

Nach dem Mittagessen legte ich mich erst einmal für drei Stunden „aufs Ohr".

Dann war Coffee-Time. Es gab Weihnachtsstolle. Die Coffee-Time gibt es also nicht nur an Sonn- und Donnerstagen, sondern auch an Feiertagen.

Anschließend begannen wir mit den Vorbereitungen für den heutigen Tanzabend. Wir sollen nämlich, wie schon vorher erwähnt, spielen.

Dazu bauten wir unsere Instrumente dieses Mal vor (!) dem Hypo auf. Die Flügeltüren zum Hypo wurden offengelassen, so dass jeder nach Lust und Laune ein- und ausgehen konnte. Die Tanzfläche war der Teil des Decks zwischen dem Schwimmbecken und dem Eingang zum Hypo. Eine einmalige und tolle Atmosphäre!

Nach dem Abendessen, zu dem es u.a. Hummer gab, begann der Tanz. Von dem Hummer fasste ich übrigens kein Stück an – für mich ein Lebensmittel, mit dem ich nichts anfangen kann (Bei uns sagt man: "Wat de Buer nich kennt, dat fret hey nich." – „Was der Bauer nicht kennt, das [fr]isst er nicht.").

Bild 24: Eine illustre Runde vor dem Eingang zum Hypodrom (Ich sitze links, neben mir Christian.)

Unsere Musik kam bei den Leuten sehr gut an. Ich ärgerte mich aber trotzdem ein wenig, weil zwei unserer Bandmitglieder wohl einen „WBS" zu viel getrunken und deshalb ihre Instrumente nicht mehr richtig im Griff hatten. Sonst wäre alles noch viel besser gewesen.

Um 23:45 Uhr mussten wir unseren Auftritt beenden, weil ich ab 00:00 Uhr meine Wache anzutreten hatte. Die „Fichte" lag nämlich immer noch weit draußen vor dem Hafen, dessen Namen ich immer noch nicht kenne, auf Reede.

Während meiner Wache schrieb ich so etwa 20 Telegramme ab, u.a. auch mein eigenes. „Abschreiben" bedeutet in diesem Fall: Übertragen von Telegramminhalten in Reinschrift auf Telegrammformulare. Ich durfte mir also mein eigenes Telegramm auf ein Telegrammformular übertragen, in ein spezielles Telegrammcouvert stecken und selbst „zustellen"; habe mich aber riesig gefreut. Endlich mal wieder ein paar Zeilen von zu Hause!

Meine Wache wollte, nachdem ich die Telegramme eingetippt hatte, nicht vergehen, und ich war hundemüde. Irgendwie schaffte ich es aber doch, bis um 04:00 Uhr durchzuhalten. Dann hatte ich nichts Eiligeres zu tun als in meine Koje zu stürzen.
Ich schlief auch sofort ein.

Bild 25: Und hier der erweiterte Kreis

Tag 53: Isabela de Sagua/Kuba, MS „J. G. Fichte", Donnerstag, den 26.12.1974

Heute ist nun also schon der zweite Weihnachtsfeiertag. Wir liegen noch unter Land vor Anker und haben das herrlichste Wetter. Die See ist glasklar.
Ich schlief durch bis um 11:00 Uhr und ging dann zum Mittagessen.
Ich habe gerade gehört, dass der Lotse an Bord gekommen ist und wir die Lotsenflagge gehisst haben.
Inzwischen, während ich hier sitze und an meinem Tagebuch schreibe, machen wir auch schon Fahrt, und es wird wohl nicht mehr lange dauern, bis wir den Hafen von Isabela de Sagua, wie wir jetzt erkunden konnten, erreicht haben.
Als wir uns der Küste näherten, sahen wir, dass dem Festland viele kleine Inseln vorgelagert waren. Sie sind sehr flach und nur mit Buschwerk und kleinen Bäumen bewachsen. Es handelt sich wohl um Mangrovenwälder.
Wir fuhren durch eine Einfahrt, die von zwei solcher Inseln gebildet wird und konnten sie ganz aus der Nähe betrachten. Diese Inseln sind zum größten Teil unbewohnt und daher ein Paradies für Vögel und andere Tiere.

Dann sahen wir den „Hafen", d.h., es ist gar kein Hafen, wir sahen keine Stadt, sondern ein Dorf oder einen kleinen Ort. Die meisten Häuser stehen auf Holzpfählen im Wasser, genauso die Kaianlagen. Der „Hafen" kann nur zwei größere Schiffe gleichzeitig aufnehmen.

Jede Ankunft eines größeren Schiffes ist hier die Sensation. Dementsprechend sah auch die Pier aus. Sie war vollgestopft mit Einheimischen, die unser Schiff aus der Nähe betrachten wollten.

Beim Anlegemanöver, das über eine Stunde dauerte, wühlten die Schiffsschrauben der „Fichte" das gesamte Hafenbecken völlig auf, denn wir haben hier nur zwei oder drei Meter Wasser unter dem Kiel. Die „Fichte" hat bei voller Ladung einen Tiefgang von 8,48 Metern. Um 15:00 Uhr, als die Coffee-Time begann, lagen wir vertäut an der Pier. Zwei Schlepper hatten uns dabei geholfen, parallel zur Pier zu kommen. Allerdings ist unser Schiff so groß und so lang, dass es etwa ein Drittel über die Pier hinausragt, was wiederum Schwierigkeiten beim Festmachen mit sich brachte. Denn in diesem Fall müssen die Festmacherleinen über eine größere Entfernung geworfen werden (und das kann auch schon mal daneben gehen und großes Gelächter erzeugen) beziehungsweise sogar mit einem kleinen Boot an ihren Bestimmungsort gebracht werden.

Peter schoss einige Aufnahmen vom Ort und vom Anlegemanöver für uns [WM: Und immer wieder die Befürchtungen von damals: „Hoffentlich sind sie (die Bilder) etwas geworden."].

Die Löscharbeiten begannen sofort. Wieviel und was hier entladen wird, weiß ich nicht, aber danach wird sich auf jeden Fall unsere Liegezeit richten.

Nach der Coffee-Time ging ich zum Vorschiff, um die Löscharbeiten zu beobachten. Dabei entdeckte ich einen Delphin, der in unserer Nähe umherschwamm und ab und zu an die Wasseroberfläche kam, um zu atmen. Delphine sind sehr schöne und elegante Meeressäugetiere.

Außer uns liegt noch ein ziemlich großer sowjetischer Tanker im Hafen.

Abends ging ich ins Hypo und blieb dort bis zum Feierabend, also bis um 23:00 Uhr. Anschließend hatte ich noch keine Lust, schlafen zu gehen. Manfred ging es genauso wie mir. Als ich sagte, ich wolle noch an Land gehen, schloss er sich mir sofort an. Wir wollten den Ort inspizieren, trotz der Dunkelheit.

Wir starteten also, und es dauerte gar nicht lange, da kamen wir mit zwei Einheimischen ins Gespräch, die uns auf der Straße ansprachen. Die Verständigung war nicht so einfach, weil nur der eine von beiden Englisch sprach, und das auch nur gebrochen.

Wohingegen wir hinsichtlich der englischen Sprachkenntnisse inzwischen ziemlich sattelfest geworden sind.

Wir verstanden uns aber, von der Sprache mal ganz abgesehen, ganz gut.

Wir gingen in die Wohnung des einen der beiden Einheimischen. Sie zeigten uns jede Menge ausgestopfter und präparierter Tiere. Unter anderem war eine Schildkröte, und noch viel interessanter, ein Leguan dabei. Er war ungefähr eineinhalb Meter lang. Die Kubaner erzählten uns, dass er, wenn er erst einmal zugebissen hat, ein ganzes Stück Fleisch aus dem Körper herausreißen kann [WM: Heute glaube ich, dass das ein Hirngespinst war, denn Leguane sind hauptsächlich Pflanzenfresser.]. Außerdem zeigten sie uns ein dem Skorpion ähnliches Tier mit giftigen Stacheln, von dessen Stichen auch Menschen sterben können. Was das wohl gewesen sein mag?

Wir kosteten selbst angesetzten Brotwein und kubanisches Weißbrot.

Die Wohnung war blitzsauber geputzt, aber es stand nicht sehr viel drin, wie das überall in Kuba so üblich ist. Das war mir auch schon in Havanna aufgefallen. Die Fußböden sind meist gefliest und deshalb leicht zu reinigen. Hygiene – in tropischen Gegenden von besonderer Bedeutung.

Für die Schildkröte wollten die Kubaner eine Uhr eintauschen. Sie gehen dabei aber nicht vom Wert aus, sondern wichtig ist, dass es sich um eine funktionstüchtige Armbanduhr handelt. Wir hatten ihnen aber erklärt, dass wir ihnen nichts geben konnten und durften, weil wir auch hier wieder unsere Wertsachen beim Zoll angeben mussten. Man schenkte uns ein paar Ohrringe, die aus Schildkrötenhorn gemacht sind. Manfred bekam eine größere Schildkrötenhornplatte. Um 01:00 Uhr verabschiedeten wir uns von den gastfreundlichen Einheimischen und schlenderten Richtung Schiff. Nun wollten wir uns aber noch die Straßen und Häuser des kleinen Ortes etwas näher ansehen. Vorher hatten wir nicht auf den Weg geachtet, weil wir zu sehr in die Diskussion mit den beiden Kubanern vertieft gewesen waren.

Die Häuser sind fast ausschließlich aus Holz gebaut. Sie könnten übrigens eigentlich sehr hübsch aussehen, wenn sie besser erhalten würden. Dazu fehlt aber wohl meistens das Geld. Die Gehwege bestehen ebenfalls aus Holz und sind überdacht. Ich hatte sofort die Assoziation zum „Wilden Westen", Texas. Ich stellte mir immer wieder vor, dass hinter der nächsten Ecke ein Saloon mit Schwingtür auftauchen könnte.

Um 01:30 Uhr waren wir wieder auf dem Schiff, und ich schlief, nachdem ich mich in die Koje gelegt hatte, sofort ein.

Tag 54: Isabela de Sagua/Kuba, MS „J. G. Fichte", Freitag, den 27.12.1974

Die Löscharbeiten gehen zügig voran. Es wird immer noch Malz entladen. Zumindest das habe ich inzwischen herausgefunden. In Havanna hatten wir übrigens zwei LKW voll „Havanna Club" an Bord genommen. Wohin es gehen wird, wenn die Ladung gelöscht ist, weiß noch niemand, ich glaube, nicht einmal der Kapitän. Die erforderlichen Informationen erhalten wir eventuell heute Abend, dann können wir aber nicht auslaufen, weil das hier in Isabela de Sagua in der Dunkelheit zu gefährlich ist. Wahrscheinlich werden wir dann morgen früh auslaufen.
Am Vormittag hatten wir vier Stunden Unterricht. Ich nahm aber nur an drei Stunden teil, weil ich ab 11:00 Uhr mal wieder 24 Stunden Wache habe. Pech für mich, denn die anderen haben heute Nachmittag frei, um den Ort kennenzulernen und vielleicht baden zu gehen. Ich hörte später aber, dass sie völlig durchgeschwitzt wieder an Bord kamen und nicht einmal baden konnten, weil das Wasser nicht sauber genug war. Allerdings hatten sie von Fischern einige schöne große Muscheln geschenkt erhalten. Davon habe ich nun leider keine abbekommen.
Während meiner Wache gingen rund 50 Weihnachtstelegramme ein. Wir hatten also sehr viel zu tun. Ich arbeitete bis um 01:00 Uhr und ging dann schlafen.

Tag 55: Isabela de Sagua/Kuba, auf hoher See, Wasserpier Matanzas/Kuba, MS „J. G. Fichte", Sonnabend, den 28.12.1974

Heute Morgen musste ich bereits wieder um 05:30 Uhr aufstehen, um die Presse um 06:00 Uhr zu empfangen. Es ging aber ausbreitungsbedingt, wie schon so oft, nicht. Zwischen 07:00 und 08:00 Uhr wurde die „Fichte" zum Auslaufen klargemacht, und um 08:00 Uhr verließen wir den Hafen.
Mit dem Auslaufen wurde unser Wachplan wieder in den Vier-Stunden-Törn umgeändert, so dass meine Wache um 08:00 Uhr, mit dem Auslaufen, zu Ende war, aber ich musste anschließend zum Unterricht gehen. Dort wäre ich fast eingeschlafen.
Gestern Nachmittag hatte ich übrigens noch etwas Interessantes gesehen. Fast den ganzen Nachmittag saß einer der Lehrlinge an der Pier und angelte. Plötzlich hatte er etwas Großes am Haken und zog und zog, konnte das Tier aber nicht an die Pier bekommen. Einige kubanische Stauer waren aufmerksam geworden und kamen ihm zu Hilfe. Sie schafften es zwar, das Tier bis an die Pier zu holen, aber beim Hochziehen

riss es ab und verschwand sehr schnell. Es war ein ungefähr ein Meter langer Stachelrochen. Dieses Schauspiel hatte ich mir während einer kurzen Wachpause von der Reling aus angesehen.

Nun fuhren wir in nordwestlicher Richtung zurück in Richtung Havanna und waren der Ansicht, dass wir Havanna anlaufen würden. Aber nein, wir steuern jetzt Matanzas an, eine Hafenstadt, die, aus unserer Fahrtrichtung gesehen, etwa vier Fahrstunden (also etwa 60 Seemeilen) vor Havanna liegt. In Matanzas kamen wir am späten Nachmittag an und machten dort an der Wasserpier fest, um Frischwasser aufzunehmen. Das Schiff ist zwar mit einer Art von Meerwasser-Entsalzungsanlage ausgestattet. Deren Kapazitäten reichen jedoch nicht aus, um fast 300 Menschen täglich mit Frischwasser zu versorgen; deshalb auch wie weiter vorn beschrieben (Tag 1) der Wasserspar-Mechanismus an sämtlichen Wasserhähnen auf dem Schiff.

Am Nachmittag hatten wir übrigens frei. Ich nutzte die Zeit zum Schlafen und beschäftigte mich anschließend mit meiner Wäsche.

Abends setzte ich mich mal wieder in mein geliebtes Hypo und ging dann um 24:00 Uhr schlafen.

Tag 56:   Matanzas/Kuba, Wasserpier, MS „J. G. Fichte", Sonntag, den 29.12.1974

Der Tag empfing uns mit strahlendem Sonnenschein.
Gestern, bei der Einfahrt in den Hafen, war das Fotografieren kaum möglich, weil es zu trübe war. Das konnten Peter und ich aber heute nachholen. Wir hatten heute den ganzen Tag frei, und so marschierten wir um 08:45 Uhr los. Tauchgeräte und Kamera nahmen wir vorsichtshalber mit. Wir liefen ungefähr eine halbe Stunde und kamen dann bei den Klippen der Einfahrt zum Hafen von Matanzas an.
Die Bucht von Matanzas ist wunderschön und sehr malerisch. Der Kontrast zwischen den verschiedenen Farben wird hier besonders deutlich: Die Farben des Wassers, die Farbe des Himmels, die Farben der Klippen, das Grün der Bäume und die vielen bunten Farben der menschlichen Ansiedlung, der Stadt. Matanzas hat etwa 150.000 Einwohner, Havanna dagegen gute zwei Millionen.
Ins Wasser konnten wir uns leider doch nicht wagen, weil das für uns sehr gefährlich hätte werden können. Die Dünung ging relativ hoch, die Gischt spritzt zwischen den Felsen bis zu zehn Meter hoch, und außerdem soll es hier in der Bucht von Haifischen wimmeln. Wir haben aber keinen Hai gesehen. Die Klippen sehen aus wie Karst- oder

Mondlandschaft. Sie sind meist sehr scharfkantig, so dass man auf ihnen barfuß nicht laufen kann. Sie ragen etwa zwei bis vier Meter aus dem Wasser, sind teilweise meterweit unterspült und fallen meistens steil ab ins Wasser. Das Wasser ist glasklar. Man kann fast überall bis auf den Grund sehen. In der Tiefe kann man sich dabei leicht verschätzen. Wenn man glaubt, es ist fünf Meter tief, so sind es tatsächlich wohl sogar 15 Meter.

In einem Wasserloch entdeckte ich einen kleinen Tintenfisch, den die Brandung dorthin gespült hatte. Wir wagten es wegen seiner Saugnäpfe nicht, ihn anzufassen. Einige Einheimische wurden aufmerksam und kamen näher, um zu sehen, was wir gefunden hätten. Einem von ihnen gab ich auf eine entsprechende Bitte hin meinen Schnorchel, und er stieß damit den Tintenfisch mehrfach an, bis der seinen Tintenbeutel entleerte. Anschließend stieß der Kubaner ihn aufs Trockene. Dann packte er ihn blitzschnell an einer bestimmten Stelle seines Körpers, hob ihn hoch und warf ihn auf die scharfkantigen Felsen. Allmählich verendete das Tier. Der Einheimische stülpte den Beutel des Tintenfisches nach außen und konnte das Tier so gefahrlos hochheben. Die Fangarme bewegten sich immer noch und saugten sich an seinen Fingern fest. Die Einheimischen zeigten auch vor diesem Tier großen Respekt als es noch lebte, ähnlich wie ich es neulich bei der Muräne gesehen und beschrieben hatte. Nun, als der Tintenfisch tot war, war es nicht schwer, die Fangarme von den Fingern zu lösen. Wenn das Tier aber lebt, wäre das gar nicht möglich, ohne es töten zu müssen. Außerdem hinterlässt es große Saugwunden. Die einzelnen Fangarme unseres Tieres waren etwa 20 Zentimeter lang. Das Fotografieren war nicht möglich, weil alles viel zu schnell ablief, und als der Tintenfisch noch lebte, passte er sich farblich seiner Umgebung so an, dass er auf einem Foto gar nicht zu erkennen gewesen wäre.

Als wir unseren Weg fortsetzten, entdeckte ich auf dem Trockenen eine Krabbe, die schon völlig ausgetrocknet oder ausgesaugt war – ungefähr so, wie die Krabbe, die Horst neulich im Wasser gefunden hatte. „Meine" Krabbe sieht auch wunderhübsch farbig aus. Hoffentlich bekomme ich sie unversehrt mit nach Hause.

Wir gingen weiter und sahen überall auf den Felsen die schon beschriebenen Dwarsläufer. Sie ließen sich nicht von uns fangen, sondern verschwanden bei Annäherung immer sehr schnell in ihren Löchern. Sie können sogar an den senkrechten Felswänden entlanglaufen und werden dabei nicht einmal von der Brandung weggespült.

Später sahen wir einen Einheimischen, der sich mit der so genannten ABC-Ausrüstung (Brille, Schnorchel, Flossen) und mit zwei Harpunen von den Felsen aus ins Wasser

Bild 26: Klippen in der Bucht von Matanzas

wagte. Die beiden Harpunen hatte er an zwei gelben Bojen befestigt, die ständig an der Wasseroberfläche schwammen. Das Hineinkommen ins Wasser ist nicht ganz so schwer, das Herauskommen aber wegen der Brandung desto mehr. Wie der Taucher das anstellte, wollten wir uns eigentlich noch gern ansehen, mussten dann aber doch gehen, um rechtzeitig zum Mittagessen auf unserem Schiff zu sein. Um 11:45 Uhr waren wir dort.

Das Mittagessen hat mir besonders gut gefallen, denn es gab Rinderroulade, eines meiner Lieblingsgerichte.

Am Nachmittag schliefen wir, weil Peter und ich uns vorgenommen hatten, abends in die Stadt zu laufen.

Nach dem Abendessen gingen wir los. Unsere Pier liegt ziemlich weit außerhalb der Stadt, und so mussten wir ein ganzes Stück laufen, um dorthin zu kommen. Es fahren auf dieser Strecke zwar auch Busse; damit kannten wir uns aber nicht aus, und aus den so genannten Fahrplänen wurden wir auch nicht schlau, und so gingen wir eben zu Fuß.

Matanzas macht auf mich einen ganz anderen Eindruck als Havanna. Man findet hier beispielsweise nur ganz selten alte und halbverfallene Häuser wie in der Altstadt von Havanna. In den Vororten von Matanzas haben sich fast ausschließlich kleine, aus

Holz und Beton gebaute Einfamilienhäuser etabliert. Sie alle sind mit Palmen und Grünanlagen umgeben und sehen sehr hübsch und sauber aus.

Die Stadt hatte sich bereits mit einer Unzahl von Girlanden, Fähnchen und Blumen für den Jahreswechsel geschmückt. Auf vielen Plakaten lasen wir, natürlich auf Spanisch: „Es lebe das Jahr 1975, das 16. Jahr der Revolution". Die Kubaner werden das zum Anlass nehmen, ein ganz großes Fest zu feiern. Am liebsten würde ich mitten unter den Kubanern den Jahreswechsel feiern, aber wir müssen und wollen ja mit unserer Band am Silvesterabend spielen. Und vielleicht liegen wir bis dahin doch schon wieder auf Reede.

Nach etwa einer Stunde Fußmarsch kamen wir auf einem großen Platz an. Dort standen etwa 20 Verkaufsbuden, von denen fast die Hälfte Bierstände waren. Der Platz wimmelte von Menschen. Wir mischten uns unter sie. Es dauerte nicht lange, so fragte uns jemand, ob wir Bier trinken wollten, wogegen wir natürlich nichts einzuwenden hatten. Als Europäer fällt man überall auf, schon wegen der Kleidung, aber auch wegen meiner blonden Haare. Das hatte ich ja schon einmal erlebt und beschrieben – bei der Zigarrenproduktion in Havanna. Die Kubaner wissen, dass Europäer (nationalitätsmäßig konnten sie uns natürlich erst einmal nicht konkret einordnen) immer Zigaretten bei sich haben und sehr freigebig sind, und so verschenkte ich nach und nach meinen sämtlichen Zigarettenvorrat. Drei volle Schachteln hatte ich mitgenommen, und eine halbe Schachtel blieb mir noch, als wir den Platz verließen.

Eigentlich wollten wir nun so langsam den Rückweg antreten (wieder mindestens eine Stunde Fußmarsch), denn es war inzwischen 21:00 Uhr geworden, aber wir waren noch nicht weit weg, da sprach uns aus einem Hauseingang ein junger, dunkelhäutiger Mann auf Deutsch an und fragte uns, ob wir Deutsche seien. Wir kamen mit ihm ins Gespräch und erzählten ihm, dass wir von der „Fichte" seien. Er kenne die „Fichte", meinte er, und er hätte dort auch einige Freunde. Dann lud er uns ein, mit in die Wohnung zu kommen. Dort erzählte er uns, dass er eigentlich in einem anderen Stadtteil von Matanzas wohne, aber hier zu Besuch bei seiner Freundin sei. Seine Freundin, deren Eltern und einige Bekannte aus der unteren Etage waren anwesend, u.a. auch ein fünfjähriger Junge und ein ganz kleiner 11 Monate alter Junge. Alle hatten eine sehr dunkle Hautfarbe. Andreas, der junge Mann, der uns angesprochen hatte, erzählte uns, dass er ab September in der DDR, in Leipzig, Chemie studieren werde und deshalb einen dreijährigen Abendkurs für Deutsch mitgemacht hätte. Er sprach schon sehr gut Deutsch und freute sich, seine Sprachkenntnisse testen zu können.

Inzwischen hatte sich jemand aus der Familie entfernt, um Bier zu holen. Er kam mit einem halb gefüllten kleinen Plastikeimer wieder zurück. Wir wurden gleich bedient, doch das Bier schmeckte uns nicht. Aus unserer Sicht war es ein sehr dünnes Bier, von dem wir hätten 30 volle Gläser austrinken müssen, um überhaupt eine alkoholische Wirkung zu spüren. Das ließen wir uns wegen der Gastfreundlichkeit natürlich nicht anmerken. Unsere neuen Freunde tranken jeder nur ein Glas. Sie meinten, sie würden sonst betrunken werden, müssten aber morgen früh wieder arbeiten. Darüber konnten wir uns, natürlich nur in uns gekehrt, sehr amüsieren. Wir waren eben anderes gewöhnt. Stolz können wir darauf aber sicher nicht sein. Als wir ihnen etwas davon erzählten, wie wir (leider) manchmal mit Alkohol umgehen, wären sie fast vom Stuhl gefallen.

Die beiden Kinder waren auch um 22:00 Uhr noch wach. Dann schlief aber der Fünfjährige im Sessel ein. Ich hatte vorher etwas mit ihm herumgetollt und ihm auch zwei Bilder von meiner kleinen Tochter gezeigt. Als ich sie ihm zeigte, bekam er ganz große Kulleraugen, weil strohblonde Haare für ihn etwas völlig Unbekanntes waren.

Der ganz Kleine blieb noch etwas wach. Ich fragte, wie es komme, dass die Kinder hier so lange aufbleiben dürften. Andreas meinte, dass sie schlafen könnten, wann sie wollten. Die Kinder schliefen meistens am Tage.

Die ganze Zeit über lief ein Plattenspieler mit Titeln von Frank Schöbel und Chris Doerk (nicht ganz meinem Musikgeschmack entsprechend, aber es war gut gemeint). Andreas hatte sie von seinen Freunden geschenkt bekommen. Es hatte viel Mühe gekostet, den Plattenspieler in Gang zu setzen, weil es eine ziemlich alte Marke war.

Inzwischen war das Bier zur Neige gegangen, und ich hatte auch keine Zigaretten mehr. Als die Freundin von Andreas das bemerkte, schenkte sie mir eine Schachtel kubanischer Zigaretten.

Verabreden, um uns noch einmal wiederzusehen, konnten wir uns nicht, weil wir nicht genau wussten, wann die „Fichte" auf Reede oder im Hafen liegt. Ich habe mir aber die Adresse aufgeschrieben.

Um 23:00 Uhr verabschiedeten wir uns, nachdem wir uns herzlich bei unseren Gastgebern bedankt hatten, und marschierten dann in Richtung Hafen. Verlaufen kann man sich auch hier nicht, weil alle Straßen, genau wie in Havanna, parallel oder quer zueinander verlaufen.

Plötzlich hörten wir aus einer Nebenstraße laute Musik, gute Musik. Das machte uns natürlich neugierig. Wir gingen näher heran und sahen, wie sehr viele Kinder und Jugendliche mitten auf der Straße, sie war übrigens verkehrsmäßig abgesperrt, tanzten.

Und das mitten in der Nacht, d.h., es war gerade 23:00 Uhr. In Kuba ist eben alles möglich, was man bei uns zu Hause nicht kennt. Wir wollten eigentlich nur etwas Musik hören, aber im Nu waren wir von einer Kinderschar umringt, offensichtlich, weil wir als Europäer mal wieder als solche erkannt worden waren. Sie wollten Kaugummi oder Zigaretten von uns haben. Wir hatten aber nichts mehr bei uns, und Zigaretten gebe ich Kindern natürlich nicht. Ein kleines, blondes, niedliches, etwa vier bis fünf Jahre altes Mädchen war sogar so frech zu verlangen, dass ich meine Taschen ausräumen musste, um ihr zu zeigen, dass ich tatsächlich keinen Kaugummi mehr bei mir habe. Die Kinderschar wurden wir trotzdem fast nicht mehr los. Nach etwa einer Stunde verließen wir diesen Ort und waren um 00:30 Uhr auf dem Schiff.

Tag 57: **Matanzas/Kuba, Wasserpier, MS „J. G. Fichte", Montag, den 30.12.1974**

Ich habe heute Nacht sehr gut geschlafen.
Der Tag empfing uns wieder mit strahlendem Sonnenschein, aber im Laufe des Tages wurde der Himmel etwas bedeckt.
Am Vormittag hatten wir zwei Stunden Unterricht. In der ersten Stunde erklärte uns der Chefausbilder, Herr D., praktisch am Gerät die Arbeit mit dem so genannten OMEGA-Navigationsverfahren.
In der zweiten Stunde hatten wir Englisch. Dort erfuhren wir, dass wir morgen Vormittag den zweiten Teil unserer Klausur zur „Sprachkundigen-Prüfung" in Englisch schreiben würden und dann am Nachmittag frei hätten.
Nach dem Mittagessen legten wir uns erst einmal zwei Stunden in die Koje, und danach musste ich mich wieder einmal meiner Wäsche widmen, d.h. Hemden und Socken waschen.
Für den Abend hatten Peter und ich uns vorgenommen, an Land zu gehen.
Man findet überall in Kuba sehr schnell Anschluss an irgendwelche Leute, wie wir festgestellt haben, wenn man das denn möchte. Und so war es auch heute wieder. Man sprach uns auf der Straße an, und schon war eine Unterhaltung im Gange, die wir dann in einer Bar fortsetzten. Die Kubaner hatten uns eingeladen. Dieses Angebot nahmen wir gern an, denn wir hatten ja kein Geld (mehr). Aber ich verschenkte einige Zigaretten.
Die Familie, bei der wir gestern zu Gast waren, wollten wir heute nicht besuchen, weil uns Andreas gestern mitgeteilt hatte, dass er heute Abend nicht dort sein könne. Die

anderen Familienmitglieder konnten kein einziges Wort Deutsch oder Englisch, und so wäre es für uns alle eine zu komplizierte und vielleicht auch peinliche Situation geworden.

In der Bar unterhielten wir uns über alle möglichen Probleme. Meistens sprachen die Einheimischen ein Kauderwelsch aus Englisch und Spanisch. Manchmal redeten wir auch mit Händen und Füßen. An diesem Abend gaben uns die Einheimischen, womit wir gar nicht gerechnet hatten, einige Getränke aus, zumeist war es kubanisches Bier. Es wird, wie wohl fast überall in tropischen Gegenden, eiskalt serviert. Nun war es aber so, dass „unsere" Bar klimatisiert war. Die Temperaturen lagen wohl bei sehr angenehmen 21 Grad Celsius. Wohingegen draußen Temperaturen von etwa 32 Grad Celsius herrschten. Um 23:00 Uhr verabschiedeten und bedankten wir uns bei den Einheimischen und wollten mit dem Bus in Richtung Hafen fahren. Als wir die Bar verließen, war es so, als ob uns jemand vor den Kopf schlüge, so heiß war es draußen; der große Temperaturunterschied zwischen drinnen und draußen hatte für uns fatale Wirkung. Wir schafften geradeso die zwei oder drei Stufen in den Fahrgastraum des Busses, der uns „nach Hause" bringen sollte. Unser Zustand verschlechterte sich von Minute zu Minute, jedoch hatten wir noch einigermaßen im Griff, wo wir aussteigen mussten. Dies taten wir dann auch, allerdings nicht so, wie wir uns das vorgestellt hatten. Als sich die Gelenktüren des Busses an unserer Haltestelle fast direkt an der Wasserpier, an der die „Fichte" liegt, öffneten, kullerten wir beide im wahrsten Sinne des Wortes aus dem Bus. Gleich neben der Bushaltestelle gab es eine abschüssige, grasige Stelle in Richtung Wasser, die wir auch noch „mitnahmen". Danach habe ich Peter erst wieder am nächsten Mittag gesehen, als wir uns zum Mittagessen trafen. Ich suchte und suchte, es war stockdunkel, fand ihn aber nicht und gab die Suche dann irgendwann auf. Außerdem wusste ich, dass Peter ein ausgezeichneter Fassaden-Kletterer ist. Am Gebäude unserer Seefahrtschule in Wustrow war er damals schon irgendwie nachts bei Vollmond auf dem Dach und an der Fassade in einer Höhe von etwa 10 Metern einhändig herumgekraxelt, ohne dass ihm etwas geschehen war. Ok, aber Peter ist ja auch eine sportliche und drahtige „Speiche", die eigentlich alle gefährlichen Situationen beherrschen kann. Deshalb versuchte ich nun allein, das Schiff zu erreichen. Die Wasserpier bestand aus Betonpfeilern, auf die zwei sehr schmale Holzbretter, teilweise lose, aufgelegt waren; an manchen Stellen fehlten sie ganz. Unterhalb der Bretter zwischen den Betonpfeilern verlief das Rohrleitungssystem für die Schiffsversorgung, u.a. für die Versorgung mit Frischwasser. Ich hatte bisher noch gar nicht erwähnt, dass die so genannte Wasserpier und damit der Steg, über den man unser Schiff erreichen konnte, mehrere hundert Meter lang war! Man kann sich vorstellen, wie schwierig es ist, in unserem Zustand und bei fast völliger Dunkelheit das Schiff zu erreichen. Irgendwie schaffte ich es, mich zeitweise auf allen Vieren tastend, fortzubewegen. Als ich das Schiff nach gefühlt unendlicher Zeit erreicht hatte, informierte ich die Bordwache noch über Peters vorübergehendes Verschwinden. Und dann verschwand ich schnellstmöglich in meiner Koje.

Wie oben erwähnt, sahen Peter und ich uns beim Mittagessen wieder. Er konnte mir nicht erklären, wann und wie er an Bord gekommen war, und die Bordwache wollten wir peinlicherweise auch nicht fragen.

Es war ja letztendlich auch alles gut gegangen.

Tag 58:   Reede Matanzas/Kuba, MS „J. G. Fichte", Dienstag, den 31.12.1974

Heute haben wir nun also den letzten Tag des Jahres, und ich weiß nicht einmal, wo sich meine Familie gerade befindet und wo sie Silvester feiern wird!

Die „Fichte" hatte am frühen Morgen von der Wasserpier weg auf Reede verholt, d.h., wir liegen jetzt mitten in der Bucht von Matanzas und können an drei Seiten die Stadt mit den bereits einmal beschriebenen eindrucksvollen Bildern sehen.

Ab 09:00 Uhr schrieben wir in der Offiziersmesse den zweiten Teil unserer Englisch-Sprachkundigen-Prüfung. Die Klausur bestand aus zwei Teilen, einer wörtlichen Übersetzung eines Textes mit etwa 600 Zeichen vom Englischen ins Deutsche und einer sinngemäßen Übersetzung von etwa 1.800 Zeichen. Eineinhalb Stunden hatten wir dazu Zeit. Den letzten Absatz der sinngemäßen Übersetzung schaffte ich in der dafür vorgesehenen Zeit nicht mehr. Wahrscheinlich war die Ursache darin zu suchen, dass ich nicht genau wusste, wo bei der Bewertung die Grenze zwischen exakter und sinngemäßer Übersetzung gezogen wird, so dass ich die „Summary" wohl zu genau übersetzt hatte.

Nach dem Mittagessen schliefen wir drei Stunden vor und bereiteten dann unsere Instrumente für den Abend vor. Wir sollten ja am Silvesterabend wieder auftreten und unsere Musik zum Besten geben, genau wie wir das zu Weihnachten getan hatten.

Um 18:00 Uhr stießen wir in Christians Kammer darauf an, dass in der Heimat nun das neue Jahr beginnt, und ich dachte mal wieder mit einigen Sorgen und teilweise auch trübsinnigen Gedanken an zu Hause. Es bleibt einem aber nichts anderes übrig, als solche Gedanken einfach beiseite zu schieben und sich abzulenken. In einem Freundeskreis gelingt das dann ganz gut.

Ab 20:00 Uhr machten wir Musik. Michael E. eröffnete den musikalischen Abend an „seinem" Klavier, wie inzwischen schon üblich mit der Titelmelodie aus dem bereits erwähnten US-amerikanischen Film „Der Clou", was bei den Leuten immer sehr gut ankommt. An dem Abend wurde wieder einmal eine Menge getrunken, wie das wohl auf jedem Schiff üblich ist, wenn Feste gefeiert werden (können). Von unserer Seite, also von Seiten der Musik, klappte dieses Mal zum Glück alles wunderbar.

Um 00:00 Uhr stießen wir auf das neue Jahr an. Der Kapitän, Herr Sp., höchstpersönlich wünschte mir ein frohes und gesundes neues Jahr.

Am Himmel über Matanzas waren keine Silvesterraketen zu sehen. Die vor Anker liegenden Schiffe ließen jedoch zum Beginn des neuen Jahres ihre Typhone ertönen. Von einigen Schiffen wurden rote Signalraketen, die sonst nur für den Seenotfall verwendet werden dürfen, abgefeuert. Die Szenerie war recht romantisch, weil ein silberheller Mond meerseitig über der Bucht von Matanzas stand und seinen Schein im Wasser schimmern ließ.

Anschließend spielten wir noch weiter bis 01:30 Uhr und feierten dann im Rahmen der Band noch bis 03:00 Uhr weiter. Dann gingen wir schlafen. Zu der Zeit war das neue Jahr zu Hause bereits neun Stunden alt.

Tag 59: Reede Matanzas/Kuba, MS „J. G. Fichte", Mittwoch, den 01.01.1975

Heute Morgen ging fast niemand zum Frühstück. Wir schliefen durch bis 11:00 Uhr.
Mittagsgericht: Rehbraten.
Anschließend legten wir uns bis um 15:00 Uhr, bis zur Coffee-Time (Heute ist Feiertag!), in die Koje. Um die aufkommende Langeweile zu vertreiben, spielten wir danach auf dem Vorschiff bis zum Abendbrot Skat.

Dabei machte ich eine besondere Beobachtung. Hier in der Bucht von Matanzas fliegen die Pelikane herum wie bei uns zu Hause die Möwen. Es ist ein Schauspiel zu beobachten, wie sie aus zehn bis 20 Metern Höhe fast senkrecht ins Wasser schießen, um einen Fisch zu schnappen. Unsere heimischen Pelikane sind etwas größer und haben eine andere Fischfangtechnik.

Neulich hatten wir in der Nähe des Schiffes zwei riesige Manta-Rochen beobachtet.

Am Abend wurde der Film gezeigt „Meine Freundin Sybille" (Komödie, DDR, 1967, u.a. mit Rolf Herricht, Eva-Maria Hagen, Helga Göring, Regie: Rudi Strahl). Den Film hatte

ich schon so oft gesehen, dass ich es vorzog, ins Hypo zu gehen. Dort würfelten wir um Bier. Ich trank letztendlich mehr als ich bezahlen musste, hatte also etwas Glück.
Um 24:00 Uhr ging ich in die Koje.

Tag 60:   Reede Matanzas/Kuba, MS „J. G. Fichte", Donnerstag, den 02.01.1975

Über den heutigen Tag gibt es eigentlich auch nichts Besonderes zu berichten. Wir liegen auf Reede.
Der Unterricht lief wie gewöhnlich ab. Es wurde uns aber mitgeteilt, dass alles, was wir jetzt im Zusammenhang mit unserer Ausbildung tun, in die Gesamtbewertung des Studiums einfließen wird. Chefausbilder Herr D. hatte uns derart instruiert, dass wir auf der Hinreise lernen könnten, auf der Rückreise jedoch alles voll bewertet werden würde. Nun haben wir ungefähr die Hälfte der Reise hinter uns. Hauptsächlich kommt es natürlich darauf an, wie wir unseren jeweiligen Wachdienst durchführen, aber auch die aktive Beteiligung am Unterricht und das allgemeine Auftreten gehen in die Bewertung mit ein. Ich glaube, dass ich diesbezüglich bisher noch keine Schwierigkeiten hatte.
Abends spielten wir zwei Stunden Skat und setzten uns anschließend noch etwas aufs Vorschiff, um ein wenig Musik zu hören.
Um 24:00 Uhr stieg ich in die Koje.

Tag 61:   Reede Matanzas/Kuba, MS „J. G. Fichte", Freitag, den 03.01.1975

Immer noch liegen wir auf der Reede von Matanzas. Der heutige Tag empfing uns wieder mit strahlendem Sonnenschein.
Der Unterricht lief wie gewöhnlich.
In den Pausen und nach dem Unterricht war ich damit beschäftigt, einen bereits begonnen Brief nach Berlin zu Ende zu schreiben.
Es wird nun höchste Zeit, dass ich wieder nach Hause komme. Hoffentlich ist dort alles in Ordnung. Wenn es nicht so wäre, wäre die Seefahrt eine Katastrophe für mich [WM: Einfach mal so eben nachfragen, war damals eben nicht möglich!].

Tag 62: Reede Matanzas/Kuba, MS „J. G. Fichte", Sonnabend, den 04.01.1975

Heute Morgen gab ich den Brief beim Zahlmeister ab – ohne Briefmarke. Nirgendwo konnte ich eine Briefmarke auftreiben. Anstelle der Briefmarke schrieb ich auf das Couvert: „Empfänger bezahlt". Hoffentlich kommt der Brief trotzdem zu Hause an!
Die vier Stunden Unterricht waren alle auf den Vormittag zusammengefasst worden, so dass der Nachmittag frei ist.
Eigentlich wollte ich ja zum Baden fahren, aber Herr K., einer unserer Dozenten, hatte mir angeboten, bei der Reparatur eines defekten Radargerätes mitzumachen oder besser gesagt, zuzusehen. Das darf ich mir nicht entgehen lassen.
Peter ist schon seit heute Morgen am Strand von Varadero. Er konnte heute frei nehmen, weil er in der Silvesternacht Wache hatte.
Varadero ist eine etwa 20 Kilometer lange und sehr schmale Halbinsel vor den Toren von Matanzas (auch etwa 20 Kilometer von dort entfernt) mit herrlich weißem Sandstrand und vielen Hotels, die auch von so genannten „westlichen" Urlaubern besucht werden, beispielsweise aus Kanada. Varadero soll weltweit den zweitbesten Sandstrand haben. [WM: Wo liegt wohl der weltweit beste Strand?] Ob das stimmt, habe ich bisher nicht herausgefunden.
Die Reparatur des Radargerätes hat mir viel Freude gemacht. Ich konnte doch tatsächlich richtig mitarbeiten. Nach etwa drei Stunden hatten wir den Fehler gefunden und konnten das Gerät reparieren. Alles lief wieder normal. Gleichzeitig konnte ich mich mit der Bedienung des Gerätes besser vertraut machen. Nach der Reparatur des Gerätes sahen wir auf dessen Bildschirm ganz deutlich die Bucht von Matanzas und alle darin liegenden Schiffe in Form von gelben Punkten.
Anschließend musste ich mich einmal wieder mit dem Waschen von Unterwäsche und Hemden beschäftigen.
Abends ging ich ins Hypo und bald darauf schlafen.

Tag 63: Reede Matanzas/Kuba, MS „J. G. Fichte", Sonntag, den 05.01.1975

Mit welchem Satz beginne ich wohl heute mein Tagebuch? Wir liegen noch immer auf der Reede von Matanzas.

Heute hatten wir alle vier Unterrichtsstunden am Vormittag und dafür am Nachmittag frei. In Englisch schrieben wir eine kleine Klausur. Im ersten Teil ging es um ein Telegramm mit einer Bitte um medizinische Hilfe, das wir aufsetzen mussten, und der zweite Teil bestand aus einer kurzen Biografie. Beides ist mir, glaube ich, diesmal nur so leidlich gelungen.

Nach dem Mittagessen bestiegen wir mit etwa 50 Mann unsere Motorbarkasse, und nachdem wir ungefähr eine halbe Stunde gefahren waren, kamen wir in einer kleinen Bucht mit flachem Sandstrand an. Dort sprangen wir gleich vom Boot aus ins Wasser und tauchten. Das Wasser war ein wenig trübe, und jedes Mal, wenn die Sonne hinter den Wolken verschwand, konnte man fast nichts mehr sehen. Aber das Tauchen macht trotzdem immer wieder großen Spaß. Vor allem dann, wenn man daran denkt, dass die Temperaturen zu Hause um fünf Grad Celsius liegen.

Zwischendurch machten wir einen kleinen Abstecher in eine nicht sehr weit entfernt liegende andere Bucht. Der Erste Nautische Offizier fuhr die Barkasse. Er wollte von dort Kakteen und einige andere Pflanzen holen, von denen er gehört hatte, dass es sie dort gibt.. Die Gelegenheit nutzte ich und nahm zwei kleine Agaven mit. Vielleicht halten sie ja bis nach Hause durch. Anschließend fuhren wir wieder nach unserer ersten Bucht zurück und tauchten dort noch etwa eine Stunde lang.

Christian war etwas auf Entdeckungsreise gegangen und erblickte dabei unter einem Baum eine riesige Spinne, die auf dem Rücken gelbe Flecken hatte. Der Körper hatte einen Durchmesser von mindestens drei Zentimetern, und dazu kommen noch die langen Beine. Als Christian sie sah, verdrückte er sich schnell; hätten wir anderen wohl auch so gemacht.

Um 16:00 Uhr fuhren wir wieder zurück zum Schiff.
Abends wurde der Kriminalfilm „Ohne Skrupel" gezeigt. Der Film hat mir sehr gut gefallen.
Anschließend gingen wir wie üblich ins Hypo.

Tag 64:   Reede Matanzas/Kuba, MS „J. G. Fichte", Montag, den 06.01.1975

Und mit welchem Satz beginne ich wohl heute mein Tagebuch? Wir liegen immer noch auf der Reede von Matanzas, und es tut sich nichts.
Das Wetter ist herrlich.
Am Vormittag hatten wir wieder unseren normalen Unterricht.
Der Nachmittag verlief auch wie gewöhnlich, und abends landeten wir wieder im Hypo.

Tag 65: Reede Matanzas/Kuba, MS „J. G. Fichte", Dienstag, den 07.01.1975

Der übliche Spruch: Wir liegen immer noch auf der Reede von Matanzas.
Das Wetter ist ganz große Klasse, der Tag verlief wie gewöhnlich.
Nach dem Unterricht übten Peter und ich uns etwas in der LORAN-Navigation. Dazu gingen wir auf die Lehrbrücke und „machten" den Ort des Schiffes mit Hilfe dieses Navigationsverfahrens.
Am Abend spielten wir mit Siggi R. auf dem Freideck eine Runde Skat.

Tag 66: Reede Matanzas/Kuba, MS „J. G. Fichte", Mittwoch, den 08.01.1975

Heute hat mein „großer" Bruder Jürgen, der mit seiner Familie immer noch in meiner alten Heimat in Binz auf Rügen lebt, Geburtstag, und ich kann ihm nicht einmal eine Geburtstagskarte schicken. Er wird heute 38 Jahre alt. Wir haben beide denselben Vater.
Heute herrscht wieder das schönste Wetter. Solange wir uns in einem tropischen Hochdruckgebiet befinden, was zu dieser Jahreszeit und in diesem Gebiet sehr oft der Fall ist, herrscht morgens meist Windstille. Am Nachmittag gegen 15:00 Uhr brist es dann von der See her leicht auf. Danach kann man fast die Uhr stellen. Das geht nun schon beinahe wochenlang so.
Was nun mit unserer Weiterfahrt wird, weiß noch niemand. Auf irgendwelche Spekulationen oder Gerüchte gebe ich überhaupt nichts mehr. Aber die Warterei kann einen fertigmachen. Wenn man wenigstens Gewissheit darüber hätte, wann man wieder nach Hause kommt. Und wenn es noch so lange dauert. Ich möchte so gern nach Hause. Mir fällt gerade auf, dass ich diesen Satz schon mehrfach niedergeschrieben habe. Dann habe ich wohl leider doch den falschen Beruf gewählt. Später werde ich berufsbedingt vielleicht noch viel länger auf See bleiben müssen, denn ich weiß auch noch nicht, welchem Flottenbereich der Seereederei ich später zugeordnet werde. Davon ist dann meistens die regelmäßige Reisezeit abhängig, wobei es eine „regelmäßige Reisezeit" ja eigentlich gar nicht gibt.
Einige von uns hatten heute ganztägig frei und waren zu einem Indianerdorf gefahren. Sie erzählten abends tolle Erlebnisse. Es soll dort tatsächlich noch richtige Ureinwohner geben, die in Bambushütten wohnen. Das Dorf ist aber nur Attrappe, eine Art Museum. Ich denke, dass man ihnen hinsichtlich der Ureinwohner etwas vorgemacht hat.

Weiterhin waren sie in der legendären „Schweinebucht" gewesen, die eine große Rolle während der kubanischen Revolution gespielt hatte.
Vielleicht habe ich auch noch mal das Glück, solch eine Fahrt mitmachen zu können.
Der Unterricht lief heute wieder wie gewöhnlich.
Abends versammelten wir uns im Hypo, blieben aber nur bis 22:30 Uhr.

Tag 67: Reede Matanzas/Kuba, MS „J. G. Fichte", Donnerstag, den 09.01.1975

Der Tag empfing uns, wie fast immer, mit dem allerschönsten Wetter, und wir liegen noch immer – na, wo denn? – auf der Reede von Matanzas.
Ich habe gerade die Presse gelesen und dabei auch den Kurzwetterbericht von zu Hause erfahren. Er lautet: „Wolkig, vereinzelt Schneeschauer, Temperaturen um drei Grad." Wie ich aus den Wetterkarten entnommen habe, kommen noch fast orkanartige Windstärken hinzu.
Heute haben Christian und ich gemeinsam ab 11:00 Uhr 24-Stunden-Wache. Bis dahin müssen wir jedoch noch zwei Stunden Unterricht absolvieren.
Peter, Manfred und Siggi haben heute frei bekommen und sind wahrscheinlich nach Varadero zum Baden gefahren.
Ich hatte zwar gerade geschrieben, dass ich auf Gerüchte nichts mehr gebe, die folgende auszugsweise Lautsprecherdurchsage möchte ich aber doch zitieren: „Wir bekommen hier in Matanzas keine Ladung Zucker, wie ursprünglich geplant, werden aber jede Ladung, die sich uns bietet, annehmen. Es kann also möglich sein, dass wir dann noch einen westeuropäischen Hafen anlaufen." Ein Angebot sollen wir bereits bekommen haben, und zwar eine Fahrt nach Dschidda. Das liegt in Saudi-Arabien am Roten Meer. Da aber der Suezkanal immer noch geschlossen ist, würde sich unsere Fahrzeit um drei bis vier Monate verlängern, und deshalb sollen wir sie nicht angenommen haben. Wir hätten ja auf der Hinfahrt und auf der Rückfahrt um Südafrika herumfahren müssen! Die Sperrung des Suezkanals von 1967 bis 1975 war ein Ergebnis des so genannten Sechs-Tage-Krieges zwischen Israel und den arabischen Staaten Ägypten, Jordanien und Syrien und dauerte vom 5. bis zum 10. Juni 1967. Am Ende des Krieges kontrollierte Israel den Gazastreifen, die Sinai-Halbinsel, die Golanhöhen, das Westjordanland und Ostjerusalem.

Unsere Wache verlief heute besonders positiv; sogar die Faksimile-Wetterkarten (Fax-Wetterkarten), die unsere Vorgänger nicht empfangen konnten, konnten wir aufnehmen.

Es ist jetzt 17:00 Uhr, und ich habe im Moment frei. Die anderen Drei aus meiner Kammer sind aus Varadero noch nicht zurück. Christian ist von den Lehrlingen zu einer Geburtstagsfeier eingeladen worden. Die „heiße" Beziehung, die zu dieser Einladung führte, konnte und wollte ich nicht ergründen. Er will jedenfalls um 20:30 Uhr wieder im Funkraum sein. Zu der Zeit beginnt der schon beschriebene Einseitige Dienst, also Telegrammaufnahme von Rügen Radio. Das Gleiche geschieht noch einmal um 23:30 Uhr. Ich muss inzwischen um 19:15 Uhr noch eine weitere Fax-Wetterkarte aufnehmen. Das tue ich allein, damit Christian noch etwas feiern kann. Dafür versucht er, morgen früh um 06:00 Uhr die Fernschreib-Presse zu empfangen, und ich brauche erst um 07:00 Uhr aufzustehen.

Die Funker von Rügen Radio wussten, dass auf der „Fichte" Funkoffiziers-Anwärter die Telegramme unter Aufsicht des Funkstellenleiters entgegennehmen und berücksichtigten dies schon mal bei der Gebegeschwindigkeit in Morsetelegrafie. Sehr kulant von ihnen!

Außer zu den genannten Terminen haben wir abends und nachts frei.

Tag 68: Reede Matanzas/Kuba, MS „J. G. Fichte", Freitag, den 10.01.1975

Ich stand heute Morgen doch gleichzeitig mit Christian um 05:45 Uhr auf, um die Fernschreib-Presse zu empfangen, aber es klappte wegen der Ausbreitungsbedingungen um diese Zeit noch nicht. Die Presse um 09:00 Uhr bekamen wir aber sehr gut mit. Ansonsten gab es während unserer Wache keine weiteren Besonderheiten.

Nachmittags hatten wir den üblichen Unterricht, und abends gingen wir ins Hypo.

Gegen 21:00 Uhr lief die „Fichte" aus, um wieder einmal den Abfalltank auf dem offenen Meer zu entleeren. Ich hatte dieses Procedere vorher bereits beschrieben.

Das Auslaufen sah ich mir noch an, und danach ging ich schlafen.

Tag 69: Matanzas/Kuba, Wasserpier, MS „J. G. Fichte", Sonnabend, den 11.01.1975

Heute Morgen liefen wir wieder in die Bucht von Matanzas ein und lagen um 09:00 Uhr an der bekannten Wasserpier.

Der Unterricht fiel aus; alle wollten zum Baden fahren. Peter und ich fuhren aber nicht mit, sondern wir unternahmen eine eigene Tour, die wir uns schon länger mal vorgenommen hatten. Gleich nach Beendigung des Anlegemanövers meldeten wir uns ab und verließen das Schiff. Wir wollten die Wildnis und die Berge, von denen Matanzas umgeben ist, kennenlernen.

Ich weiß gar nicht, wie ich diese exotische Tour hier beschreiben soll. Auf jeden Fall war es sehr schön, aber auch sehr anstrengend. Peter schoss einige Fotos von einigen, uns besonders hübsch und markant erscheinenden Motiven. Zum Beispiel fotografierten wir von einem Berg aus ein beeindruckendes Flusstal in der Nähe von Matanzas.

Auf einer Bergspitze, die wir unter Strapazen erklommen hatten, indem wir Unmengen von stacheligen Sträuchern überwinden mussten, und die wohl noch nie vorher eines Menschen Fuß betreten hatte, machten wir Fotos von uns selbst und stellten unsere zerkratzten Arme zur Schau [WM: Heute würde man sagen: Selfie]. Die Felsen, über die wir liefen, erinnerten mich an die Klippen in der Bucht von Matanzas, hier jedoch in einer Höhe von mehreren hundert Metern!

Bild 27: Eine Flussniederung in der Nähe von Matanzas

Die Wälder auf Kuba unterscheiden sich deutlich von denen in Europa. In der Heimat kann man stundenlang durch die Wälder laufen, ohne dass man durch irgendetwas gehindert wird. Hier ist es so, dass man plötzlich vor fast undurchdringlicher Wildnis steht. Entweder man schlägt sich durch, oder man muss umkehren. Peter und ich haben uns im wahrsten Sinn des Wortes durchgeschlagen! Dazu hatten wir uns ein großes Tauchermesser mitgenommen.

Bild 28:
Der Gipfel ist erreicht! [WM: Das entsprechende Foto von Peter ist leider nicht überliefert.] Auf dem Foto ist deutlich das bereits mehrfach erwähnte Tauchermesser zu erkennen.

Unterwegs sahen wir einige Kolibris und fotografierten eine Bananenblüte aus nächster Nähe. Weiterhin sahen wir einen Wiedehopf. Die soll es ja auch bei uns geben, aber dort habe ich noch keinen gesehen. Sie stehen bei uns auf der „Roten Liste".
Nachmittags gegen 16:00 Uhr kamen wir halb verdurstet wieder in Matanzas an. Wir hatten nichts zum Trinken mitgenommen! Die nächste Bar gehörte uns. Ich glaube, wir tranken jeder zwei Liter Limonade. Das Rezept dieser Limonade will ich mir für zu Hause merken. Die Limonade bestand aus Zitrone, Wasser, Zucker und fein gemahlenem Eis.
Um 19:00 Uhr waren wir wieder auf dem Schiff und landeten dort später im Hypo. Wir hatten ja den ganzen Tag nichts gegessen und deshalb jetzt einiges nachzuholen. Insgesamt waren wir trotz der Hitze etwa 25 Kilometer gelaufen und waren jetzt dementsprechend „groggy".

Um 24:00 Uhr ging ich in die Koje.

Bild 29: Ein Stück Wildnis in der Nähe von Matanzas

Tag 70: Matanzas/Kuba, Wasserpier, MS „J. G. Fichte", Sonntag, den 12.01.1975

Heute hatten wir wieder keinen Unterricht. Das Wetter ist super, aber wie ich aus den Wetterkarten gesehen habe, zieht eine Kaltfront auf uns zu.
All diejenigen, die wachfrei hatten, fuhren zum Baden.
Ich hatte mir vorgenommen, irgendwie nach Varadero zu kommen, um den Superstrand auch einmal kennenzulernen.
Jan K. schloss sich mir an. Wir nahmen uns jeder eine Tasche, packten Schwimmflossen, Schnorchel, Taucherbrille und einige Packungen Zigaretten ein und marschierten los.
Zuerst fuhren wir mit einem Bus quer durch Matanzas und stellten uns dann an die Straße, die Richtung Varadero führt. Es dauerte auch nicht lange, da hielt ein Bus. Der Fahrer nahm uns ungefähr zehn Kilometer weit mit. Von dort fuhren wir auf einem offenen LKW, der unzulänglich gesicherte Gasflaschen geladen hatte, mit einer wahnsinnigen Geschwindigkeit bis nach Varadero; und das mit hochexplosiven Gasflaschen

auf der offenen Ladefläche! Von Matanzas nach Varadero sind es etwa 20 bis 30 Kilometer, je nachdem, welchen Ort man erreichen möchte.

Dort angekommen, suchten wir uns einen schönen Platz.

Fast direkt am Strand, inmitten von Grünanlagen, stehen Villen und Hotels. Vor einer Villa, die man zu einem Hotel umgebaut hatte, legten wir unsere Sachen ab. Dort standen Sonnenschirme und eine Art Liegestühle. Der größte Teil davon war besetzt, aber wir fanden noch zwei freie und belegten sie, allerdings mit einem mulmigen Gefühl in der Magengegend.

Neben dem Hotel stand ein kleines, modernes, mit getrockneten Palmwedeln gedecktes Häuschen, das nach allen vier Seiten hin offen war. In der Mitte befand sich eine als Rondell gebaute Bar. Dort wollten wir etwas trinken gehen. Bevor wir das aber taten, bat ich einen älteren Herrn, der in unserer Nähe saß, einen Moment auf unsere Sachen zu achten. Wir hatten uns schon entkleidet und trugen nur unsere Badehosen. Ich hatte bei dem älteren Herrn eine englischsprachige Zeitschrift gesehen und sprach ihn deshalb auf Englisch an: „Excuse me, please, would You be so kind as to have a look at our clothes for a moment? We want to have a drink there only." Dabei zeigte ich auf die Bar. Er antwortete sehr freundlich.

Wir gingen zur Bar und wollten etwas zu trinken bestellen, stellten aber fest, dass es nur etwas für Hotelgäste gab und nur gegen Dollars.

Wir gingen zu dem Herrn zurück und bedankten uns. Er wunderte sich, dass wir nach so kurzer Zeit schon zurückkamen. Wir mussten ihm erzählen, dass wir leider keine Dollars hätten. Daraufhin lud er uns an die Bar ein.

Wir tranken einen eiskalten Drink mit Juice und unterhielten uns dabei. Der Mann war Kanadier, wie auch fast alle anderen Hotelgäste. Sie verbringen hier eine Woche ihres Urlaubs, wie er uns erzählte, und bezahlen dafür einschließlich Flugreise etwa 350 Dollar. Der Kanadier erzählte uns, dass ein mittlerer Beamter in Kanada diese Summe in etwa einer Woche verdiene.

Am Strand setzten wir die Unterhaltung fort und konnten dabei unsere Englischkenntnisse auffrischen und verbessern. Wir verstanden uns ausgezeichnet, konnten uns ganz normal unterhalten, wobei die Kanadier – inzwischen hatten sich noch einige hinzugesellt – sich bemühten, einfache Wörter zu verwenden, um es uns nicht zu schwer zu machen. Die Kanadier sprachen Englisch und Französisch. Sie kamen alle aus Quebec, und dort sprechen zwei Drittel der Bevölkerung Französisch und nur ein Drittel Englisch.

Zwischendurch gingen wir baden. Das Wasser war auch hier glasklar, aber Riffe gibt es nicht. Ansonsten saßen wir meistens in der prallen Sonne. Im Moment sehe ich am ganzen Körper rotbraun aus. Aber einen Sonnenbrand habe ich nicht.

Gegen 16:00 Uhr verabschiedeten wir uns von den Kanadiern, bedankten uns noch einmal und gingen dann bis zum Ortsausgang von Varadero. Dort stellten wir uns an die Straße, um per Anhalter nach Matanzas zu kommen.

Varadero liegt auf einer sehr lang gestreckten Halbinsel und dient ausschließlich dem Touristenverkehr und der Erholung. Ich glaube, dass alle Gebäude in Varadero während der amerikanischen Besatzungszeit und früher erbaut worden sind. Dem Stil nach sieht es jedenfalls so aus. Man findet ausschließlich einzelnstehende Villen und Hotels.

„Unser" Kanadier hatte uns übrigens erzählt, dass das Hotel, vor dem wir gesessen hatten, bereits 1828 gebaut worden war und einem reichen Kubaner gehört hatte, der kurz vor der Revolution nach den USA ausgewandert (oder geflüchtet?) war. Erst nach der Revolution wurde es zum Hotel umgebaut, sieht aber äußerlich noch genau so aus, wie es 1828 erbaut wurde.

An der Straße mussten wir dieses Mal ziemlich lange warten, bis endlich ein Wagen hielt. Es war ein Offizier der kubanischen Armee mit einem „Gas 69", ein Militärjeep russischer Bauart. Auf so einem Fahrzeug war ich auch während meiner Armeezeit als Funker gefahren. Der Offizier nahm uns bis nach Matanzas in die Nähe des Hafens mit. Nachdem wir uns bedankt hatten, liefen wir von dort bis zum Schiff und waren um 19:15 Uhr an Bord.

Der Landgang war heute nur bis 20:00 Uhr gestattet, weil die „Fichte" um 24:00 Uhr auslaufen sollte. Wir hatten es also geradeso geschafft, rechtzeitig an Bord zu kommen.

Um 19:30 Uhr gingen wir ins Hypo, weil wir ja wieder den ganzen Tag nichts gegessen hatten. Dort gibt es immer irgendwelche Kleinigkeiten zu essen, und wenn es sich nur um eine Bockwurst oder ein paar Würstchen mit Brot handelt.

Gegen 24:00 Uhr liefen wir aus dem Hafen von Matanzas aus.

Tag 71:   Auf hoher See, Reede Havanna/Kuba, MS „J. G. Fichte",
**   Montag, den 13.01.1975**

Da wir nun auf See waren, wurde der Wachplan wieder geändert, und danach hatten Christian und ich heute von 08:00 bis 12:00 Uhr Wache. Bis auf den Empfang der

Presse lief alles ganz gut. Wir hatten eine derart schlechte Empfangsqualität, dass wir dieselben Signale dreimal aufnehmen mussten, um daraus eine vollständige Presse zusammensetzen zu können. Damit war ich erst abends gegen 20:30 Uhr fertig. Wahrscheinlich spielte auch die Großwetterlage eine Rolle bei der Empfangsqualität. Mittags erreichte uns nämlich der Kaltfrontausläufer, den ich bereits erwähnt hatte, und machte sich mit starkem Regen, Wind und Kälte bemerkbar. Wenn ich hier von Kälte spreche, darf man das nicht mit den Temperaturen vergleichen, die wir zu Hause haben. Ich schätze, die Temperaturen liegen jetzt zwischen 18 und 20 Grad Celsius. Das ist für die Kubaner relativ kalt; sie frieren offensichtlich.

Unsere Reise geht nun wieder zurück nach Havanna.

Nachdem wir einen Teil der Nacht und den Vormittag auf Außenreede gelegen hatten, lief die „Fichte" in den Hafen von Havanna ein. Das war nun also das dritte Mal, dass wir die Hafeneinfahrt aus dieser Perspektive betrachten konnten.

Nun liegen wir wieder auf der Binnenreede von Havanna und werden mit Wasser versorgt und mit Schweröl betankt. Eine Ladung für die Rückfahrt nach Europa steht noch immer in den Sternen. Wie es nun weitergehen wird, weiß natürlich mal wieder niemand.

Abends feierten wir auf dem achteren (hinteren) Freideck Wolfgang (Wölfi) V.´s Geburtstag.

Um 01:00 Uhr ging ich schlafen.

Ich habe noch versäumt niederzuschreiben, dass wir am Nachmittag die DECCA-Radaranlage TM 969 erklärt bekamen (TM – True Motion – kann man übersetzen etwa mit „Echtzeitbewegung"). Das war sehr interessant.

Tag 72: Reede Havanna/Kuba, MS „J. G. Fichte", Dienstag, den 14.01.1975

Wir hatten wieder unsere obligatorischen Seminare, jedenfalls am Vormittag. Für den Nachmittag wurden wir in vier Gruppen aufgeteilt. Zwei Gruppen hatten Unterricht, eine Gruppe arbeitete am Radar und die letzte Gruppe hatte frei, um Selbststudium zu betreiben. Ich gehörte zur letzteren, und da ich für meine Abschlussklausur noch nichts tun kann (die Bücher, die ich mitgenommen hatte, nützten mir fast nichts), nutzte ich die Zeit zum Schlafen.

Abends startete unsere „große Fete", die Feier der angehenden Funkoffiziere. Wir hatten sie organisiert, weil alle anderen Bereiche auch schon ein derartiges Fest gefeiert hatten. Nun wurde es für uns Zeit. Wir hatten uns den Dienstag auserwählt, weil ja,

wie bekannt, das Hypo an diesem Tag Ruhetag hat. Nach dem Abendessen richteten wir das Hypo her und bauten unsere Instrumente auf. Fünfzehn Kästen Bier und ein Fass Bier hatten wir uns vorher organisiert. Außerdem gab es Weinblattsiegel (WBS-Weinbrand), Selters und Cola zu trinken.
Christians Kammermitbewohner hatten sehr lustige Einladungen an alle Frauen des Schiffes geschrieben, und daraufhin kamen auch etwa zehn von ihnen. Außerdem hatten wir unseren Mentor eingeladen.
Es wurde ein lustiger Abend. Wir spielten, ließen aber zwischenzeitlich ein Tonbandgerät laufen, um selber auch ein wenig mitfeiern und mittanzen zu können. Ab und zu wurden einige von uns vorbereitete Gags vorgetragen. In der Eröffnungsrede wurden beispielsweise unsere Dozenten durch den Kakao gezogen. Klaus K. hielt die Rede, sprach darin von unserem „L.-bild" und nannte unseren Chefausbilder, Herrn L., „Wolkenfotograf" und Herrn K. „Hilfswolkenfotograf". Später las er die „Entstehung der Welt" vor, worüber wir uns alle köstlich amüsierten.
Wir spielten bis gegen 01:00 Uhr und blieben dann noch bis um 02:00 Uhr im Hypo sitzen. Danach löste sich die Gesellschaft nach und nach auf, und wir gingen schlafen.

Tag 73:   Reede Havanna/Kuba, Auf hoher See, MS „J. G. Fichte", Mittwoch, den 15.01.1975

Das Aufstehen heute früh fiel mir eigentlich leichter als ich das erwartet hatte.
Wir hatten üblichen Unterricht. In Englisch schrieben wir eine Klausur.
Noch vor dem Mittagessen räumten wir im Hypo auf, denn unsere Instrumente standen ja noch dort.
Zum Abendessen gab es Froschschenkel. Ich ließ mir keine bringen, kostete aber mal von Peters Teller. Die Froschschenkel schmeckten fast wie zartes Geflügelfleisch, aber dass es sich um eine Delikatesse handeln soll, wie viele Leute behaupten, kann ich nicht so richtig nachvollziehen. Außerdem fand ich, dass die Froschschenkel etwas nach Fisch schmeckten, was aber fischähnlich schmeckt, obwohl es keiner ist, ist mir nicht geheuer oder sogar unangenehm. Auch der Anblick war für mich etwas gewöhnungsbedürftig: Schenkel, die aussehen, wie Hühnerschenkel, dann aber Schwimmhäute zwischen den einzelnen Zehen haben und eher aussehen wie von einer Echse!

Am Freitag soll ich einen kurzen Vortrag zum Radargerät TM 969 DECCA halten. Ich setzte mich also in den Musiksalon und begann mit den Vorbereitungen dazu. Das ist gar nicht so einfach, weil alle Dokumentationen in Englisch geschrieben sind.
Um 18:30 Uhr liefen wir aus dem Hafen von Havanna aus. Das Auslaufmanöver sah ich mir als willkommene Ablösung von meinen Studien noch an; ich finde so etwas immer sehr interessant.
Es war eigentlich ein beruhigendes Gefühl, Havanna am Horizont verschwinden zu sehen, denn nun fahren wir nach Júcaro, wie ich erfahren habe, und von dort wahrscheinlich in Richtung Heimat. Júcaro liegt auf der anderen, südlichen Seite Kubas. Dort werden wahrscheinlich Südfrüchte geladen.
Nachdem ich mich intensiv mit der Radaranlage beschäftigt hatte, ging ich für eine halbe Stunde ins Hypo, legte mich anschließend noch eineinhalb Stunden in die Koje und hatte dann ab 00:00 Uhr Wache auf der Lehrbrücke. Ich sollte unseren jeweiligen Standort mit dem LORAN-Verfahren feststellen. Das war dieses Mal sehr mühselig. Nach eineinhalb Stunden des Herumprobierens gab ich es erst einmal auf und ging schlafen.

Tag 74:   Auf hoher See, MS „J. G. Fichte", Donnerstag, den 16.01.1975

Im Laufe des Vormittags hatten wir die westlichste Spitze Kubas umfahren und bewegen uns jetzt in südöstlicher Richtung. Etwa morgen früh sollen wir Júcaro erreichen.
Der Unterricht verlief wie üblich.
Vor dem Mittagessen beschäftigte ich mich noch einmal mit meinem Vortrag.
Je mehr wir heute nach Südosten fuhren, desto mehr kamen wir aus der quasi-stationären Wetterfront heraus, und es wurde von Stunde zu Stunde wärmer. Júcaro liegt etwa auf dem 22. nördlichen Breitengrad, Berlin dagegen auf dem 53. nördlichen Breitengrad.
Mittagsposition: N 21.40; W 83.42.
Einige unserer Studenten hatten davon berichtet, das „Kreuz des Südens" gesehen zu haben. Es liegt morgens zwischen 05:00 und 06:00 Uhr knapp über dem südlichen Horizont.
Nachmittags hatten wir den üblichen Unterricht, und nach dem Abendbrot beschäftigte ich mich wieder mit meinem Vortrag. Um 00:30 Uhr hatte ich die Vorbereitungen dazu abgeschlossen. Zwischendurch sah ich mir aber von 19:15 bis 21:30 Uhr den Film „Wie ich den Zweiten Weltkrieg beendete" (Kriegsfilm, Polen, 1969) an.

Tag 75: Auf hoher See, Reede Júcaro/Kuba, MS „J. G. Fichte", Freitag, den 17.01.1975

Heute Morgen hatte ich ab 08:00 Uhr Wache im Lehrfunkraum. Während dieser Wache gibt es eigentlich nicht sehr viel zu tun, jedenfalls wenn wir auf See sind. Es muss aber die Notfunkfrequenz 500 kHz überwacht werden. Ich durfte heute zum ersten Mal meine Hand auf die Morsetaste legen und Töne und Signale in den „Äther" senden. Der Funkstellenleiter, Herr O. (Name geändert), hatte mich beauftragt, eine so genannte „TR-Meldung" (TR ist abgeleitet von „traffic" und „report", also Verkehrsmeldung), eine Verkehrsmeldung (Welches Schiff, welches Land, woher, wohin....), an die Küstenfunkstelle von Cienfuegos/Kuba zu senden. Dazu musste ich den Mittelwellensender einschalten und abstimmen, und dann ging es los. Ich war zwar etwas nervös und aufgeregt, aber es klappte gut. Dass ich nervös war, darf niemanden wundern, denn ich sendete auf 500 kHz in Morsetelegrafie, und jedes Schiff und jede Küstenfunkstelle beziehungsweise deren „Bemannung" im Umkreis von einigen hundert Seemeilen (1 Seemeile = 1852m) konnte meine Zeichen hören, meine Fehler natürlich auch, wenn ich welche gemacht hätte. Ich bin innerlich richtig stolz auf mich.

Heute Morgen um 07:00 Uhr kam der Lotse an Bord, denn wir fuhren durch ein sehr flaches und gefährliches Gewässer mit vielen Korallenriffen und zahlreichen Inseln. Gegen Mittag, als wir etwa 50 Seemeilen hinter uns hatten, seitdem der Lotse an Bord war, erreichten wir Júcaro. Das heißt, wir sahen den Ort nicht, aber wir sahen die Außenreede und einen sehr schmalen Küstenstreifen in weiter Ferne. Dort lagen bereits zwei größere Schiffe, ein kubanisches Schiff und das DSR-Kühlschiff „John Brinckmann" (wieder ein „Bananendampfer").

Der eigentliche Ort Júcaro liegt etwa acht Seemeilen von uns entfernt direkt an der Küste, aber dort können wir mit unserem Schiff nicht hin, weil das Wasser zu flach ist. Ab morgen früh sollen wir mit Hilfe von Schuten beladen werden. Schuten sind antriebslose Boote, die von Schleppern gezogen werden müssen.

Über die Größe des Ortes Júcaro und die Anzahl seiner Bewohner konnte ich leider nichts in Erfahrung bringen. Anhand der Karte und der darauf verzeichneten Besiedelung schätze ich die Zahl der Einwohner auf zwischen 2.000 und 4.000.

Mittagsposition: N 21.13; W 79.28.

Nach dem Mittagessen nahm ich mir die Dokumentation der DECCA-Radaranlage, ging in den Unterrichtsraum und zeichnete die Schaltung, über die ich den Vortrag halten sollte, an die Tafel. Dazu brauchte ich etwa eineinhalb Stunden. Man kann sich also einigermaßen vorstellen, was das für ein wildes und wirres Monster von Schaltung war.

Um 14:00 Uhr begann der Unterricht, und ich hielt meinen Vortrag. Er dauerte über eine dreiviertel Stunde. Meine Mühe war nicht umsonst gewesen, denn ich bekam als Bewertung die Note „Gut".

Nach dem Abendessen landeten wir wieder im Hypo, und um 22:30 Uhr ging ich schlafen.

Tag 76: Reede Júcaro/Kuba, MS „J. G. Fichte", Sonnabend, den 18.01.1975

Als ich heute Morgen aus dem Bulleye sah, lag eine Schute, voll beladen mit Apfelsinen, längsseits. Die Ladearbeiten begannen auch sofort.

Bild 30:
Eine beladene Schute an der Bordwand von MS „J. G. Fichte"

Ganz weit am Horizont können wir einen Landstrich sehen. Das ist das Festland, und dort liegt auch Júcaro.

Um uns herum liegen viele kleine Inseln. Zu einer davon wollen wir morgen einen Ausflug unternehmen. Es soll dort Leguane geben, die bis zu eineinhalb Meter lang werden und wie kleine Monster-Drachen aussehen. Mit so einem Tier möchte ich keine direkte Bekanntschaft schließen, obwohl sie ja nur Pflanzenfresser sind. Ich hatte bereits einmal von einem Leguan erzählt, den ich präpariert und ausgestopft in Isabela de Sagua gesehen hatte.

Das Wasser ist hier ziemlich flach. Es soll sehr viel wildes Getier geben, so dass man uns sogar das Tauchen verboten hat. Darüber werde ich dann morgen mehr berichten können, wenn wir von unserem Ausflug zurück sind.

Nun wissen wir endlich ungefähr, wie die weitere Reiseroute aussehen wird: Wir werden hier noch etwa fünf bis sechs Tage liegen und etwa 800 Tonnen Apfelsinen, vielleicht auch noch Bananen, laden. Dann fahren wir nach Kingston auf Jamaika. Die Fahrt dorthin wird ungefähr einen Tag dauern. Dort werden wir längstens zwei Tage bleiben, um Lebensmittel und Wasser aufzunehmen, und dann geht es an Haiti vorbei in Richtung Heimat.

Ich rechne damit, dass wir um den 10. Februar 1975 zu Hause sein können; kann es gar nicht abwarten. Vielleicht beginnt dann der Winter zu Hause erst so richtig!

Unsere vier Unterrichtsstunden wurden auf den Vormittag verlegt.

Das Radargerät auf der Lehrbrücke ist gegenwärtig defekt. Ich gehöre zu der Radar-Reparaturgruppe, und so machten wir uns dann gleich nach dem Mittagessen bei sengender Hitze und einer relativen Luftfeuchtigkeit von 85 Prozent an die Arbeit. Die anderen durften, nachdem sie das „Reinschiff" hinter sich gebracht hatten, faul in der Sonne herumliegen.

Der Sender des Radargerätes war relativ stark verschmutzt, und außerdem kam es, wahrscheinlich durch die hohe Luftfeuchtigkeit, zu Spannungsüberschlägen. Im Sender werden Spannungen bis zu 22 Kilovolt erzeugt. Wir reinigten und trockneten den Sender, wechselten eine defekte Röhre aus, und dann funktionierte alles wieder. Dazu brauchten wir bis um 15:30 Uhr.

Anschließend musste ich wieder einmal einer meiner „Lieblingsbeschäftigungen" nachgehen: Wäsche waschen. Als ich das erledigt hatte, war schon wieder die Abendbrotzeit heran.

Um 19:15 Uhr wurde der japanische Film „Heute leben, morgen sterben" (Thriller, Japan, 1970) gezeigt. Er hat mir ausgezeichnet gefallen. Nach Ende des Films ging ich noch auf drei kleine Gläschen Bier ins Hypo.

Um 23:00 Uhr lag ich in der Koje.

Tag 77: Reede Júcaro/Kuba, MS „J. G. Fichte", Sonntag, den 19.01.1975

Unser Ausflug soll heute Mittag um 13:00 Uhr starten.
Die Schute lag heute Morgen, als wir aufstanden, bereits wieder längsseits und wurde mit dem Schiffsladegeschirr der „Fichte" entladen.
Der Unterricht fiel aus. Wir hatten frei. Ich schrieb an meinem Tagebuch.
Nach dem Mittagessen versammelten wir uns alle an der Gangway, setzten uns in eines der Rettungsboote und ruckten los (Das Rucksen hatte ich auch bereits weiter vorn im Zusammenhang mit einem Rettungsbootsmanöver beschrieben.). Wir waren rund 50 Leute. Bis zur nächsten Insel, von denen es hier sehr viele gibt, brauchten wir etwa eine halbe Stunde.
Zuerst inspizierten wir kurz die Insel. Sie hatte einen Durchmesser von ungefähr einer halben Meile und war dicht mit Mangroven bewachsen. Ansonsten gab es, außer ein paar stacheligen Kakteen und einigen uns unbekannten Pflanzen, nichts Besonderes zu entdecken. Der Strand zog sich entlang der einen Hälfte der Insel. Auf der anderen Hälfte war das Mangrovendickicht so undurchdringlich, dass man vom Land aus nicht an das Wasser gelangen konnte. Der Strandsand besteht nicht, wie man annimmt, aus Quarzsand, sondern aus Ablagerungen von Korallen. Es ist recht schmerzhaft, wenn man barfuß darüber läuft.
Dann ging das große Tauchen nach Seesternen los. Nach einigen Stunden war unser Boot überfüllt mit Seesternen. Leider hatte ich nur einen Seestern gefunden. Peter und ich lösten uns beim Tauchen ab, weil er kein Tauchgerät hatte. Er fand einen kleinen und einen großen Seestern.
Ein ziemlich großer Stachelrochen schwamm ganz ruhig in einigen Metern Entfernung an uns vorüber. Er nahm überhaupt keine Notiz von uns. So sah es jedenfalls aus. Jemand hatte einen großen Schatten gesehen, der dann aber blitzschnell verschwunden war. War es ein Hai? Davon soll es auch in dieser Gegend wimmeln. Wir tauchten in etwa zwei bis zweieinhalb Meter tiefem Wasser, und soweit wagen sich die Haie wohl meistens nicht ans Land heran. Wenn es aber um Beute geht, kommen sie auch bis zu einem Meter Wassertiefe ans Land heran.
Nachdem wir uns ungefähr zweieinhalb Stunden fast ununterbrochen im Wasser aufgehalten hatten, waren wir völlig durchgefroren und unterkühlt. Es wurde also Zeit, wieder zum Schiff zurückzukehren, denn beim „Rucksen" wird einem auf jeden Fall warm. Um 16:30 Uhr kamen wir an der Gangway der „Fichte" an.

Bei dem Tauchverbot war es also doch nicht geblieben. Aber es waren einige Vorsichtsmaßnahmen getroffen worden. Beispielsweise hatten wir ständig mindestens ein Mitglied unserer Gruppe als Ausguck im Boot gelassen, um uns vor Gefahren rechtzeitig zu warnen.

Es war ein wunderschöner Nachmittag.

Dann begann an Bord gleich das Präparieren der Seesterne auf dem Vorschiff. Das war ein Schauspiel! Dort sah es später wie auf einem Schlachtfeld aus, weil die Seesterne vor dem Präparieren und Trocknen ausgenommen werden müssen. Auch ich nahm meinen Seestern, der einen Durchmesser von etwa 40 Zentimetern hatte, aus, füllte ihn mit Toilettenpapier, damit er später nicht zusammenfällt und platt wie eine Flunder wird, und legte ihn zum Trocknen unter unser Waschbecken. Der Seestern hatte eine rötlich-orangene Farbe und war mit weißen Punkten gesprenkelt.

Abends versammelten wir uns wieder im Hypo.

Tag 78:   Reede Júcaro/Kuba, MS „J. G. Fichte", Montag, den 20.01.1975

Heute Morgen war es sehr stark neblig. Der Nebel löste sich aber bis zum Mittag auf, und wir hatten dann strahlenden Sonnenschein.

Leider musste ich nun entdecken, dass ich meinen Seestern gestern falsch herum zum Trocknen hingelegt hatte. Er sah aus, als wenn ein Elefant darauf getreten wäre, platt wie 'ne Flunder. Naja, ist nicht ganz so dramatisch; morgen Nachmittag unternehmen wir wahrscheinlich noch einmal eine solche Tauchtour. Da werde ich sicher wieder einen oder sogar mehrere Seesterne finden und dann aber ordnungsgemäß präparieren. Meinen platten Seestern musste ich leider über Bord werfen.

Der Unterricht lief heute wieder wie gewöhnlich ab.

Es ging erneut ein Gerücht um, und zwar, dass wir nicht nach Jamaika fahren würden. Leider ist mir nicht bekannt, weshalb wir dort nicht hinfahren werden, und ich weiß auch nicht, welche Konsequenzen sich daraus für uns ergeben.

Der Tag wurde im Hypo beschlossen.

Tag 79:   Reede Júcaro/Kuba, MS „J. G. Fichte", Dienstag, den 21.01.1975

Bei nächster Gelegenheit, wenn wir wieder auf See sind, will ich zwei Telegramme abschicken. Eines nach Berlin und das zweite nach Binz. Solange wir auf Reede oder im Hafen liegen, geht das ja leider nicht. Meine Mutter hat am 1. Februar Geburtstag und wird 54 Jahre alt. Das Telegramm nach Binz werde ich mit dem Gattungsvermerk „LX .... Remettre 01.02." abschicken. „LX" bedeutet: Schmuckblatt, und „remettre" bedeutet: Zuzustellen am .....

Die Reise nähert sich nun so langsam dem Ende.

Die Ladungsarbeiten gehen jetzt zügig voran. Wir laden Apfelsinen, und zwischendurch war auch mal eine halbe Schute mit Ananas dabei. Insgesamt wollen wir hier 800 Tonnen Ladung nehmen. Vorher hatte ich schon mal von 800 Tonnen Apfelsinen gesprochen. Es gibt also einen für mich jetzt nicht aufklärbaren kleinen Widerspruch. Ich glaube, die „Fichte" hat Kühlräume für insgesamt 800 Tonnen Ladung, aber auch noch weitere Ladekapazitäten.

Danach wird es wohl möglichst schnell nach Hause gehen. Obwohl die Früchte in Kühlräumen untergebracht sind, könnten sie verderben, wenn die Reise zu lange dauert.

Heute hatten wir einen ereignisreichen Tag. Am Vormittag hatten wir zwei Stunden Unterricht, und nachmittags fuhren, rucksten, wir erneut zum Tauchen.

Wir waren jetzt nur 23 Mann, weil die angehenden nautischen Offiziere heute das Schiff aus welchen Gründen auch immer nicht verlassen durften. Ich hatte früher schon einmal beschrieben, dass die Rettungsboote eigentlich für bis zu 85 Mann ausgelegt sind. Das Rucksen war sehr anstrengend, weil wir nur 23 Mann waren und weil wir uns eine Insel als Ziel ausgesucht hatten, die noch weiter weg liegt, als die, die wir am Sonntag besucht hatten. Dort war nämlich hinsichtlich der Seesterne bereits alles abgegrast, und es waren kaum noch welche zu finden.

Für die Fahrt zu „unserer" Insel brauchten wir dieses Mal 40 Minuten, wobei wir uns ständig beim Rucksen ablösten. Auch Christine und unser Mentor, Herr K., rucksten mit.

Als wir bei der Insel anlangten, begann erst einmal die große Unterwasserjagd nach Seesternen und anderen Wassertieren.

Gleich beim ersten Hineinspringen ins Wasser trat ich mir zwei Seeigelstachel durch die Schwimmflossen in den Fuß. Das war äußerst schmerzhaft. Die Stacheln ließen sich aber relativ leicht entfernen. Es wimmelt hier überall von Seeigeln.

Als ich ungefähr zwei Stunden getaucht war, hatte ich zwei Seesterne gefunden. Dann gab ich Peter die Taucherausrüstung; auch er fand zwei Seesterne.

Als wir alle genug zusammengesammelt hatten, ich einen großen Fischkadaver im Wasser entdeckt hatte und daraufhin etwas ängstlich wurde, weil dieser große Fisch ja von einem noch viel größeren Tier angefallen worden sein musste, entschlossen wir uns, das Wasser zu verlassen und lieber die Insel zu inspizieren.

Wir suchten uns eine kleine, seichte Bucht und fuhren an Land.

Gleich nach dem Aussteigen trat ich auf ein Stück von einem Kaktus und hatte im linken großen Zeh viele kleine Kakteenstacheln. Jaja, meine Füße hatten heute zu leiden! Solche kleinen Missgeschicke geschehen einem aber immer nur einmal. Dann gibt man besser Acht.

Nachdem ich die Stacheln entfernt hatte, machten wir einen Streifzug über die Insel. Überall sahen wir Schleifspuren, die Leguane mit ihren langen Schwänzen im Sand verursacht hatten. Bei unserem Streifzug stellten wir fest, dass diese Insel eigentlich aus zwei Inseln besteht, an einer Stelle durch einen schmalen Wasserlauf getrennt wird, der durchwatet werden kann. Der kleinere Teil war etwa so groß wie die Insel, die wir am Sonntag besucht hatten. Der andere Teil war etwas größer. Der kleinere Teil der Insel war fast völlig mit Mangroven und Kakteen bewachsen. Mangroven haben Wurzeln, die ein dichtes Gewirr bilden und sich oberhalb der Wasseroberfläche in Richtung Wasser verzweigen. Sie stehen also im Wasser, und darin fühlen sich Leguane und auch viele andere Tiere besonders wohl. Einen Leguan habe ich auch gesehen. Er verschwand aber so schnell in seiner Höhle, dass ich ihn nicht genauer betrachten konnte.

Ähnlich wie wir muss sich wohl Robinson Crusoe (Daniel Defoe) gefühlt haben! Der Vergleich hinkt zwar sehr, aber der Pflanzenwuchs sah auf „seiner" Insel bestimmt ähnlich aus und muss ihm sehr befremdlich vorgekommen sein. Im Gegensatz zu hier gab es jedoch auf seiner Insel essbares Getier (Ziegen), essbare Früchte und vor allem Trinkwasser. Das alles gibt es hier nicht.

Ich glaube, alle Inseln in der Umgebung sind unbewohnt und für Menschen auch unbewohnbar.

Von unserem Reede-Liegeplatz aus können wir etwa sieben oder acht kleinere Inseln sehen.

Im Inneren der Inseln war es wahnsinnig heiß, weil sie ringsherum von Mangroven umgeben sind und deshalb kaum Wind weht.

Wir sahen völlig vertrocknetes Gras und Kakteen. Auf dem einen Teil der Insel befindet sich ein fast völlig ausgetrockneter Tümpel mit an den Rändern geplatzter roter Erdkruste. Dort tummeln sich wahrscheinlich, wenn sie nicht gestört werden, die Leguane. Jetzt, wo wir anwesend waren, hielten sie sich aber versteckt.

Um 16:00 Uhr versammelten wir uns wieder am Boot in unserer kleinen Bucht. Als alle anwesend waren, fuhren wir ein Stück aufs Meer hinaus und kühlten uns dort im Wasser noch etwas ab, denn uns stand nun die beschwerliche Rückfahrt bevor.

Der Wind hatte inzwischen ziemlich stark aufgebrist, kam aber zum Glück für uns, unsere erforderliche Fahrtrichtung betreffend, schräg von achtern. Die Schaukelei, die dadurch entstand, machte die Fahrt nicht gerade leichter.

Unter vielen Anstrengungen kamen wir nach etwa 40 Minuten an der Gangway der „Fichte" an. Sieben Mann blieben im Boot mit all unseren Mitbringseln. Die anderen stiegen aus. Ich gehörte auch zu den sieben Mann. Wir hatten die Aufgabe, das Rettungsboot auf die andere Seite der „Fichte" zu bringen und dort an Bord hieven zu lassen. Das war allerdings sehr viel schwieriger, als wir uns das vorher vorgestellt hatten.

Die „Fichte" hatte ihre Nase in den Wind gedreht, und am Heck war ein mittelschweres Ruderboot befestigt (ein so genannter K 10, der auch mithilfe von Segeln bewegt werden kann). Wir wollten nun um das Heck herumfahren, wobei wir auch den K 10 umfahren mussten, um auf die andere Seite zu gelangen. Als sich aber der Bug unseres Rettungsbootes um den K 10 herum in den Wind schob, war dieser inzwischen so stark geworden, dass wir uns nicht halten konnten und abtrieben. Auch den K 10 erwischten wir mit einem Bootshaken nicht mehr. Christian saß die ganze Zeit am Ruder unseres Rettungsbootes und gab Kommandos, sonst hätte es uns wohl noch weiter abgetrieben.

Wir strengten unsere ganzen Kräfte an und kamen doch keinen Zentimeter von der Stelle. Christian konnte das Boot aber wenigstens genau in den Wind halten.

Unser Manöver und unseren „Kampf gegen die Naturgewalten" hatte man vom Deck der „Fichte" aus beobachtet. Ein Motorrettungsboot konnte uns nicht zu Hilfe kommen, weil beide gerade unterwegs waren.

Der Wind kam von Land, so dass es uns also aufs offene Meer getrieben hätte, wenn wir das Problem nicht in den Griff bekommen hätten.

Dann sahen wir, wie am Heck der „Fichte" eine Strickleiter herabgelassen wurde und einer der Nautiker in den K 10 hinunterstieg. Er hatte die Absicht, uns eine Boje, die an einem Tau befestigt war, zutreiben zu lassen. Ich glaube aber nicht, dass wir uns so lange hätten halten können.

Plötzlich sahen wir, noch ziemlich weit entfernt, die kleine weiße Motorbarkasse, mit der der Erste Nautische Offizier unterwegs war. Als er näherkam und die Sachlage überblicken konnte, hielt er auch gleich auf uns zu und schleppte uns zurück zum

Schiff, wobei er ein missbilligendes „Naja" hören ließ. Wir hatten derweil eine dreiviertel Stunde geruckst, ohne einen einzigen Zentimeter voranzukommen. Er hatte Schwierigkeiten, mit seiner relativ kleinen Barkasse unser schweres Rettungsboot zum Schiff zu schleppen. Dort wäre unser Schicksal dann auch noch beinahe besiegelt gewesen. Als man das Boot einschließlich Besatzung (in diesem Fall die erwähnten 7 Mann) an Bord hieven wollte, gab es offensichtlich eine Fehlbedienung, und statt uns hochzuziehen, sackte ein anderes, fast genau über uns stehendes Rettungsboot, mit dem Bug um etwa einen Meter ab. Wir schwammen noch auf dem Wasser, und das andere Boot hing in einer Höhe von etwa 12 Metern fast genau über uns. Was geschehen wäre, wenn es abgerissen wäre, kann man sich ausmalen. Letztendlich klappte doch noch alles. Wir räumten unsere Sachen zusammen, befestigten das Boot vorschriftsgemäß und schafften es dann gerade noch rechtzeitig zum Abendessen. Das gefährliche Manöver und die damit verbundene gefährliche Situation waren glücklicherweise schnell vergessen.

Nach dem Abendessen machte ich mich gleich daran, meine beiden Seesterne zu präparieren. Ich stopfte sie mit Toilettenpapier aus (Zeitungspapier ist hier sehr rar) und umwickelte sie mit Zwirnsfaden. Hoffentlich wird diesmal etwas Vernünftiges daraus!

Um 19:15 Uhr wurde der Film gezeigt „Die große weiße Hoffnung" (Boxerfilm, USA, 1970).

Danach ging ich schlafen.

Tag 80: **Reede Júcaro/Kuba, MS „J. G. Fichte", Mittwoch, den 22.01.1975**

Heute hatten wir gleich vom frühen Morgen an schönstes Wetter, aber der Wind blies genauso kräftig wie gestern Nachmittag, als wir beinahe vom Schiff abgetrieben worden wären.

Die Ladearbeiten gehen offensichtlich zügig voran. Vielleicht verlassen wir die Reede von Júcaro noch heute!

Meine beiden Seesterne sehen übrigens ganz passabel aus. Hoffentlich halten sie sich so, bis sie richtig trocken sind.

Die Wachen werden jetzt in etwas anderer Weise durchgeführt. Bei Hafen- oder Reede-Liegezeit war es bis jetzt immer so, dass zwei Mann den 24-Stunden-Törn durchführten. Um uns besser zu schulen, geht nun immer nur der erste der beiden, die eigentlich gemeinsam Dienst haben, Wache. Er holt sich den zweiten zu Hilfe, wenn er allein nicht zurechtkommt und Hilfe braucht.

Ich war heute ab 11:00 Uhr der so genannte zweite Wachmann.

Die Ladearbeiten gingen zügig voran. Man arbeitete seit vorgestern schon mit zwei Schuten. Die letzte war heute Nachmittag leer. Die „Fichte" hat also ihre Ladung im Bauch und könnte „losdampfen".

Weil wir aber für die Ausfahrt aus diesem gefährlichen Gebiet mindestens vier Stunden brauchen, würden wir in die Dunkelheit hineingeraten, und das kann in diesen Gewässern äußerst gefährlich werden. Deshalb werden wir wahrscheinlich erst morgen früh auslaufen.

Um 16:15 Uhr kam der Assistenzfunker U. (Name geändert), der zweite Funkoffizier auf der „Fichte", zu mir und übertrug mir eine Aufgabe. Ich sollte Wartungslisten aufschlüsseln und schreiben. Das tat ich gern, um auch mal über diese Aufgaben eines Funkoffiziers einen Überblick zu erhalten. Ich machte mich an die Arbeit bis zum Abendessen und nach dem Abendessen bis um 20:30 Uhr. Dann hatte ich alle Listen fertig.

Funkoffizier U. ist übrigens ein Jahr vor uns mit dem Studium fertig geworden und macht jetzt auf der „Fichte" seine zweite Reise. Vorher war er auf der „Georg Büchner".

Die „Georg Büchner" wurde im September 1967 als Fracht- und Ausbildungsschiff, vergleichbar mit MS „J. G. Fichte", in Dienst gestellt. Das Schiff ist etwas kleiner als die „Fichte", hat eine Verdrängung von rund 10.000 BRT und fasst „nur" insgesamt 280 Besatzungsmitglieder.

Um 21:00 Uhr ging ich, nachdem ich noch schnell geduscht hatte, mit Siggi ins Hypo. Peter saß schon dort. Außerdem saß bereits jemand dort, mit dem wir uns alle drei nicht mehr unterhalten mochten. Er hatte sich neulich einmal mehr uns gegenüber mächtig danebenbenommen; dabei sind doch Zusammenhalt und Zuverlässigkeit gerade in unserer Situation der extrem beengten Verhältnisse besonders wichtig! Aber das soll nicht Gegenstand dieses Tagebuches sein.

Tag 81:   Auf hoher See, MS „J. G. Fichte", Donnerstag, den 23.01.1975

Als ich heute Morgen um 07:20 Uhr aufwachte, waren wir bereits seit 20 Minuten unterwegs. Nun geht es also doch nach Kingston auf Jamaika. Dort sollen wir morgen früh ankommen. Vielleicht bekommen wir sogar Landgang.

Gestern Abend, als wir im Hypo saßen, bekamen wir noch einmal einen Schwung Post. Einige Briefe waren von Mitte bis Ende Dezember 1974. Für mich war leider kein Brief dabei.

Mittagsposition: N 17.33; W 76.48.

Gegen Mittag, als wir das gefährliche Gebiet bei Júcaro hinter uns gelassen hatten, ging der Lotse von Bord. Das Wasser war glasklar, und obwohl wir hier bereits wieder eine Wassertiefe von 20 bis 30 Metern haben, konnten wir manchmal bis auf den Meeresgrund sehen.

Als wir die Landzunge Cabo Cruz an Backbord liegen sahen, machte sich der offene Atlantik mit seiner hohen Dünung bemerkbar.

Der Unterricht lief wieder wie üblich.

Nachmittags sahen wir uns die Innereien des DECCA-Radars etwas näher an.

Nach dem Abendessen landeten wir wieder im Hypo, und als wir es verließen, konnten wir bereits Jamaika sehen. Wir werden aber trotzdem erst morgen früh in Kingston ankommen, weil die Stadt auf der anderen Seite der Insel liegt.

Tag 82: Kingston Town/Jamaika, MS „J. G. Fichte", Freitag, den 24.01.1975

Heute Morgen liefen wir gegen 07:00 Uhr in den Hafen von Kingston ein. Es war ein herrlicher Anblick; im Hintergrund tausend Meter hohe Berge. Der höchste Berg Jamaikas ist 2.235 Meter hoch. Zum Fotografieren war es eigentlich zu diesig, aber Peter versuchte es trotzdem.

Um 09:00 Uhr musste ich im Rahmen meiner Aufgabe als zweiter Wachmann die tägliche Presse mit aufnehmen. Es ging auch alles gut, und so konnten wir uns (Christian und ich) bei der Reinschrift der Presse Zeit lassen und das Anlegemanöver beobachten.

Nachdem wir etwa eineinhalb Stunden auf Reede gelegen hatten, begann das Anlegemanöver, und um 11:00 Uhr lagen wir an der Pier.

Jamaika war früher eine britische Kolonie und gleichzeitig ein großer Marinestützpunkt Großbritanniens. Heute haben sich die Briten weitestgehend zurückgezogen. Geblieben ist nur der Marinestützpunkt und ein britischer Gouverneur.

Im Gegensatz zu Kuba, das von den USA früher in die völlige Abhängigkeit gebracht worden war, und vor deren Haustür so gut wie keine militärische Bedeutung hatte, verhielten sich die Briten mit Jamaika anders. Ein militärischer Stützpunkt auf dieser Insel bedeutete für Großbritannien, eine militärische Schlüsselstellung in Lateinamerika zu haben. Hauptsächlich wohl aus diesem Grund erhält Jamaika von Großbritannien jedwede Unterstützung. Dementsprechend hoch ist, zumindest aus unserer Sicht, der Lebensstandard. Man findet überall fast ausschließlich Waren von den Britischen Inseln und nordamerikanische, westdeutsche, japanische und britische Lastkraftwagen und Personenkraftwagen. Man darf sich aber von dem vielen Chrom nicht blenden lassen. Es gibt hier dennoch sehr krasse Unterschiede zwischen Arm und Reich. Aber dazu später.

Nun erst einmal weiter mit dem Tagesablauf.

Nach dem Mittagessen hatten wir um 13:00 Uhr eine Besprechung.

Wir sollten Landgang bekommen, und unser Chefausbilder, Herr D, belehrte uns entsprechend. Er teilte uns mit, dass Geld in der Landeswährung wahrscheinlich erst um 15:30 Uhr an Bord gebracht werden würde, wir aber ab sofort an Land gehen könnten. Peter und ich nahmen uns vor, die Gelegenheit beim Schopf zu packen und an Land zu gehen. In unserer Kammer hörten wir dann, dass es tatsächlich das Geld erst später geben würde.

Wie ich später gehört habe, hatte es wohl mit den Behörden längere Diskussionen gegeben, weil man „300 Kommunisten", deren Heimatland außerdem keinerlei diplomatische Beziehungen zu Jamaika hat, ungern an Land lassen wollte!

Trotzdem zogen wir uns um, gingen an Land und waren damit, genau wie damals in Kuba, die ersten, die einen Landgang unternahmen, dieses Mal auf Jamaika.

Kingston Town besteht aus im Wesentlichen zwei Stadtteilen, der unteren und der oberen Stadt. Wie man sich denken kann, liegt der Hafen im unteren Stadtteil.

Von dort bis zum Zentrum sind es etwa drei Meilen und bis zur oberen Stadt sogar sechs Meilen.

Peter und ich gingen also los, die Straße entlang in Richtung Stadt. Zuerst kamen wir an einigen Hütten vorbei, die mich an Slums erinnerten; wahrscheinlich waren es auch welche.

Taxis fuhren in größeren Mengen an uns vorüber, aber wir konnten keines nehmen, weil wir ja kein Geld hatten. Dann hielt ein Mann in einem Privatfahrzeug an und wollte uns gegen Bezahlung mitnehmen. Auch hier mussten wir absagen. Kurz darauf hielt direkt neben uns eine sehr große amerikanische Limousine, und der Fahrer nahm uns unentgeltlich mit bis in die Stadt. Wir unterhielten uns über verschiedene Dinge. Er meinte, dass wir ein sehr gutes Englisch sprechen. Die Landessprache ist hier Englisch. Der Fahrer setzte uns in der Hauptstraße, der King-Street, ab. Dort bedankten und verabschiedeten wir uns und schlenderten durch die Straßen. Man findet vom reichsten Juwelierladen bis zum ärmlichsten Fischverkaufsstand alles.

Wir schlenderten bis in die obere Stadt und noch ein kleines Stück darüber hinaus. Etwa eine Meile weiter beginnen die Berge, die die Stadt umgeben.

Zwischendurch verschossen wir unsere letzten Fotos. Vor allem fotografierten wir die Berge, die ständig wolkenumhangen sind, und das unvorstellbar dichte Verkehrsgewühl.

Bis zum Anbruch der Dunkelheit wollten wir nicht in der Stadt bleiben, das wäre für uns zu gefährlich gewesen. Wie sich später an Erlebnissen anderer zeigte, hatten wir mit dieser Meinung nicht ganz Unrecht. Jamaika hat eine sehr hohe Kriminalitätsrate. Wir machten also rechtzeitig kehrt und liefen bis zum Schiff mehr als zwei Stunden. Unterwegs trafen wir noch zwei Leute aus der Gruppe der Nautiker; sie erzählten uns, dass es doch noch Geld gegeben hätte, und sogar schon um 15:00 Uhr! Und wir waren bei unserem Marsch durch die Stadt wieder einmal halb verdurstet (siehe Matanzas)! Um 18:00 Uhr kamen wir auf dem Schiff an. Das erste, was wir taten, war trinken, trinken, trinken. Meine Füße waren auch sehr stark strapaziert.

Wir machten uns etwas frisch und ließen uns dann jeder zehn Dollar geben. Das entspricht umgerechnet etwa 28 D-Mark in Devisen.

Dann gingen wir zum Achterschiff.

Dort hatten einige Einheimische mit Erlaubnis unserer Schiffsführung eine größere Anzahl an Souvenirs zum Verkauf ausgelegt. Ich kaufte fünf Ansichtskarten und bezahlte dafür einen Dollar.

Peter und ich wollten versuchen, doch noch irgendetwas Hübsches in Kingston zu kaufen, denn wir wussten nicht, ob wir die Chance dazu am nächsten Tag auch noch einmal gehabt hätten. Gerade als wir losgehen wollten, schloss sich uns „Fips" an, einer unserer Kommilitonen. Nun waren wir also zu Dritt. Als wir durch das Hafentor schritten, kam gleich jemand auf uns zu und fragte, ob wir ein Taxi brauchten. Das Taxi sollte drei Dollar kosten, und so sagten wir zu. Dann ging es los. Wir wollten eigentlich zur King-Street um einzukaufen. Der Fahrer erzählte uns aber, dass man nach 18:00 Uhr in ganz Kingston nichts mehr kaufen könne, außer in Restaurants und Bars. Da wir nun schon einmal im Taxi saßen, wollten wir irgendwo etwas trinken. Deshalb ließen wir uns von dem Taxifahrer zu einer Bar fahren.

Unterwegs sahen wir aus dem Taxi heraus, wie Herbert M. und Jürgen T. (Namen geändert) mit völlig verstörten Gesichtern aus einer Nebenstraße geschossen kamen und versuchten, ein Polizeiauto, das hinter uns fuhr, anzuhalten, was ihnen wohl auch gelungen ist. Was es damit auf sich hatte, dazu später. Zu dem Zeitpunkt wussten wir ja auch noch nichts. Und schnell hatten wir die beiden wieder aus den Augen verloren, denn wir konnten unserem Taxifahrer nicht schnell genug erklären, dass er anhalten solle und warum.

Wir gingen also in die Bar, wohin uns der Taxifahrer gelotst hatte, und wir saßen noch nicht ganz, da saß mir auch schon ein Mädchen auf den Knien. Ich musste es schnell wieder loswerden, ganz davon abgesehen, dass wir für derartige Späßchen auch kein Geld hatten.

Neben „Fips" saß ein anderes „Girl". Als sie jedoch merkten, dass wir mit dem Geld herumknauserten und tatsächlich nur sehr wenig davon hatten, hörten sie auch bald auf, uns zu traktieren, und wir konnten uns plötzlich sogar einigermaßen vernünftig unterhalten. Das Mädchen, das auf meinen Knien gesessen hatte, war 22 Jahre alt, hat drei Kinder und ist hier als „Business-Girl" beschäftigt.

Die Getränke in der Bar waren nicht gerade billig. Aber wahrscheinlich haute man uns in der Beziehung wohl kräftig übers Ohr. Als wir das bemerkten, wollten wir eigentlich doch noch eine andere Bar aufsuchen, wo es wahrscheinlich auch nicht besser gewesen wäre. Man riet uns aber davon ab; das sei zu gefährlich für uns, womit man übrigens auch vollkommen Recht hatte, wie wir später erfuhren.

Es war ja auch „gemütlich" hier, und wir hörten Musik aus der Jukebox, die wir sogar kannten, u.a. von Jimi Hendrix und seiner Band, „The Jimi Hendrix Experience",: „Hey Joe" (1966), „Purple Haze" (1967), „The wind cries Mary" (1967), „All along the watchtower" (1968) und viele andere Titel.

Wir tranken also Jamaika-Rum mit Coca Cola, und man zog uns das Geld regelrecht aus der Tasche, ohne dass uns das so richtig bewusst wurde.

Plötzlich hatten wir nur noch das Geld für ein Taxi zum Schiff. Darauf hatten wir allerdings strikt geachtet. „Unser" Taxifahrer hatte die ganze Zeit auf uns gewartet, nur um seine drei Dollar für die Rückfahrt zu erhalten. Wahrscheinlich war auch dieser Preis weit überteuert.

Um 23:30 Uhr waren wir wieder auf unserem Schiff, und ich ärgerte mich darüber, dass ich so viel Geld ausgegeben hatte.

Der Landgang ging nur bis um 01:00 Uhr, weil die „Fichte" bereits morgens um 06:00 Uhr auslaufen sollte.

Um 24:00 Uhr gingen Peter und ich schlafen.

Mit meiner Vermutung, dass wir morgen vielleicht keine Chance mehr zum Einkaufen hätten, hatte ich Recht behalten. Allerdings konnten wir, obwohl wir noch einmal in der

Stadt waren, unsere Einkäufe auch nicht mehr erledigen, weil die Geschäfte und Läden ja bereits geschlossen hatten.

Tag 83: Auf hoher See, MS „J. G. Fichte", Sonnabend, den 25.01.1975

Heute Morgen um 07:00 Uhr legte die „Fichte" von der Pier ab und lief dann aus dem Hafenbecken heraus. Dabei verschoss Peter unsere allerletzten Fotos. Wir sahen noch einige kleine Privatflugzeuge am Himmel herumschwirren und eine Verkehrsmaschine vom Flughafen Kingston aus starten. Und dann verschwand die Stadt bald hinter den hohen Bergen.
Der Lotse blieb auch nicht lange an Bord, weil wir das „lotsenpflichtige" Gebiet schnell hinter uns gelassen hatten.

Bild 31: Abschied von Kingston Town, Jamaika

Und dann hörten wir, was Herbert M. und Jürgen T. gestern geschehen war.
Sie waren in einer Nebenstraße regelrecht überfallen worden. Dabei waren Herbert zehn Dollar, seine Brieftasche und der Ausweis, den er eigentlich gar nicht hätte mitnehmen dürfen, abhandengekommen. Jürgen hatte man die Hose zerrissen, um an seine Wertsachen heranzukommen. Von den Behörden hatten sie gehört froh sein zu können, nicht irgendwo mit einem Messer im Rücken aufgefunden worden zu sein.
Die beiden waren von fünf Dunkelhäutigen überfallen worden, für die es wahrscheinlich kaum eine andere Chance gibt, an etwas Geld zu kommen.

Auf Jamaika sind über 95 Prozent der Bevölkerung afrikanischer Herkunft. Wenn dann mal ein Weißer auftaucht, ist es meistens ein reicher Brite oder Nordamerikaner, oder es handelt sich um Touristen, die auch Geld haben. An so etwas hatten die Schwarzen bei ihrem Überfall wohl auch gedacht, jedoch wohl nicht daran, dass es sich bei uns „Weißen" um „arme" Studenten handeln könnte, die auch noch aus der DDR, aus dem östlichen Deutschland stammten. Den meisten Jamaikanern, mit denen wir sprachen, war die Teilung Deutschlands übrigens gar nicht bewusst oder bekannt.

Es gibt hier, wie wir leider erfahren mussten, einen allgemeinen Hass auf Weiße. Einige von uns erzählten später, dass sie auf offener Straße nur wegen ihrer Hautfarbe beschimpft worden wären.

Herbert und Jürgen hatten es aber zum Glück geschafft, das Polizeiauto, von dem bereits einmal die Rede war, anzuhalten und waren damit zum Schiff gebracht worden. In anderen Ländern kann es in solchen Fällen das Falscheste sein, die Polizei zu Hilfe zu rufen. Erschwerend kommt noch hinzu, dass die DDR keinerlei diplomatische Beziehungen zu Jamaika hat.

Die beiden hatten Glück im Unglück. Wahrscheinlich wird die Versicherung zu Hause die verloren gegangenen Wertgegenstände ersetzen.

Mir fällt gerade ein, dass ich noch gar nicht konkret erwähnt habe, weshalb wir Jamaika überhaupt angesteuert hatten.

Unsere Lebensmittel- und Wasservorräte waren zur Neige gegangen, und so nahmen wir für 20.000 D-Mark Lebensmittel und Wasser auf. Außerdem ließ man im Hafen durch eine Fachfirma einige Navigationsgeräte prüfen.

Mittagsposition: N 21.15; W 72.33.

Am Nachmittag hatten wir zwei Stunden Unterricht. Danach war, wie fast jeden Sonnabend, allgemeines „Reinschiff" angesagt.

Ab 16:00 Uhr hatten meine Kammergenossen und ich gemeinsam Wache bis 20:00 Uhr. Ich war im Hauptfunkraum, hatte dort aber nicht viel zu tun.

Nach unserer Wache versammelten wir uns wieder im Hypo, und um 23:00 Uhr ging ich schlafen.

Tag 84:   Auf hoher See, MS „J. G. Fichte", Sonntag, den 26.01.1975

Heute Nacht gegen 00:00 Uhr hatten wir Haiti passiert und ließen es an Steuerbord liegen. Davon hatten wir aber nichts mitbekommen, weil wir schliefen.

Ich weiß nicht, welche Arten von Lebensmitteln wir in Kingston an Bord genommen haben. Auf jeden Fall ist der Tisch immer reichlich gedeckt, z.B. mit Tomatenketchup aus Trinidad, einem Gewürz, das genauso aussieht und geschmacklich vergleichbar ist mit dem auch bei uns bekannten Tabasco, aus Jamaika und Joghurt aus England. Die Aufnahme von Lebensmitteln bringt für uns eine ganz neue Erfahrung und Köstlichkeit an Bord. In der DDR kennen wir keinen Joghurt, und hier wurde wohl in größeren Mengen dieses wunderbare Lebensmittel eingekauft. Unsere Geschmacksknospen erlebten etwas völlig Neues und wir ließen es uns sehr schmecken.

Am Vormittag hatten wir zwei Stunden Unterricht, und am Nachmittag war eigentlich frei, aber nicht für mich und meine Kammergenossen. Wir hatten 12 – 16-Wache. Dieses Mal war ich im Lehrfunkraum und hatte dort reichlich zu tun.

Mittagsposition: N 24.32; W 66.47.

Im Laufe des Tages passierten wir eine der Bahama-Inseln. Es könnte Inagua Islands gewesen sein. Wir sahen sie an Backbord. Später wäre es möglich, noch einige Ausläufer der Turks und Caicosinseln an Backbord zu sehen, und danach werden wir etwa sieben Tage lang kein Land mehr in Sicht bekommen.

Abends fanden wir uns wieder im Hypo ein. Ich blieb aber nicht lange, sondern ging bald schlafen.

Tag 85:   Auf hoher See, MS „J. G. Fichte", Montag, den 27.01.1975

Jetzt, wo wir uns auf dem Atlantik in Richtung Osten bewegen, müssen wir wieder häufig die Uhrzeit auf dem Schiff anpassen. Deshalb haben wir heute Nacht die Uhren um eine Stunde vorgestellt. Wenn es nun bei uns 12:00 Uhr ist, ist es zu Hause 17:00 Uhr. Der Zeitunterschied beträgt also nur noch fünf Stunden. Dabei wird die Nacht dann also jedes Mal eine Stunde kürzer sein. Jetzt geht es endlich in Richtung Heimat! Die Stunde weniger Schlaf nimmt man dafür gern in Kauf.

Die „Fichte" fährt jetzt mit voller Kraft, d.h. 21 Knoten.

Bis jetzt haben wir noch herrliches Wetter, weil wir uns immer noch in einem riesigen Subtropenhoch befinden, das sich von Amerika bis nach Afrika erstreckt. Die „Fichte" rollt und stampft schon stark bemerkbar in der ganz normalen Atlantikdünung, weil sie nur etwa 1.000 Tonnen Ladung im Bauch hat. Das Rollen und Stampfen wird sich noch sehr verstärken, wenn wir weiter nach Norden kommen. Weit nördlich von unserer jetzigen Position liegt ein riesiges Tiefdruckgebiet mit Windstärken bis zu 12 Bft. Das bedeutet Orkan!

Am Vormittag hatten wir zwei Stunden Unterricht. Nachmittags hatte ich frei, weil der Unterricht gruppenweise durchgeführt wurde und ich zu der Gruppe gehörte, die Selbststudium betreiben sollte. Weil ich das für wichtiger hielt, nutzte ich die Zeit zum Schlafen. Das Selbststudium kann ich immer noch nachholen. Ich weiß nicht, was mit mir los ist; ich könnte hier auf dem Schiff den ganzen Tag lang schlafen. Das geht aber ohnehin nicht, denn wenn ich einmal länger als sechs bis sieben Stunden hintereinander in der Koje liege, macht sich wieder mein altes Kreuzleiden bemerkbar.

Nach dem Abendessen spielte ich mit Siggi R. und „Minimax", das ist unser professioneller Feuerwehrmann an Bord, bis um 24:00 Uhr eine Runde Skat.

Danach legte ich mich noch für knapp vier Stunden aufs Ohr, und ab 04:00 Uhr hatte ich Wache.

Tag 86:   **Auf hoher See, MS „J. G. Fichte", Dienstag, den 28.01.1975**

Meine 4 – 8-Wache verlief abwechslungsreich. Ich hatte Dienst im Hauptfunkraum und fing dort einen übermittelten Notruf („Mayday relay") auf. Irgendwo an der amerikanischen Küste soll ein Schiff gesunken sein und die Besatzung sich in die Boote gerettet haben. Alle Schiffe in der Nähe sollen scharf Ausschau halten. Das gilt aber nicht für uns, weil wir schon viel zu weit entfernt sind.

Nach der Wache war ich sehr müde, aber den Unterricht überstand ich trotzdem.

Den ganzen Vormittag hatte ich mir gedacht, dass das Wetter doch eigentlich schön genug sei, um einmal wieder ein Bootsmanöver durchzuführen. Gerade zu Ende gedacht und schon hörten wir das entsprechende Signal für ein Komplexmanöver.

Mittagsposition: N 30.04; W 53.53.

Ich hatte mich nach dem Mittagessen gerade eine halbe Stunde ins Bett gelegt, um den fehlenden Schlaf nachzuholen, als die Alarmsirene heulte. Wir waren vielleicht sauer, schnappten uns aber natürlich trotzdem unsere Schwimmwesten und liefen zu den uns zugeordneten Rettungsbooten.

Dieses Bootsmanöver wurde uns zur Höllenqual, weil die Dünung sehr hochging und wir mit den Rettungsbooten und den Strahltrossen, an denen sie herabgelassen beziehungsweise hinaufgezogen werden, das schon einmal beschriebene Problem hatten. Die Boote schwankten sehr stark in der Dünung, die Trossen wurden sehr stark beansprucht, und die Boote knallten bei jedem Aufprall des Bugs oder des Hecks auf das Wasser. Jedoch noch viel stärker als wir das bereits einmal erlebt hatten. Das

Schwierigste ist immer wieder das Fieren und Hieven eines Bootes, d.h. das Hinablassen und Heraufziehen. Dabei blieben wieder alle im Boot sitzen.

Ich möchte hier nicht weiter ausmalen, was alles passieren könnte, aber ich bin der festen Überzeugung: Wenn irgendwem auf der „Fichte" mal etwas geschieht, dann bei einem solchen Bootsmanöver.

Jedenfalls hatten wir um 14:00 Uhr alles hinter uns.

Um 15:00 Uhr hatten wir noch eine Stunde Unterricht bei Herrn K.

Nach dem Abendessen sahen wir uns den Film „Das Rätsel des silbernen Dreiecks" (Kriminalfilm, Großbritannien/West-Deutschland, 1966) von Edgar Wallace an, und dann gingen wir schlafen.

Tag 87:   Auf hoher See, MS „J. G. Fichte", Mittwoch, den 29.01.1975

Heute Nacht waren die Uhren wieder um eine Stunde vorgestellt worden. Der Zeitunterschied beträgt jetzt nur noch vier Stunden. Etwa morgen Nacht werden wir die Hälfte des Atlantiks überquert haben. Der voraussichtliche Ankunftstermin in Rostock ist der Vormittag des 8. Februar.

Heute Morgen überraschte uns der Ozean mit einer kräftigen Brise und entsprechendem Wellengang. Damit hatte niemand von uns so wirklich gerechnet, aber im Meteorologie-Unterricht konnten wir das klären.

Wir befinden uns zwar immer noch in dem starken Subtropenhoch, von dem ich bereits berichtet hatte, aber der Kern dieses Hochs ist uns sozusagen nachgeeilt. Nun kommt es zum Druckausgleich, weil ja der Kern einen höheren Druck hat, als der restliche Teil des Druckgebildes. Dieser Druckausgleich macht sich durch den Wind bemerkbar, den wir jetzt sehr zu spüren bekommen. Die „Fichte" rollt sehr stark von Steuerbord nach Backbord und zurück. Außerdem ist es ziemlich kühl geworden. Die Temperatur liegt um 19 Grad Celsius, die Wassertemperatur bei 23 Grad Celsius. Die weiteren Wetteraussichten sehen für uns nicht sehr günstig aus. Das Schiff fährt jetzt mit etwa 17 Knoten (31 km/h).

Wir können ja nicht ewig südlich des 30. Breitengrades, wo das Hoch liegt, entlangfahren, sondern müssen irgendwann mal die nördliche Richtung einschlagen, um nach Hause zu kommen. Nördlich von uns liegt aber ein großes Tiefdruckgebiet, das unter normalen Umständen in Richtung Nordosten abziehen würde, weil dies zu dieser Jahreszeit und hier im Nordatlantik die Hauptzugrichtung der Druckgebilde ist. Das kann es aber nicht, weil ein noch stärkeres Tiefdruckgebiet bei Island steht, das verhindert, dass unser Tief in diese Richtung abziehen kann. Das bedeutet, dass es sich sogar etwas in Richtung Süden, genau in unsere Fahrtrichtung, bewegen kann. Wenn das eintrifft, haben wir morgen oder übermorgen mit starkem Sturm zu rechnen.

Der Unterricht verlief wieder wie üblich.

Beim Abendessen hörten wir, dass wegen der abgekühlten Temperaturen ab Morgen „Winter befohlen" sei. Das heißt, ab morgen haben wir nicht mehr unsere Tropenuniform zu tragen, sondern die normale Uniform aus stärkerem, dunkelblauem Stoff.

Abends versammelten wir uns wieder im Hypo.

Unsere Kammer hat geschlossen 0 – 4-Wache, aber ich muss nicht antreten, weil ich als „zweiter Mann" für die Wache im Lehrfunkraum eingeteilt worden war.

Tag 88: Auf hoher See, MS „J. G. Fichte", Donnerstag, den 30.01.1975
Position: N 33.33; W 40.04

Die anderen drei schliefen heute Morgen durch bis um 08:45 Uhr. So eine Nachtwache von 00:00 bis 04:00 Uhr ist, wie schon mehrfach erwähnt, recht ermüdend.

Zu Beginn des Unterrichts erhalten wir täglich einen kurzen Überblick über die Wetterlage. Heute bin ich besonders gespannt darauf, denn das Wetter ist immer noch herrlich. Wahrscheinlich hat sich der Druck nun ausgeglichen; deshalb haben wir so gut wie keinen Wind mehr. Nur die Dünung geht noch etwas hoch. Gestern Abend war sie noch so stark, dass die Gläser auf den Tischen hin und her wanderten.

Gestern am späten Nachmittag haben wir eine Kursänderung vorgenommen, um dem Tief, von dem ich bereits gesprochen hatte, auszuweichen. Obwohl wir bereits beim 32. Breitengrad nördlicher Breite angekommen waren, fahren wir nun wieder südlich des 30. Breitengrades weiter nach Osten, um möglichst lange unter dem Einfluss des Subtropenhochs zu bleiben.

Christian hatte gestern Wache und dabei festgestellt, dass auf der Position, die wir gestern hatten, jetzt Windstärke 12 herrscht.

Ob wir von dem Tief nördlich von uns trotz der Kursänderung noch etwas zu erwarten haben, müssen wir mithilfe der Wetterkarten erst noch analysieren.

An dieser Stelle ist es auch einmal erwähnenswert, dass wir unsere Wetterkarten nicht nur nach dem schon einmal beschriebenen Prinzip der Aufnahme von Morsezeichen und danach des Von-Hand-Zeichnens einer Wetterkarte erstellen, sondern dass es bereits eine erste Form eines Wetterkartenschreibers gibt; ein in der Sowjetunion entwickeltes Wetterkartengerät namens „LADOGA", das seine Signale von Küstenfunkstellen im Kurzwellenbereich empfängt und die Wetterkarten über eine Spiralwalzenrolle auf Spezialpapier überträgt. Ein ähnliches Gerät gab es allerdings „im Westen" bereits.

Gestern habe ich übrigens meine beiden Telegramme abgesandt.

Wenn es keine Fahrtverzögerung mehr gibt, kommen wir am übernächsten Sonnabend, also am 8. Februar, in Rostock an. Ich würde mich sehr freuen, wenn meine Familie dann dort wäre. Das wäre für mich die allerschönste Begrüßung.

Heute werden wir im Fach Englisch eine Arbeit schreiben. Diese Arbeit entpuppte sich dann wirklich nur als eine kleine Vokabelarbeit.

Heute Morgen hatte die „Fichte" ihren normalen Kurs in Richtung Heimat wieder aufgenommen (Kurs 65 Grad), nachdem wir die ganze Nacht genau nach Osten (90 Grad) gefahren waren. Damit müssen wir aber nun in Kauf nehmen, doch in das Randgebiet des Tiefdruckgebietes zu geraten. Der Wind hat auch schon aufgebrist, und heute Abend oder heute Nacht werden wir wohl mit Windstärke sechs bis sieben, wenn nicht sogar mehr, rechnen müssen. Der Wind wird uns dann schräg von achtern treffen, und das bekommt der „Fichte" erfahrungsgemäß gar nicht gut, d.h., sie wird schlingern und schaukeln.

Heute Abend habe ich Wache von 20:00 bis 24:00 Uhr. Dort werde ich einige Wetterkarten aufnehmen und die Wetterlage analysieren. Hoffentlich kommen wir unversehrt nach Hause!

Seit heute Morgen tragen wir wieder, wie gestern bereits angekündigt, unsere so genannte Winteruniform, wobei wir noch auf die Winterjacke verzichten dürfen und Khakijacke tragen.

Mittagsposition: N 33.33; W 40.04.

Da heute Seemannssonntag ist, hatten wir heute Nachmittag Coffee-Time. Nur während der Coffee-Time, zu keiner anderen Mahlzeit, ist das Rauchen in der Offiziersmesse gestattet.

Mein Schnupfen wird immer stärker. Ich hatte ihn noch gar nicht erwähnt, aber er hat mich leicht gepackt. Hoffentlich kommt nicht auch noch Husten dazu, so dass es eine richtige Erkältung wird.

Die heutige Wache hat mir sehr viel Spaß bereitet. Nur konnte ich leider nicht alle Wetterkarten empfangen, die ich für die Auswertung gebraucht hätte. Die „Amis" hatten heute wohl keine Lust zu senden.

Als ich dann in die Koje stieg, konnte ich wegen der Schaukelei nicht gleich einschlafen. Ich wälzte mich von einer Seite auf die andere, d.h., ich wurde gewälzt und schlief dann doch endlich irgendwann ein.

Tag 89: **Auf hoher See, MS „J. G. Fichte", Freitag, den 31.01.1975**
Position: N 34.49; W 34.20

Nun hat es uns so richtig erwischt. Wir haben etwa Seegang sechs bis sieben. Die See kommt schräg von achtern (Südwest), und die „Fichte" rollt und schaukelt.
Das Frühstück war heute ein Spaß für sich. Alle paar Minuten konnte man es irgendwo scheppern hören, weil etwas zu Boden gefallen und zersprungen war, obwohl die Tischdecken angefeuchtet waren. Ich hatte das schon mal beschrieben.
Heute Nacht waren die Uhren wieder um eine Stunde vorgestellt worden. Damit beträgt der Zeitunterschied zur Heimat nur noch drei Stunden.
Soeben habe ich gehört, dass der Kapitän doch wieder östlicheren Kurs steuern will, um nicht noch tiefer in das Tiefdruckgebiet hineinzugeraten. Dort herrschen jetzt Orkanwindstärken. Das bedeutet aber einen weiteren Umweg und damit eine weitere Verzögerung. Außerdem fahren wir im Moment nur mit halber Kraft, weil an einer der beiden Maschinen eine Ölleitung geplatzt sein soll und eine Reparatur erforderlich ist. Hoffentlich kommen wir trotzdem noch am übernächsten Sonnabend zu Hause an. Die Reparatur der Ölleitung dauerte nicht sehr lange, und wir fuhren bald wieder mit normaler Geschwindigkeit weiter.
Die Wachleute hatten heute Vormittag eine Sicherheitsmeldung von einem Schiff aufgefangen, das nur etwa 80 bis 100 Seemeilen nördlich von uns entfernt ist. Darin hieß es, dass dort Windstärke 11 herrscht und dass das Schiff durch den hohen Seegang vier große Container verloren hätte.
Der Unterricht lief bei uns heute wieder wie gewöhnlich, nur dass wir öfter mal mit den Stühlen durch den Unterrichtsraum rutschten.
Die anderen drei hatten heute 16 – 20-Wache. Ich war wieder zweiter Wachmann und hatte deshalb erst einmal frei (Bereitschaftsdienst). Wenn ich sage „zweiter Mann", so ist das nicht abwertend gemeint; denn jeder ist mal „zweiter Mann". Ich hatte das früher bereits einmal erklärt.
Der Sturm ließ gegen Abend sehr stark nach, weil der Kapitän immer noch östlichen Kurs steuern ließ und wir damit außerhalb „unseres" Tiefdruckgebietes blieben. Die Dünung wird uns aber noch einige Zeit mit gleicher Stärke belästigen. Wenn der Ozean

erst einmal aufgewühlt ist, dauert es sehr lange, bis er sich wieder beruhigt hat. Die Wellenberge haben eine Höhe von geschätzten sechs bis acht Metern. Die größte Krängung, die gemessen wurde, betrug, glaube ich, 20 Grad, d.h. 20 Grad nach jeder Seite. Dabei bleibt auf einem glatten Tisch nichts stehen. Auf Kreuzfahrtschiffen liegt der so genannte „Panik-Winkel" bei etwa 16 Grad. Dann beginnt alles, was nicht niet- und nagelfest ist und auf einer glatten Fläche steht, an zu rutschen.

In der Mittagspause habe ich am Bug der „Fichte" Schweinsfische beobachtet. Dabei handelt es sich um eine Art Delphine, die sehr schnell und elegant in der Bugwelle des Schiffes mitschwimmen. „Schweinsfische" sind keine Fische, denn sie atmen wie auch Wale nicht mithilfe von Kiemen. Sie sind Säugetiere und mit den Walen verwandt. Ich beobachtete die Tiere eine halbe Stunde lang. Sie tummelten sich vor dem Bug des Schiffes und vollführten dabei manchmal meterhohe Sprünge.

Den Tag beendeten wir, wie so oft, im Hypo.

Morgen habe ich übrigens Wache im Hauptfunkraum in der Zeit von 12:00 bis 16:00 Uhr.

Soeben habe ich gehört, dass wir am Sonntag unsere Abschlussklausur in „Meteorologie" und am Montag im Fach „Technische Navigation" schreiben werden.

Im Fach „Gerätesysteme" gibt es keine schriftliche Abschlussarbeit, weil wir an Land ohnehin noch einer mündlichen Prüfung in diesem Fach unterzogen werden. Meine Bewertung liegt hier bei einem glatten „Befriedigend". In Englisch stehe ich in der Bewertung bei einem „Gut".

Tag 90:   Auf hoher See, MS „J. G. Fichte", Sonnabend, den 01.02.1975
Position: N 35.02; W 33.44

Heute hat meine Mutter ihren 54. Geburtstag. Ich hoffe, dass mein Telegramm rechtzeitig angekommen ist.

Gestern Abend dachte ich, das Schiff versinkt mit Mann und Maus und unser Ende ist gekommen. Und zwar kam das so:

Wir gingen um 19:30 Uhr ins Hypo und setzten uns an unseren üblichen Tisch. Angela, eine der Stewardessen, bediente uns, wobei sie dabei arge Schwierigkeiten hatte, denn das Schiff schlingerte sehr stark. Es ist nicht einfach, dabei die vollen Tabletts zu tragen und nichts fallen zu lassen. Ich bestellte mir einen Juice mit Weinbrand und musste dann das Glas festhalten, weil es sonst vom Tisch gerutscht wäre. Ich saß an der Schmalseite unseres Tisches quer zur Kiellinie. Christian saß rechts neben mir in

Richtung des offenen Hypo-Raumes, und links neben mir stand unser Klavier an der Wand, das wir zum Glück besonders fest angeseilt hatten. Plötzlich holte das Schiff stärker als vorher über, legte sich schwer auf die Seite, und ich rutschte mit meinem Stuhl und dem Glas in der Hand, das ich sehr festhielt, damit nichts verschüttet wird, etwa vier Meter nach Rückwärts durch den Raum in Richtung Tresen, bis ich an einen Tisch stieß und dadurch gebremst wurde. Dabei schwappte mir dann aber doch leider der Inhalt meines Glases über Jacke, Hemd, Hose und Gesicht. Einigen anderen war es ebenso ergangen. Bis jetzt lachten noch alle und amüsierten sich über das eigene oder auch über das Missgeschick der anderen. Doch das war noch nicht alles.

Durch das eben Geschehene gewarnt, hielt ich mich, nachdem ich meinen ursprünglichen Platz wieder eingenommen hatte, ab sofort ständig mit der linken Hand an den Seilen fest, mit denen wir das Klavier an der Wand festgezurrt hatten, und das war auch gut und richtig so. Denn etwa eine viertel Stunde später holte das Schiff noch viel stärker über, und alles, was nicht niet- und nagelfest war, sauste quer durch das Hypo bis zur anderen Seite (wieder Richtung Tresen), dann holte das Schiff erneut stark über und alles rutschte wieder zurück und danach noch einmal zur anderen Seite.....

Dort, wo einstmals der Tresen gestanden hatte, an der Steuerbordseite des Schiffes im Hypo, blieb letztendlich alles als ein großer zusammengeworfener Haufe liegen. Ich hatte mich ja glücklicherweise am Klavier festgehalten und war dadurch, ich glaube sogar als einziger, verschont worden. Zum Glück hielten unsere Befestigungsseile der großen Belastung stand, und das Klavier bewegte sich nicht. Wenn die Seile nicht gehalten hätten, wäre es sicher zu einer Katastrophe gekommen, weil das Klavier ja auch durch den Raum gesaust wäre – mitten hinein in den Knäuel von Menschen, zerbrochenen Tischen, Stühlen, Gläsern und weiterem Mobiliar in der Ecke, in der, wie schon gesagt, der Tresen gestanden hatte.

Christian war mit seinem Stuhl an mir vorbei gesaust und hatte noch versucht, sich an den Tischen in der Mitte des Hypos festzuhalten. Das gelang ihm aber nicht, denn die Tischplatten rissen ab. Es blieben nur die Eisenstangen stehen, die ummantelt von Holzplatten, den Mittelfuß der Tische verstärkten und im Fußboden verankert waren. Doch jetzt war endlich Ruhe, und es gab keine übermäßig starke Krängung mehr.

Als wir den Schaden näher betrachteten, stellten wir fest, dass in der Tresen-Ecke mindestens 20 zum Teil verbogene und zerbrochene Stühle, zerbrochene Sessel und drei zerstörte Tischplatten lagen. Die Tische waren zwar am Boden festgeschraubt, aber wenn eine derartige Masse erst einmal in Bewegung kommt, ist sie durch nichts aufzuhalten.

In der Ecke neben dem Tresen sitzt normalerweise der so genannte Schiffsrat, aber zum Glück war zum Zeitpunkt des Unglücks dort niemand anwesend.
Sämtliche Flaschen, Gläser und schwere Aschenbecher hatte es auch von den Tischen gefegt.
Später stellten wir fest, dass alle Hypogäste glücklicherweise mit Schrammen und Beulen davongekommen waren. Unglaublich!
Wir machten uns sofort ans große Aufräumen, stellten die Sessel in eine sichere Ecke, sicherten alle anderen Gegenstände einigermaßen ab und bekamen dafür jeder noch ein Freibier, das wir allerdings im Stehen trinken mussten.
Damit ist das Hypo nun wohl geschlossen – und zwar für die gesamte restliche Reisezeit. Uns war sofort klar, dass man das Hypo bis zum Ende der Reise nicht mehr so herrichten konnte, es wieder für den Normalbetrieb zu öffnen!
Nachdem wir unsere wichtigsten Räumungsarbeiten erst einmal abgeschlossen und unser Bier getrunken hatten, unternahm ich noch einen Schiffsrundgang, um zu sehen, was die starke Krängung noch alles angerichtet hatte. Es sah fast überall so aus wie im Hypo. In unserem Lesesaal mit den dicken Teppichen hatten diese sich bei der starken Krängung vom Boden weg in Richtung Schiffswand meterhoch ein- und aufgerollt und dabei alles mitgenommen, was auf ihnen stand oder lag. Dazu gehörten auch Studenten, die sich zusammen mit Tisch und Stuhl an der Wand im eingerollten Teppich wiederfanden und Mühe hatten, sich daraus zu befreien.

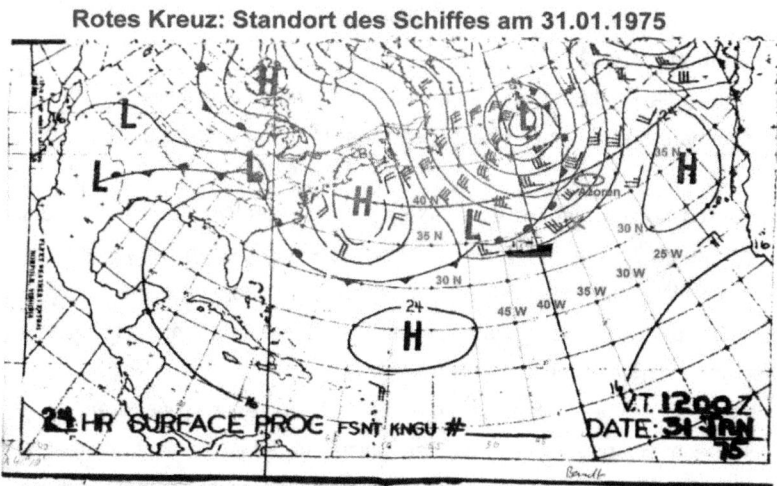

Position 34.49 N 34.20 W; Windstärke 8 (ca. 35 kn) aus WSW

Bild 32: Standort des Schiffes während der für den 31. Januar 1975 geschilderten Ereignisse

Wie es wohl in den anderen Bereichen des Schiffes aussehen mag? Wir werden es so nach und nach erfahren.

Zum Zeitpunkt des Geschehens befanden wir uns übrigens etwa 700 Kilometer südwestlich der Azoren und etwa 2500 Kilometer von Nordafrika entfernt.

Nach den Wetterkarten hatten wir etwa Windstärke 8 schräg von achtern, also aus Südwest, und dadurch wurde das Schiff mit jeder neuen Welle „aufgeschaukelt". Irgendwann hatte man auf der Brücke endlich die Gefahr erkannt und gegengesteuert, doch aus unserer Sicht etwas zu spät, denn da war das vorher Geschilderte bereits geschehen!

Um 21:00 Uhr stieg ich in die Koje, konnte aber wegen der Schiffsbewegungen und vielleicht auch wegen der aufregenden Erlebnisse lange nicht einschlafen. In einer Längskoje wird man bei so einem Seegang regelrecht hin- und her gerollt. Ich hatte auch das schon einmal beschrieben. Um 01:00 Uhr war ich immer noch wach, muss dann aber irgendwann doch eingeschlafen sein.

Heute Morgen war das Wetter zwar ruhiger, aber die Dünung macht uns immer noch zu schaffen. Die „Fichte" bewegt sich fast noch mehr als gestern. Als gestern Abend das Durcheinander im Hypo geschah, hatten wir eine Krängung von 30 Grad. Wenn es mehr als 38 bis 40 Grad werden, legt sich die „Fichte" auf die Seite und „steht nicht wieder auf". Ich habe mal die Schlingerzeit gemessen, d.h. die Dauer der Krängung von der einen zur anderen Seite. Sie beträgt 24 Sekunden. Nautiker können mit solchen Angaben etwas anfangen, ich leider nicht.

Heute Vormittag hatten wir den üblichen Unterricht.

Mittagsposition: N 35.02; W 33.44.

Am Nachmittag haben die anderen erst „Reinschiff" und danach Freizeit.

Unsere Kammerbewohner haben heute geschlossen Wache von 12:00 bis 16:00 Uhr.

Wahrscheinlich werden wir doch erst am Sonntag nächster Woche in Rostock einlaufen. Durch das große Tiefdruckgebiet mussten wir einen kleinen Umweg fahren und konnten auch nicht mit „Volle Kraft voraus" fahren. Außerdem wissen wir noch nicht, was uns in der Biskaya, im Ärmelkanal und in der Nordsee wettermäßig erwartet. Vielleicht kommt es dort ja zu weiteren zeitlichen Verzögerungen.

Heute Nacht oder morgen früh müssten wir eigentlich die Azoren passieren.

Meine Wache im Hauptfunkraum verlief ereignisreich und interessant, aber ich hatte wieder das Pech, den Funkraum reinigen zu müssen. Heute ist Sonnabend, und da ist eben obligatorisch „Reinschiff" angesagt. Funkassistent U. (Name geändert) spendierte mir zwischendurch einen Kaffee. Das tat mir wohl.

Den ganzen Tag über schwankte das Schiff. In unserer Kammer wandern die Stühle und alles, was nicht niet- und nagelfest ist, hin und her. Gerade kommen mir zwei Stühle entgegen, und ich bremse sie mit dem Fuß ab.

Das Essen wird jetzt auch zum Problem. Heute Mittag hörten wir die Durchsage, dass ein Dampfkessel entzwei gegangen sei und dass in der Kombüse wegen der starken Krängung nicht immer so gearbeitet werden könne, dass ständig gutes Essen auf den Tisch komme. Wir wurden um Verständnis gebeten.

Nach meiner Wache um 16:00 Uhr beschäftigte ich mich mit der Meteorologie und zeichnete anschließend eine Wetterkarte. „Wetterkarte zeichnen" bedeutet: Von bestimmten Küstenfunkstellen zu bestimmten Zeiten Fünfer-Zeichen-Gruppen als Morsecode aufzunehmen, Dauer etwa 20 Minuten, und anschließend auf eine vorgegebene Karte – hier der Nordatlantik – zu übertragen. Eingetragen werden die Druckgebilde mit Standort und Luftdruck, Temperatur an verschiedenen Orten, Luftfeuchtigkeit usw. Aus dem Standort der Druckgebilde und dem angegebenen Luftdruck kann man dann die Isobaren (Linien gleichen Luftdrucks) in die Wetterkarte einzeichnen und daraus außerdem noch Windstärke und Windrichtung feststellen. An der Wetterkarte saß ich drei Stunden. Normalerweise dauert es nicht so lange, aber es war die erste Karte, die ich selber gezeichnet habe. Man muss sich da erst hineinfinden und auch viel trainieren.

Die Vokabelarbeit, die wir am Donnerstag in Englisch geschrieben hatten, haben wir inzwischen zurückbekommen. Man hat mir für meine Leistung ein „Sehr gut" gegeben!

Um 23:45 Uhr stieg ich in die Koje.

Tag 91: Auf hoher See, MS „J. G. Fichte", Sonntag, den 02.02.1975

Heute Nacht wurden die Uhren wieder um eine Stunde zurückgestellt. Zeitunterschied zur Heimat also noch zwei Stunden.
Das Wetter ist nun auch schöner, aber die starke Dünung bleibt, und es ist inzwischen sehr kalt geworden, 14 Grad Celsius. Was soll das nur erst werden, wenn wir zu Hause ankommen?

Meine Kammergenossen und ich hatten heute von 8 Uhr bis 12 Uhr Wache. Ich musste auf der Lehrbrücke unsere jeweilige Position mithilfe des LORAN-Verfahrens feststellen.

Von 09:00 bis 10:00 Uhr unterbrachen wir unsere Wache und schrieben in der Offiziersmesse die angekündigte Metorologie-Klausur. Aus meiner Sicht war sie nicht sehr schwer.

Nach dem Mittagessen zeichnete ich erneut eine Wetterkarte und brauchte dieses Mal nur eine Stunde dazu. Zur Erinnerung: Das erste Mal waren es drei Stunden!

Mittagsposition: N 37.25; W 26.02.

Ab 14:00 Uhr sahen wir weit am Horizont zwei der Azoreninseln, wie ich sie bereits auf der Reise in Richtung Mittelamerika beschrieben hatte, Sao Miguel und Santa Maria. Die beiden Inseln liegen ungefähr 80 Kilometer auseinander. Wir passierten sie etwa in der Mitte. Ich hatte den Eindruck, dass Sao Miguel wegen der Berge aus der Ferne sehr viel Ähnlichkeit mit Jamaika hat.

Während des Abendessens umfuhren wir die letzte Spitze der Insel in Richtung Nordosten. Ich ging auf eines der Außendecks, um mir einen letzten Eindruck zu verschaffen, denn ich wusste, dass ich dieses Fleckchen Erde wohl im Leben nicht wiedersehen würde. Aber das ging mir ja mit allen anderen Zielen, die wir angelaufen waren, eigentlich auch so! Die Sonne ging gerade unter, und das geschah punktgenau hinter der Insel. Es war ein Bild, wie man es oft auf kitschigen Ansichtskarten findet: Die Insel sieht durch die hereinbrechende Dunkelheit schon sehr dunkel aus, ragt jedoch hoch aus dem Meer heraus und hat scharfe Konturen. Dahinter sieht man den blutroten Schein der untergehenden Sonne, und im Vordergrund bildet der immer noch wunderbar blaue Himmel einen phantastischen Kontrast dazu. Und natürlich spiegelt sich die Sonne im Meer wider, dem Betrachter entgegen......

Wenn die weitere Reise einigermaßen problemlos verläuft, kommen wir vielleicht doch schon am Sonnabendmittag oder -abend in Rostock an.

Heute Abend werde ich etwas für das Fach „Technische Navigation" lernen, weil wir morgen die Klausur in diesem Fach schreiben werden.

Gerade habe ich ein Resümee über die noch zu absolvierenden Prüfungen gezogen. Es sind zwar zahlenmäßig nicht mehr viele Prüfungen, die wir zu absolvieren haben, deren Inhalt ist jedoch desto schwieriger, je nachdem, wo die Interessen liegen: Mündliche Prüfung „Marxismus-Leninismus", mündliche Prüfung „Schiffselektronische Gerätesysteme", mündliche „Sprachkundigen-Prüfung" in Englisch. Außerdem habe ich noch meine Gesamt-Abschlussarbeit zu schreiben [WM: Vergleichbar mit der heutigen

Diplom-Arbeit]. Dafür muss es allerdings die nötige Freizeit geben. Wenn ich die Fachliteratur, die ich dafür brauche, beschaffen kann, werde ich hoffentlich alles rechtzeitig erledigen können. Wie viele freie Tage wir dafür bekommen werden, wissen wir noch nicht. Für die gesamte Reise bekommen wir erst einmal nur sechs Tage frei. Alles Weitere wird sich erst herausstellen, wenn wir in Rostock sind.
Das Hypo ist jetzt leider für uns tabu.

Tag 92:   Auf hoher See, MS „J. G. Fichte", Montag, den 03.02.1975

Nun sind wir bald in der Biskaya.
Das Wetter hat sich beruhigt. Der Himmel ist bedeckt, und die Dünung geht nur leicht. Es ist recht kühl, und meinen Schnupfen werde ich einfach nicht los. Der befürchtete Husten ist glücklicherweise ausgeblieben.
Heute Morgen hatte ich 4 – 8-Wache im Lehrfunkraum und konnte in dieser Zeit Wetterkarten von sieben verschiedenen Satelliten beziehungsweise von Küstenfunkstellen aufnehmen.
Zu Hause scheint das Wetter jetzt besser zu sein. Über Mitteleuropa liegt ein großes Hochdruckgebiet.
Am Vormittag hatten wir unsere beiden obligatorischen Unterrichtsstunden.
Um 14:00 Uhr sollen wir unsere Abschlussklausur in dem Fach „Technische Navigation" schreiben. Ich habe großen Respekt vor dieser Prüfung, weil es sich um einen äußerst komplexen Stoff handelt und man sehr schnell am Thema vorbeigehen kann. In der Mittagspause habe ich mich noch einmal mit der „Technischen Navigation" befasst und hoffe jetzt, dass es ein positives Ergebnis geben wird.
Die uns gestellte Prüfungsaufgabe lief zumindest aus meiner Sicht besser als gedacht. Zwei Stunden hatten wir Zeit, und ich hatte meine Arbeit nach eineinhalb Stunden beendet. Jetzt kann ich nur noch der Bewertung entgegensehen.
Für die Zeit nach dem Abendessen hatte ich mir nichts Besonderes vorgenommen. Dann unternahm ich einen Schiffsrundgang und landete letztendlich auf der Lehrbrücke. Dort fasste ich das LORAN-Navigationsgerät ins Auge und ermittelte mehrfach den jeweiligen Standort unseres Schiffes („Orte machen"). Ich vertiefte mich derart in die Arbeit, dass ich gar nicht bemerkte, dass es plötzlich bereits 22:30 Uhr war. Wir haben dann gemeinsam festgestellt, dass meine „Orte" exakter und genauer waren, als die der nautischen Praktikanten, die mithilfe des OMEGA-Verfahrens navigiert hatten. Darauf war ich besonders stolz. Jedenfalls beherrsche ich die LORAN-Ortung jetzt

fast perfekt, und das ist für mich und meinen künftigen Beruf von großer Bedeutung. Erwähnen möchte ich noch, dass es im Zusammenhang mit der Navigation weltweit eine Regelung gibt die sinngemäß besagt, dass jegliche zur Verfügung stehenden Mittel und Möglichkeiten zu nutzen sind, zu jeder Zeit und an jedem Ort die exakten geografischen Koordinaten des Schiffsstandortes zu bestimmen. Dazu gehören sowohl die herkömmliche Feststellung des jeweiligen Standortes mithilfe eines Sextanten, die terrestrische Navigation und weitere Hilfsmittel, deren Anwendung von den Nautikern beherrscht werden muss, als auch die ergänzende Feststellung des Schiffsstandortes mithilfe eines besonderen Funkpeilverfahrens. Dazu ist jeder Funkraum zusätzlich mit einem besonderen Gerät zur Funkpeilung ausgestattet, das ausschließlich durch den Funkoffizier bedient wird.

Während meiner Zeit auf der Lehrbrücke bekamen wir von der Hauptbrücke die Information über Lautsprecher, dass uns soeben die „Georg Weerth" passiert hätte. Sie fahre durch den Panama-Kanal nach Esmeraldas in Ecuador, Südamerika. Die „Georg Weerth" gehört auch zu den anfangs erwähnten, umgangssprachlich als „Bananendampfer" bezeichneten Schiffen.

Heute Nacht werden die Uhren wieder um eine Stunde zurückgestellt, so dass unsere Bordzeit jetzt mit Greenwich Mean Time (Ich hatte die Bedeutung von „GMT" bereits erläutert!) übereinstimmt. Zeitunterschied zur Heimat noch eine Stunde!

Um 23:00 Uhr legte ich mich in die Koje und schlief beinahe sofort ein, weil die Bewegungen des Schiffes jetzt erträglich sind und als Babyschaukel empfunden werden können.

Tag 93:   Auf hoher See, MS „J. G. Fichte", Dienstag, den 04.02.1975

Einschließlich heute sind es noch fünf Tage bis nach Hause! Am Sonnabend, am voraussichtlichen Ankunftstag in Rostock, habe ich 8 – 12-Wache. Vielleicht laufen wir während der Zeit gerade in den Hafen ein.

Heute Morgen nach dem Frühstück musste ich noch einmal einen Test mit dem LORAN-Navigationsverfahren durchführen. Ich wollte den angehenden nautischen Offizieren beweisen, dass dieses Verfahren doch ein sehr exaktes Navigationsverfahren sein kann, wenn man es entsprechend anwendet. Diesbezüglich waren die Nautiker schon immer etwas skeptisch. Ich glaube, ich konnte sie einigermaßen überzeugen.

Wir befinden uns jetzt am Rand der Biskaya (eine eigentliche genaue Begrenzung gibt es natürlich nicht), und kurz hinter uns steht eine quasistationäre Wetterfront, so dass der Himmel bedeckt ist. Die Lufttemperaturen liegen jetzt bei 11 Grad Celsius. Wir müssen uns also allmählich an die heimatlichen Temperaturen gewöhnen.

Wenn wir etwa die Hälfte der Biskaya hinter uns haben, beginnt die Navigation mit dem so genannten DECCA-Verfahren. Das ist ebenfalls ein sehr gutes und vor allem exaktes Navigationsverfahren. Da für das DECCA-Navigationsverfahren Sendefrequenzen (Mittelwellenfrequenzen) benutzt werden, deren entfernungsmäßige Ausbreitungsmöglichkeiten zwar nicht so groß (einige hundert Kilometer), jedoch desto stabiler sind, hatte ich oben beschrieben, dass man damit erst arbeiten kann, wenn wir etwa die Hälfte der Biskaya hinter uns haben und damit dem Festland und somit von den entsprechenden Sendestellen nicht mehr zu weit entfernt sind. Bis zum Abschluss unserer Reise, denke ich, werde ich mir auch dieses Navigationsverfahren zu eigen gemacht haben und es einigermaßen beherrschen.

Mittagsposition: N 44.57; W 12.25.

Der Unterricht am Nachmittag fiel aus.

Ich ging nach dem Mittagessen gleich wieder auf die Lehrbrücke und beschäftigte mich mit dem LORAN-Navigationsverfahren. Da hat mich der Ehrgeiz jetzt so richtig gepackt. Danach zeichnete ich noch eine Wetterkarte.

Nun kann ich so langsam auch daran denken, meine Sachen für die Ankunft zu Hause aufzuräumen und aufzuklaren. Wann ich das tue, weiß ich noch nicht.

Heute Nacht hat unsere Kammerbelegung geschlossen 0 – 4-Wache. Ich werde etwas vorschlafen.

Gleich nach dem Abendessen legte ich mich in die Koje und wollte schlafen. Aber unsere Kammer war mal wieder eine „Durchgangsbude". Um 21:00 Uhr kam Klaus K. und fragte uns, ob wir nicht an seiner Geburtstagsparty teilnehmen wollten. Christians Kammer hatte dazu den Backbordunterrichtsraum im C-Deck entsprechend hergerichtet. Da ich sowieso nicht schlafen konnte, zog ich mich an und feierte mit. Insgesamt waren wir etwa 30 Personen. Herr K., unser Dozent, Herr O., Erster Funkoffizier, und Funkassistent U. waren auch eingeladen und nahmen teil.

Um 00:00 Uhr musste ich meine Wache auf der Lehrbrücke beginnen; deshalb hatte ich nur sehr zurückhaltend an der Feier teilgenommen.

Tag 94:   Auf hoher See, MS „J. G. Fichte", Mittwoch, den 05.02.1975

Meine Wachzeit verging sehr schnell. Ich arbeitete mit einem angehenden Nautiker zusammen. Wir waren vollauf damit beschäftigt, laufend mit allen uns zur Verfügung stehenden Mitteln, OMEGA-, LORAN- und DECCA-Navigationsverfahren, den jeweiligen Standort des Schiffes permanent zu berechnen. Außerdem ist während jeder Brückenwache eine vollständige Wetteranalyse fällig.
Die Lufttemperatur betrug heute Nacht nur sieben Grad Celsius. Zu unserem Glück kommen Wind und See fast genau von vorn, so dass der starke Seegang die „Fichte" nicht zu sehr durchschüttelt. Heute Morgen war der Himmel fast wolkenlos, aber es war diesig. Der Englische Kanal (oder auch Ärmelkanal) empfängt uns heute mit einer sehr starken Brise.
Nach meiner Wache legte ich mich in die Koje und schlief auch sofort ein.
Wir standen alle etwa gleichzeitig erst gegen 08:45 Uhr auf.
Zum Frühstück aß ich nur eine Apfelsine.
Von 09:00 bis 11:00 Uhr hatten wir eine Stunde „Gerätesysteme" und eine Stunde „Englisch". Wir spüren deutlich, dass unseren Dozenten der übliche Elan fehlt, den sie zu Beginn der Reise noch gezeigt hatten. Sie machten beide eine Viertelstunde früher Schluss. Die Reise geht jetzt eben so langsam ihrem Ende entgegen.
Am Vormittag war uns ein riesiger Tanker direkt auf Kollisionskurs entgegengekommen. Er kam von 45 Grad Backbord voraus auf uns zu. Wir kamen von Steuerbord (rechts vor links) und hatten damit entsprechend den internationalen Regeln Vorfahrt. Diese Rechts-vor-Links-Regel gilt allerdings nur bei guter Sicht. Da wir gute Sicht hatten, musste der Tanker also ausweichen. Anfangs sah es so aus, als ob er das nicht tun wollte. Dann aber ließ die „Fichte" fünfmal ihr Typhon erschallen, und sofort änderte er seinen Kurs. Vielleicht hatte man dort drüben „gepennt"? Der Tanker war sicherlich ein 100.000-Tonner oder sogar noch größer.
Wir sahen noch einige andere Schiffe. Ich hatte bereits auf der Hinfahrt nach Amerika davon gesprochen, dass es sich hier wahrscheinlich um die verkehrsreichste Wasserstraße der Welt handelt.
Einmal werden wir die Uhren noch um eine Stunde vorstellen, und dann sind wir zu Hause! [WM: Erinnert mich an „einmal werden wir noch wach…."]
Am Nachmittag fiel der Unterricht aus.

Wir waren aufgerufen, nacheinander bei Herrn K., unserem Mentor, und Herrn O., dem Chef-Funkoffizier und Funkstellenleiter, unsere Praktikumsbeurteilung zu besprechen. Ich werde im Gesamtergebnis ein „Befriedigend" erhalten, wobei ich fand, dass die Beurteilung selber viel besser ausgefallen war, als diese „Zensur". Das heißt, eigentlich war ich ganz zufrieden mit dem Ergebnis.

Peter und Siggi bekamen ebenfalls ein „Befriedigend". Manfred bekam ein „Gut". Er hat, zugegeben, bessere theoretische Kenntnisse als wir. Die Praktikumszensur hat übrigens mit den so genannten Fachzensuren nichts zu tun. Die werden gesondert gewertet.

Unsere Klausuren in „Meteorologie" und „Technische Navigation" haben wir noch nicht zurückerhalten.

Am Nachmittag hatten wir in einem Abstand von etwa zwei Seemeilen einen großen Tanker überholt.

Vom Land konnten wir heute nichts sehen. Es war sehr diesig.

Abends hatte ich 20 – 24-Wache im Hauptfunkraum. Dort nahm ich einige Sturmwarnungen auf. Während meiner Wache überfuhren wir den 50. Grad nördlicher Breite (Rostock liegt auf etwa 54 und Berlin auf etwa 52 Grad nördlicher Breite). Den Greenwicher Nullmeridian werden wir etwa morgen früh überfahren.

Heute Nacht werden die Uhren zum letzten Mal eine Stunde vorgestellt. Unsere Bordzeit ist also dann gleich der Heimatzeit.

Da ich meine Uhr gleich nach meiner Wache eine Stunde vorstellte, ging ich danach erst um 01:30 Uhr schlafen.

Man darf nicht vergessen, dass bei dem sechsmaligen Vorstellen der Uhren während der Rückfahrt die Nacht jeweils eine Stunde kürzer war. Der verkürzte Schlaf kann auch zu psychischen und physischen Problemen der Menschen führen. Zumindest die Leute aus meiner Kammer, mich eingeschlossen, hatten glücklicherweise keine derartigen Probleme.

Tag 95:   Auf hoher See, MS „J. G. Fichte", Donnerstag, den 06.02.1975

Unsere Reise geht nun allmählich zu Ende und mein Tagebuch auch. Ich hätte nie gedacht, dass es eine so lange Reise werden und ich so viel schreiben würde.
Meine Familie musste sich nun fast den gesamten Winter allein durchschlagen! Ich freue mich sehr auf zu Hause.

Mit diesem Problem schlug ich mich heute Nacht noch einige Stunden herum. Als ich das letzte Mal auf die Uhr sah, war es bereits 03:00 Uhr.

Heute Morgen, etwa um 06:00 Uhr, durchfuhren wir die Straße von Dover. Im Kanal herrschte der typisch englische Nebel. Die oben erwähnte verkehrsreichste Wasserstraße der Welt stellt sich insbesondere in der Straße von Dover als solche dar, weil dies die engste Stelle des Englischen Kanals ist (ca. 32 Kilometer). Dementsprechend herrscht hier reger und enger Schiffsverkehr. Wir haben schon einige kleinere und größere Schiffe überholt. Es kommen uns aber auch viele entgegen. Dazu kommt noch der Querverkehr durch die Fähren zwischen Dover auf der englischen Seite und Calais auf der französischen Seite des Kanals. Die drei Radargeräte der „Fichte" laufen auf vollen Touren und arbeiten unermüdlich.

Mittagsposition: N 52.35; W 03.20.

Nun geht es in die Nordsee hinein, und wir sind gespannt darauf, was uns dort erwartet.

Heute Vormittag hatten wir zwei Stunden Unterricht. Bei Herrn D., unserem Chefausbilder, hatten wir die erste Stunde. Er war zuvor mehrere Tage krank gewesen und versuchte nun, innerhalb von etwa 20 Minuten den Stoff nachzuholen, den er uns krankheitsbedingt nicht vermitteln konnte. Danach folgte eine Moralpredigt, aber eine sehr positive, eine für das Leben. Leider war das unsere letzte Unterrichtsstunde bei ihm während dieser Praktikumsreise. Ich muss eingestehen und feststellen, dass ich in diesen drei Monaten bei Herrn D. mehr über das Leben begriffen, erkannt und gelernt habe, als in den dreieinhalb Jahren vorher. Herr D ist ein alter Haudegen, reiner Praktiker und Pragmatiker. Allerdings haben auch die anderen Dozenten uns ihr Wissen so vermittelt, dass wir unseren künftigen Beruf unproblematisch ausüben können. Aber am meisten Spaß hat es bei Herrn D. gegeben.

Herr D. ist am 12. Mai 1921 geboren worden. „Radio-Spark Ernesto" hatte man ihn früher genannt. Als Ausbilder, Erzieher und Ratgeber an der Seefahrtschule in Wustrow auf dem Fischland führte er in den Jahren von 1951 bis 1974 als Leiter und Lehrer der Fachrichtung Funk erfolgreich etwa 500 Studenten im Bereich Funkwesen zum Fachschulabschluss. Dabei hatte er sich viele Verdienste erworben.

Unsere Reise mit der „Fichte" sollte, wie er uns erzählte, seine letzte Seereise sein [WM: Herr D. verstarb leider schon am 2. April 1976.].

Man hat uns, denke ich, hier so viel an theoretischen und insbesondere durch diese Praktikumsreise auch praktischen Kenntnissen vermittelt, dass wir ohne irgendwelche

Befürchtungen und Ängste unsere künftige Arbeit auf den Schiffen der Seereederei oder der Hochseefischerei aufnehmen können.
In der zweiten Stunde hatten wir Englisch. Dort wurde uns offiziell unser Bewertungsergebnis mitgeteilt. Ich erhielt die Bewertungsnote „Gut".
Danach gingen wir alle zum Purser-Office (Zahlmeister-Büro), um unsere Basarscheine abzuholen. Mit diesen Scheinen kann man im Basar im Überseehafen Rostock einkaufen. Ich habe insgesamt noch Scheine für 76,60 D-Mark. Dafür kann man im Basar eine ganze Menge kaufen.
Ich ärgere mich allerdings darüber, dass ich in Kingston auf Jamaika so viel Geld ausgegeben hatte. Peter war es ja ähnlich ergangen, allerdings ärgerte er sich merkwürdigerweise darüber nicht; vielleicht weil er noch keine eigene kleine Familie hat.

Auf meiner nächsten Reise werde ich dann wohl als „echter" Schiffsoffizier neben dem „normalen" Gehalt 4,00 Valuta-Mark (VM - entspricht D-Mark) pro Seetag erhalten. Das ist neben dem normalen Gehalt der übliche Satz als so genannte Valuta-Entlohnung für Offiziere auf Handelsschiffen der DDR. Der Kapitän erhält, soweit ich weiß, 4,20 VM. Für die restliche Mannschaft liegt der Satz bei 3,50 VM pro Seetag. Das ist zwar nicht sehr viel Geld, aber gestaltet die eigene Devisen-Situation doch einigermaßen günstig.
Was heute Nachmittag anliegt, weiß ich noch nicht. Morgen haben wir jedenfalls frei, d.h. „Reinschiff".
Drei Wachen habe ich noch zu absolvieren, und dann ist die Reise zu Ende.

Die erste Wache davon habe ich heute von 16:00 bis 20:00 Uhr auf der Lehrbrücke, die zweite morgen von 12:00 bis 16:00 Uhr und die dritte am Sonnabend von 08:00 bis 12:00 Uhr. Vielleicht laufen wir dann aber auch schon in den Rostocker Hafen ein.

Heute habe ich noch ein vorletztes Mal geduscht und mir meine vollständige Winteruniform angezogen. Das Wetter ist hier in der Nordsee zwar herrlich, aber es ist relativ kalt. Uns kommt es besonders kalt vor, weil wir ja gerade aus einem Tropengebiet zurückgekommen sind.

Meinen Schnupfen bin ich inzwischen übrigens doch noch losgeworden.

Am Nachmittag um 15:00 Uhr versammelten wir uns alle in Winteruniform auf dem B-Deck. Es wurden als Abschlusserinnerung Gruppenfotos geschossen.

Danach unterhielten wir uns noch über eine Stunde lang mit Herrn K. über unser Praktikum. Im Fach „Gerätesysteme" bekomme ich bei ihm eine befriedigende Bewertung. Das war unsere letzte Unterrichtsstunde bei Herrn K.

Bild 33: Gruppenfoto der „gemischten" Seminargruppe aus F11 und F12

Das Gruppenfoto erinnert mich u.a. auch daran, wie wir mal bei starkem Seegang ein Foto geschossen hatten, indem sich einige Studenten nebeneinander in einer Reihe längs zum Schiff aufgestellt hatten. Als die Krängung am größten war, wurde fotografiert und das Foto dann später so gedreht, dass der Schiffsboden auf dem Foto waagerecht erschien. Die optische Täuschung erscheint dann so, als ob die Studentenreihe sich um etwa 45 Grad nach vorn beugen kann, ohne dass sich die Füße mit den

Schuhen daran vom Fleck rühren. Wir haben uns köstlich darüber amüsiert. Leider habe ich versäumt zu organisieren, dass ich auch einen Abzug erhalte.

Über den Abend verteilt tranken Peter und ich auf unserer Kammer zum Abschied einige Weinbrände wie üblich mit Juice, denn unser beliebtes Hypodrom war ja bereits seit einigen Tagen geschlossen und wird bis nach Rostock auch nicht wieder geöffnet werden.

Um 01:00 Uhr gingen wir schlafen.

Tag 96: **Auf hoher See, MS „J. G. Fichte", Freitag, den 07.02.1975**

Zu Gestern möchte ich noch etwas erwähnen. Ich hatte 12 – 16-Wache und habe mich während dieser Zeit auf der Lehrbrücke noch einmal intensiv mit dem DECCA- und dem OMEGA-Verfahren beschäftigt. Diese Navigationsarten beherrsche ich nun auch.

Heute Vormittag war großes „Reinschiff". Sonst fand das ja meistens am Sonnabend statt, aber wir sollen ja vielleicht schon morgen in den Hafen von Rostock einlaufen. Deshalb wurde das „Reinschiff" auf heute vorgezogen. Ich hatte die Aufgabe, den Gang vor unseren Kammern zu reinigen. Dazu gehören Fegen, Wischen, Bohnern und Blankbohnern. Dazu benötigte ich aber nur eine halbe Stunde.

Anschließend machte ich mich daran, meine Sachen zu packen. Damit hatte ich sehr große Mühe.

Mittagsposition: N 57.41; W 09.43.

Nach dem Mittagessen hatte ich meine 12 – 16-Wache. Zwischen 14:00 und 15:00 Uhr umrundeten wir die nördlichste Spitze Dänemarks, Skagen. In dem Gebiet sahen wir sehr viele kleine Fischkutter und einige größere Schiffe, die zwischen Dänemark, Norwegen und Schweden hin- und herfahren. Ein großes RoRo-Schiff (Roll on Roll off) fuhr eine Zeitlang parallel zu uns in einem Abstand von nur einigen hundert Metern. „Roll on Roll off" bedeutet übrigens, dass die Ladung aus eigener Kraft an Bord fährt und auch mit eigener Kraft das Schiff wieder verlässt. Dabei kann es sich um beladene LKW, aber auch um Pkw handeln.

Plötzlich flog ein Flugzeug in sehr niedriger Höhe über uns hinweg. Vor unserem Bug flog es eine Schleife und verschwand bald wieder hinter dem Horizont. Es handelte sich um eine Turboprop-Maschine der westdeutschen Bundesmarine. Wir konnten sehr deutlich die schwarz-rot-goldenen Farben der Flagge sowie das Eiserne Kreuz am Rumpf des Flugzeuges erkennen.

Während meiner Wache fing ich einen „übermittelten" Notruf auf. Die niederländische Küstenfunkstelle Scheveningen Radio hatte auf UKW-Kanal 16, das ist der internationale Sprechfunk-Notrufkanal im UKW-Frequenzbereich, dreimal die Worte „I´m in distress" gehört, jedoch keine weitere Information erhalten. Vielleicht war ja derjenige, der die Meldung durchgegeben hatte, nicht mehr dazu gekommen, Weiteres zu melden!? Ein übermittelter Sprach-Notruf beginnt mit: „Mayday <u>relay</u>, mayday <u>relay</u>, mayday <u>relay</u>......". Als wir noch in der Karibik waren, hatte ich bereits einmal von einem übermittelten Notruf berichtet. Von dem eigentlichen Notfall haben wir nichts weiter gehört.
Am Abend bereiteten wir uns auf das Ende der Praktikumsreise vor, jeder wie er es für richtig hielt, und gingen dann schlafen.

Tag 97: **Auf hoher See, MS „J. G. Fichte", Sonnabend, den 08.02.1975**

Aufstehen, Morgentoilette und Frühstück gestalteten sich wie üblich.
Ich trat meine Wache um 08:00 Uhr noch an, konnte sie später aber abbrechen, weil wir dann in den Hafen von Rostock/Warnemünde einliefen..........
Und meine beiden Mädels standen an der Pier und erwarteten mich! Unfassbar!

Nachwort

Vor der beschriebenen Reise wurde im Sommer/Herbst 1974 auf dem Schiff die beliebte neunteilige Fernsehserie des damaligen Deutschen Fernsehfunks der DDR „Zur See" gedreht. Ich sehe sie heute noch sehr gern, weil mich das an „meine Fichte-Reise" erinnert, denn trotz der Enge auf dem Schiff hatten wir ja doch in mancher Beziehung sehr große Freiheiten und viele Erlebnisse, beispielsweise mit Landgängen in tropischen Ländern, wovon die meisten in der Heimat nur träumen konnten.

Ich selber fuhr nach Abschluss unseres Studiums vom 18.04.1975 bis 03.08.1977 auf verschiedenen Schiffen des VEB Deutfracht/Seereederei im Flottenbereich Spezialschifffahrt.

Meistens handelte es sich um Holzfracht-Motorschiffe. Dazu gehörte u.a. auch MS „Karlshorst", das dann, nachdem ich mehrmals auf dem Schiff als Funkoffizier gefahren war (31.01. – 15.04.1976, 03.05. – 23.06.1976, 11.10.1976 – 03.01.1977) und das Schiff das letzte Mal am 03.01.1977 verlassen hatte (Urlaub), am 26. Oktober 1977 desselben Jahres auf Höhe der Lofoten/Norwegen mit einer Drei-Meter-Holz-Decksladung havarierte und am folgenden Tag, dem 27. Oktober gegen 18:00 Uhr, im Nappstraumen Fjord/Lofoten, wohin das Schiff noch geschleppt worden war, sank. Es kam glücklicherweise dabei niemand ums Leben. Es wurde auch niemand verletzt. Und ich behaupte auch heute noch, wenn ich an Bord gewesen wäre, hätte ich dabei helfen können, das Unglück zu verhindern, was ich selbstverständlich entsprechend begründen könnte; doch dahinter verbirgt sich eine eigene, allerdings auch spekulative Geschichte.

Nach unserer Praktikumsreise und nach Beendigung des Studiums verloren wir uns fast alle (die Studenten der ehemaligen Seminargruppen F11 und F12) recht schnell aus den Augen, weil es ja in der Regel nur einen Funkoffizier auf je einem Schiff gibt und wir sozusagen über die ganze Flotte in der ganzen Welt „verteilt" waren und Kontakte dadurch nur sehr schwer zu halten waren. Und für private Zwecke durften wir unsere eigentlich für die damaligen Verhältnisse genialen Kommunikationsmöglichkeiten leider nicht nutzen.

Peter B. schickte mir zwar noch die in diesem Tagebuch verwendeten Fotos zu (Es waren übrigens alles Diapositive [Dias], es sind authentische Fotos, und ich bin ihm bis heute sehr dankbar dafür.), aber ich hatte keinen Einfluss auf die Auswahl, weil auch Peter irgendwo „verschwunden" war; übrigens aus meiner Sicht leider bis heute.

Bild 34: Mit großer Wahrscheinlichkeit auf MS „Karlshorst"

Bild 35: MS „Karlshorst" an der Pier in Wismar

Mein erstes Schiff war die „Brandenburg", ein Schüttgutfrachter (16.000 BRT). Ich betrat es das erste Mal am 18. April 1975 und arbeitete dort bis zum 29. August 1975 als so genannter Assistenz-Funkoffizier (Zweiter Funkoffizier). Eigentlich sollte die Assistenzzeit ein halbes Jahr dauern. Mein „erster" Funkoffizier wollte jedoch in Urlaub gehen und hatte mir ein solch gutes Zeugnis ausgeschrieben, dass ich bereits nach viereinhalb Monaten als alleiniger Funkoffizier auf der „Brandenburg" und später auf den anderen Schiffen fahren durfte. Und mein einziger „Vorgesetzter" war jeweils der Kapitän!

Vom 24.01. bis 03.08.1977 durfte ich auf dem „beliebtesten" Schiff der Seereederei fahren. Die meisten Schiffe hatten einen so genannten Patenschaftsvertrag mit Einrichtungen und Betrieben an Land. Und bei der „Radeberg" war dies ein Patenschaftsvertrag mit der Radeberger Brauerei, so dass wir als einziges Schiff ständig mit Radeberger Pils versorgt wurden....

Leider musste ich dann, nachdem ich knapp drei Jahre zur See gefahren war, die Seefahrt aus familiären Gründen aufgeben (unser zweites Kind war unterwegs). Meine Frau, meine Tochter und ich wohnten damals in einer Einzimmerwohnung (Hinterhof, dritter Stock, Außentoilette eine halbe Treppe tiefer; die mussten wir uns mit einer 84 Jahre alten Nachbarin teilen.) in Berlin-Weißensee in der Nähe des Anton-Platzes (1972 – 1976). Ich musste mir also eine Arbeit an Land suchen. Dort bin ich dann folgerichtig im Funkbereich der Deutschen Post gelandet und im weitesten Sinne dort bis zu meiner Pensionierung Ende des Jahres 2015 auch geblieben.

Während meiner Zeit an Land hatte ich so gut wie keinen Kontakt zu ehemaligen Kommilitonen; mit einer Ausnahme, und das ist Rainer W. Er hatte auch die beschriebene „Fichte"-Reise mitgemacht, war jedoch danach noch bis 1984 zur See gefahren und suchte dann einen Job an Land, so wie ich sieben Jahre zuvor. Während der „Fichte"-Reise hatten wir, aus welchen Gründen auch immer, wenig oder keinen Kontakt. Es ergab sich aber dann im Jahre 1984, dass er eine Arbeit in demselben Amt aufnehmen konnte, in dem ich arbeitete. Seitdem sind wir gute Freunde geworden und halfen uns gegenseitig u.a. auch über die politische Wendezeit hinweg.

Wir sind damals beide, nach entsprechender „Stasi-Überprüfung", zunächst in das Bundespostministerium „geholt" worden, wo wir für die Angleichung der bis zu dem Zeitpunkt noch unterschiedlichen gesetzlichen Bestimmungen im Bereich der Telekommunikation und des Funkwesens in Ost und West zuständig waren. Außerdem waren jetzt exzessiv Frequenzen und Frequenzbereiche für die gerade entstehenden

Mobilfunknetze zu beschaffen, und die durch die aus der DDR abziehenden russischen Streitkräfte frei gewordenen Frequenzen und Frequenzbereiche waren neu zu „managen". Alles musste in enger Abstimmung mit den europäischen Partnern geschehen. Später, nach Auflösung des Postministeriums im Jahre 1997, arbeiteten wir beide bis zum Ende unserer Lebensarbeitszeit im Telekommunikationsbereich des Bundeswirtschaftsministeriums.

Ich hatte bereits im Vorwort beschrieben, wie kompliziert es war, von hoher See den Kontakt zur Heimat aufrecht zu erhalten, und somit gingen zunächst auch ältere Freundschaften verloren, weil man sich einfach nicht regelmäßig „zurückmelden" beziehungsweise ein Lebenszeichen von sich geben konnte. Die mangelhaften privaten Kommunikationsmöglichkeiten hatten aber auch noch weitere Auswirkungen; ein weiteres Beispiel: Mich hat Musik immer begeistert, vor allem die Rock- und Bluesmusik. Meine Freunde und ich sind sozusagen mit den Rolling Stones, Beatles, Eric Burdon & The Animals, Small Faces, The Kinks, Pink Floyd, The Beach Boys und Co. in unserem auch damals schon sehr schönen Ostseebad Binz „aufgewachsen". Wir haben uns jeden Sommer wie am Sunset-Boulevard in Los Angeles gefühlt; damals habe ich auch mit 13 Jahren begonnen, Gitarre zu spielen. Aber auch in der Musikszene hatte ich leider den Anschluss verloren, und der war niemals wieder so richtig aufzuholen, obwohl ich meine Mutter überzeugt hatte, wenn ich selber verhindert war, die wöchentliche Hitparade für mich mitzuschreiben (Beispiel: Moderator Manfred Sexauer, Europawelle Saar, Mittelwellensender mit einer enormen Sendeleistung von 1.200 kW, um auch den „Osten" erreichen zu können. Montagabend um 18:05 Uhr), obwohl sie kein Englisch konnte. Ähnliches galt auch für Radio Luxemburg (Moderator Frank Elstner). Der Empfang war zeitweise sehr schlecht, so dass ich einmal bei einer Werbung, die wie folgt lautete „Limonen - zum so essen und zum Saftpressen" verstand „Limonen, zum so essen und zum **Sattfressen**"..........

Erst weit nach der politischen Wende, als es dann die neuen digitalen Kommunikationsmöglichkeiten, an deren Entwicklung Rainer W. und ich einen kleinen Anteil haben (u.a. durch Frequenzbereitstellung für den Mobilfunkdienst), gab, konnten wir alte Kontakte so langsam wiederaufleben lassen.

Und hier noch einige weitere kleine Schlussanmerkungen:

Auf allen Schiffen der Handelsflotte der DDR war die gängige und verpflichtende Anrede „Genosse", und zwar unabhängig von irgendwelchen Parteizugehörigkeiten. Diese Anrede habe ich in meinem Tagebuch nicht übernommen, weil das heutzutage niemand mehr hätte nachvollziehen oder verstehen können. Der Vollständigkeit halber soll es aber erwähnt werden.

Wenn man die Begrifflichkeiten „Unterricht", „Unterrichtsräume", „Zensuren" oder auch „schriftliche Arbeiten oder Klausuren" liest, könnte man meinen, es handelt sich hier nicht um Studiensemester, sondern es drängt sich die Assoziation auf, dass es sich hier um eine „Klippschule" (Duden: „Lehranstalt mit niedrigem Niveau") handelt. Dabei bitte ich zwei Aspekte zu berücksichtigen: Einerseits handelt es sich um Gegebenheiten Mitte der 1970er Jahre in der DDR und andererseits sind an Bord von Schiffen Ordnung und Disziplin Grundvoraussetzung für eine funktionierende Seefahrt. Selbst in der DDR sind trotz der „Macht der Arbeiterklasse" dazu die notwendigen Hierarchien eingehalten worden; deshalb beispielsweise die strikte Trennung zwischen einer Messe (Speiseraum) für die Offiziere und einer Messe für die restliche Mannschaft. Und deshalb auch die Disziplinierung durch Unterricht, Zensuren usw. Wir haben das damals nicht als „Disziplinierung" empfunden. Es war Selbstverständlichkeit, und wir kannten es nicht anderes.

Im Vorwort hatte ich bereits einige Probleme beschrieben, die durch die Enge auf dem Schiff und vor allem in der Kabine entstehen; und auch die Möglichkeiten, diesen Problemen im Hypodrom auszuweichen. Dazu noch einige Anmerkungen hinsichtlich des Alkoholkonsums: Das Bier in „Massen" (Maßen), wie es in der Morsetelegrafie geschrieben werden würde und dadurch zu Missverständnissen führen kann, belief sich auf folgende Größenordnungen: Ein Glas Bier hatte das übliche DDR-Maß, nämlich 0,25 Liter, die Flasche fasste 0,33 Liter. Es handelte sich also nicht um „Unmengen", wenn man davon sprach, zwei Gläser oder zwei Flaschen Bier getrunken zu haben. Trotzdem haben wir natürlich ein Übermaß an alkoholischen Getränken zu uns genommen.

Den im Zusammenhang mit der Lebensmittelaufnahme in Jamaika erwähnten Joghurt (s. Tag 84) kannten wir bis dahin nur als Randnotiz aus italienischen oder französischen Filmen, die auch in der DDR gezeigt wurden. Deshalb waren wir so begeistert davon, dieses für uns bis dahin unbekannte Lebensmittel auch einmal kosten zu dürfen.

Man wird sich daran erinnern, dass ich für Freitag, den 24. Januar 1975, beschrieben hatte, wie wir uns in einer Bar in Kingston/Jamaika aufgehalten und dort Musik von Jimi Hendrix und anderen „einheimischen" Bands gehört hatten. In diesem Zusammenhang ist noch erwähnenswert, dass die Musik aus einer so genannten Jukebox kam. Und heute weiß ich, dass wir, ohne es zu ahnen, die ersten Klänge der neuen, von Bob Marley miterfundenen Reggae-Musik hörten und begeistert davon waren. In Europa war der Reggae zu dem Zeitpunkt noch nicht angekommen. Das entwickelte sich erst sukzessive ab dem Jahr 1974.

Nach meinen Aufzeichnungen wurden übrigens während der gesamten Reise zur abendlichen Unterhaltung insgesamt 14 verschiedene Filme gezeigt. Und die waren wohl bereits, bis auf wenige Ausnahmen, bereits in Farbe gedreht worden. Anders war es noch beim Fernsehen. Zum 06.11.1974 (Tag 3) hatte ich erwähnt, dass wir uns im Fernsehen einige Fußballspiele angesehen hatten. Das war natürlich so genanntes Schwarz-Weiß-Fernsehen. Das Farbfernsehen steckte noch in den Kinderschuhen.

In dem Tagebuch ist mehrfach die Rede vom VEB Deutsche Seereederei Rostock (DSR) beziehungsweise dem VEB Deutfracht/Seereederei Rostock. Hier die erforderliche Klarstellung: Die DSR war das weltweit operierende staatliche Seeschifffahrtsunternehmen der **DDR** in der Zeit von 1952 bis 1974. Zusätzlich wurde 1970 das Unternehmen VEB Deutfracht/Internationale Befrachtung und Reederei gleichfalls mit Sitz in **Rostock** gegründet. Es bestand bis 1974. Aus dem Zusammenschluss beider Reedereien entstand der VEB Deutfracht/Seereederei Rostock. Am 18.06.1990 wurde daraus die Deutsche Seereederei Rostock GmbH. Sie bestand bis zum 01.01.1994.

Etwa eineinhalb Jahre nach den hier geschilderten Ereignissen, am 14.10.1976 gegen 03:55 Uhr, hatte MT „Böhlen" (MT – Motortanker) auf dem Heimweg nach Rostock eine Grundberührung in der Biskaya, in deren Folge der 12.000-Tonnen-Tanker gegen 17:00 Uhr desselben Tages sank.

Die nüchternen Zahlen sagen aus, dass von den insgesamt an Bord befindlichen 35 Personen 24 ertranken beziehungsweise anderweitig tödlich verunglückten, darunter auch zwei mitreisende Ehefrauen. Leider konnten nur 11 Personen gerettet werden. Dieses tragische Ereignis, das einige Kinder auf einen Schlag zu Vollwaisen gemacht hat, soll in Ergänzung zu den Ausführungen im Tagebuch zu Montag, 03.02.1975 (Tag 92), deshalb hier Erwähnung finden, weil trotz umfassender Ausbildung und langjähriger Erfahrung der nautischen Offiziere und des Kapitäns durch persönliches Versagen fehlerhafte und „schlampige" Navigation zu diesem Unglücksfall geführt hatte. Der Funkoffizier hätte helfen können, wenn man ihm Glauben geschenkt hätte. Für die Route der „Böhlen" war über eine Strecke von etwa 1.100 Seemeilen die Koppelnavigation oder Koppelung angewendet worden; das ist nach der Definition die laufende näherungsweise Ortsbestimmung eines bewegten Objekts aufgrund von Bewegungsrichtung (Kurs) und Geschwindigkeit (Fahrt). Ausgehend von einer bestimmten angenommenen Geschwindigkeit, Ablauf einer bestimmten Zeit, ausgehend von einem vorgegebenen Kurs des Schiffes und einem zu berücksichtigen Versatz durch Windeinfluss wird die Route mit dem Zirkel in die Seekarte eingetragen. Über diese Zeit und über die Entfernung von etwa 1.100 Seemeilen war ein unbemerkter „Versatz" von etwa 60 Seemeilen in Richtung Osten entstanden (60 Seemeilen entsprechen etwa 110 Kilometern). Auch hatte man versäumt, die DECCA-Navigationsanlage korrekt zu justieren. Wenn man dieses Versäumnis nicht begangen hätte, wäre der Versatz unbedingt rechtzeitig bemerkt worden. Der Funkoffizier hatte durch seine Funkpeilung diesen Versatz bemerkt und seine Bedenken geäußert, war aber, wie oben erwähnt, nicht „gehört" worden.....

Sehr häufig wird in dem Tagebuch auf die verschiedenen Arten von Funk-Navigationsverfahren – OMEGA, LORAN und DECCA – hingewiesen. Diese drei Verfahren beruhten grundsätzlich auf dem Prinzip der Funkwellenausbreitung und der sich überschneidenden Funkwellen von verschiedenen Sendern. Sie haben sich inzwischen u.a. wegen der Einführung der Satelliten-Navigation überholt.

MS „J. G. Fichte" wurde gute vier Jahre nach unserer Reise, am 9. Juli 1979, von der DSR außer Dienst gestellt und zum Verkauf ausgeschrieben. Das Schiff wurde verkauft, dann aber nach kaum zwei Jahren zum Abwracken nach Gadani in Pakistan geschleppt und dort verschrottet. Gadani ist aus den Medien dadurch bekannt, dass zu verschrottende Schiffe, soweit es mit ihnen noch möglich ist, mit voller eigener Kraft auf das Land gesetzt werden. Das gibt immer wieder äußerst spektakuläre Bilder......

Reisestationen

Die Reiseroute, die am Beginn der Reise zwar grundsätzlich festgelegt, jedoch nicht im Detail bekannt war, weil diesbezüglich erforderliche Entscheidungen auch vor Ort von den jeweiligen Gegebenheiten abhängig gemacht werden müssen, ergab sich dann zum Ende der Reise wie folgt:

Montag, 04.11.1974, bis Freitag, 15.11.1974:
Liegezeit in Rostock/Überseehafen

Freitag, 15.11.1974, 23:50 Uhr:
Ablegen und Auslaufen aus dem Überseehafen Rostock

Sonnabend, 16.11.1974, bis Sonntag, 01.12.1974, 08:00 Uhr:
„Auf hoher See"

Sonntag, 01.12.1974, 08:00 Uhr:
Einlaufen in Havanna/Kuba, Ankern auf Binnenreede

Sonntag, 01.12.1974, 08:00 Uhr, bis Freitag, 13.12.1974, 04:50 Uhr:
Liegezeit auf Binnenreede von Havanna/Kuba

Freitag, 13.12.1974, 04:50 Uhr bis 06:00:
Verholen des Schiffes von der Binnenreede von Havanna/Kuba und Festmachen an der Pier

Freitag, 13.12.1974, 06:00 Uhr, bis Dienstag, 24.12.1974, 24:00 Uhr:
Liegezeit in Havanna/Kuba an der Pier

Mittwoch, 25.12.1974, 00:00 Uhr:
Auslaufen aus dem Hafen von Havanna/Kuba nach Isabela de Sagua/Kuba

Mittwoch, 25.12.1974, 00:00 Uhr, bis Donnerstag, 26.12.1974, 15:00:
„Auf hoher See"

Donnerstag, 26.12.1974, 15:00 Uhr:
Einlaufen in Isabela de Sagua/Kuba und Festmachen an der Pier

Donnerstag, 26.12.1974, 15:00 Uhr, bis Sonnabend, 28.12.1974, 08:00:
Liegezeit im Hafen von Isabela de Sagua/Kuba

Sonnabend, 28.12.1974, 08:00 Uhr:
Auslaufen aus dem Hafen von Isabela de Sagua/Kuba nach Matanzas/Kuba

Sonnabend, 28.12.1974, 08:00 bis 16:00 Uhr:
„Auf hoher See"

Sonnabend, 28.12.1974, 16:00 Uhr:
Festmachen an der Wasserpier in Matanzas/Kuba

Sonnabend, 28.12.1974, 16:00 Uhr, bis Dienstag, 31.12.1974, 06:00 Uhr:
Liegezeit an der Wasserpier in Matanzas/Kuba

Dienstag, 31.12.1974, 06:00 Uhr, bis Freitag, 10.01.1975, 21:00 Uhr:
Auslaufen von der Reede Matanzas/Kuba in Richtung „hohe See" zur Abfallbeseitigung

Freitag, 10.01.1975, 21:00 Uhr, bis Sonnabend. 11.01.1975, 09:00:
„Auf hoher See"

Sonnabend, 11.01.1975, 09:00 Uhr, bis Sonntag, 12.01.1975, 24:00 Uhr:
Liegezeit an der Wasserpier in Matanzas/Kuba

Montag, 13.01.1975, 00:00 Uhr:
Auslaufen von der Wasserpier in Matanzas/Kuba nach Havanna/Kuba

Montag, 13.01.1975, 00:00 bis 04:00 Uhr:
„Auf hoher See"

Montag, 13.01.1975, 04:00 bis 12:00 Uhr:
Ankern auf Außenreede von Havanna/Kuba

Montag, 13.01.1975, 12:00 bis 13:00 Uhr:
Einlaufen in den Hafen von Havanna/Kuba

Montag, 13.01.1975, 13:00 Uhr, bis Mittwoch, 15.01.1975, 18:30 Uhr:
Ankern auf der Binnenreede von Havanna/Kuba

Mittwoch, 15.01.1975, 18:30 Uhr:
Auslaufen aus dem Hafen von Havanna/Kuba nach Júcaro/Kuba

Mittwoch, 15.01.1975, 18:30 Uhr, bis Freitag, 17.01.1975, 12:00 Uhr:
„Auf hoher See"

Freitag, 17.01.1975, 12:00 Uhr:
Ankern auf Reede von Júcaro/Kuba

Freitag, 17.01.1975, 12:00 Uhr, bis Donnerstag, 23.01.1975, 07:00 Uhr:
Liegezeit auf Reede von Júcaro/Kuba

Donnerstag, 23.01.1975, 07:00 Uhr bis Freitag, 24.01.1975, 07:00 Uhr:
„Auf hoher See"

Freitag, 24.01.1975, 07:00 bis 08:00 Uhr:
Einlaufen in den Hafen von Kingston Town/Jamaika

Freitag, 24.01.1975, 08:00 Uhr, bis Sonnabend, 25.01.1975, 07:00 Uhr:
Liegezeit an der Pier in Kingston Town/Jamaika

Sonnabend, 25.01.1975, 07:00 Uhr, bis Sonnabend, 08.02.1975, vormittags:
„Auf hoher See"

Sonnabend, 08.02.1975, vormittags:
Einlaufen in den Überseehafen Rostock

Ungefähre Reiseroute:

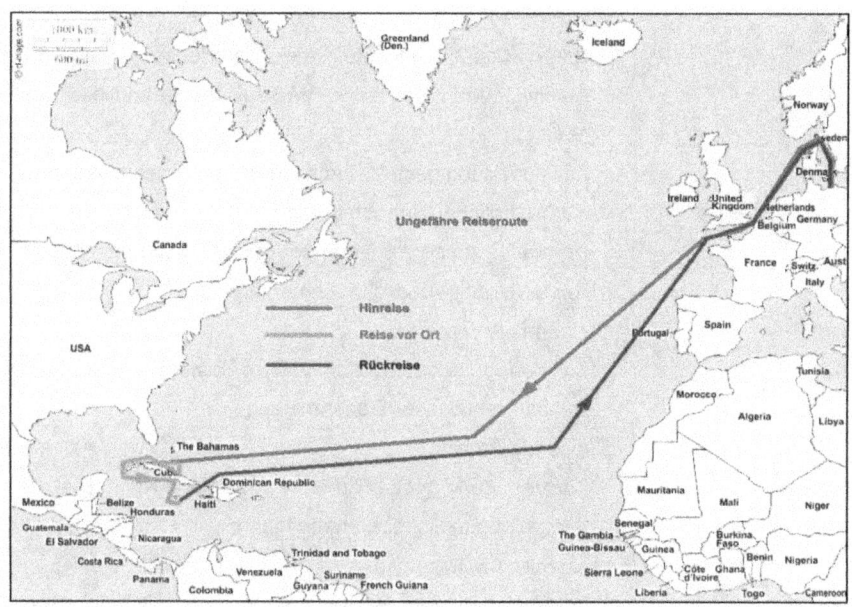

Bild 36: Unsere ungefähre Reiseroute von Europa nach Mittelamerika und zurück
(Die ursprüngliche Karte stammt von „www.d-maps.com"; d-maps, 877 Carraire, St Martin, 13530 Trets, FRANCE)

Bildnachweis:

Bild Deckblatt:	eigenes Archiv
Bild 1:	Internetauftritt „www.seeleute-rostock.de"; „Voll Voraus" Nr. 14 / Mai 2009; Repro: Peter Zintl, Berlin
Bild 2:	Archiv Dr. Manfred Hessel, Wustrow, mit freundlicher Genehmigung
Bild 3:	Zur Verfügung gestellt durch Herrn Peter Keller, Warnow, mit freundlicher Genehmigung
Bild 4:	Erhard Schäfer, Warnemünde/Archiv Schifffahrtsmuseum Rostock, mit freundlicher Genehmigung
Bild 5:	eigenes Archiv
Bild 6:	Zur Verfügung gestellt durch Herrn Rainer Wegner, Senzig, mit freundlicher Genehmigung
Bild 7:	eigenes Archiv
Bild 8:	Zur Verfügung gestellt durch Herrn Roland Kühn, Dierhagen, mit freundlicher Genehmigung
Bild 9 und 10:	eigenes Archiv
Bild 11:	Zur Verfügung gestellt durch Herrn Jochen Schmidt, Roggentin/Rostock, mit freundlicher Genehmigung
Bild 12 bis 31:	eigenes Archiv
Bild 32:	Wetterkarte mit Standort des Schiffes am 31.01.1976; zur Verfügung gestellt durch Herrn Peter Keller, Warnow, mit freundlicher Genehmigung
Bild 33:	Zur Verfügung gestellt durch Herrn Christian Berndt, Putbus/Rügen, mit freundlicher Genehmigung
Bild 34 und 35:	eigenes Archiv
Bild 36:	Routenführung; dargestellt mithilfe einer ursprünglichen Karte von „www.d-maps.com"; d-maps, 877 Carraire, St Martin, 13530 Trets, FRANCE
Bild Buchrückseite:	s. Bild 4

In einigen Fällen konnten die Bildrechteinhaber leider nicht ermittelt beziehungsweise „angesprochen" werden. Berechtigte Honorar- oder sonstige berechtigte Ansprüche bleiben selbstverständlich gewahrt.

Dank des Verfassers:

Ich danke Herrn Peter Keller, Warnow, ehemaliger Kommilitone und Freund, für seine umfangreiche Unterstützung meines Vorhabens durch die Bereitstellung eines eigenen zumeist stichwortartig geschriebenen Tagebuches über den Verlauf „unserer Praktikumsreise", die Bereitstellung von Fotos und auch für die sonstige kompetente Unterstützung.

Der Dank gilt außerdem Herrn Peter Busse, Elsfleth, als ehemaliger langjähriger Kollege im Bundespost- und später im Bundeswirtschaftsministerium und Freund für seine Fachkompetenz. Als ehemaliger so genannter westdeutscher Bundesbürger und zeitweise Fahrensmann (Funkoffizier) bei der westdeutschen Handelsmarine war mir seine Meinung insbesondere im Vergleich der unterschiedlichen Ausbildungssysteme in Ost und West zum Funkoffizier sehr wichtig.

Herrn Roland Kühn, Dierhagen, unserem Mentor und Dozent während der beschriebenen Reise, möchte ich ganz besonders danken, weil er mit seinen kompetenten und sehr nützlichen Kommentaren und Hinweisen sehr viel Aufwand betrieben und wesentlich dazu beigetragen hat, bestimmte Zusammenhänge besser zu verstehen beziehungsweise zu korrigieren und aus „einer" anderen Sichtweise darzustellen. Nach so langen Jahren haben wir uns sozusagen wiedergefunden.

Der Dank gilt auch allen ehemaligen Kommilitonen, insbesondere im Zusammenhang mit der Beachtung des Urheberrechtsschutzes, des Persönlichkeitsrechts und des Datenschutzes, für das Bereitstellen von Fotos und Bildern sowie für das Einverständnis zu deren Veröffentlichung.

Und nicht zuletzt möchte ich meiner Frau Doris danken. Wir haben uns erst sehr lange Zeit nach der beschriebenen Reise Anfang der 1990er Jahre kennen- und lieben gelernt, und kürzlich hatten wir bereits Silberhochzeit. Sie hat mich beim Schreiben dieses Büchleins sehr unterstützt, indem sie mir sozusagen den „Rücken freigehalten" hat. Dafür möchte ich ihr sehr herzlich danken. Und auch wenn dieser Dank an „letzter" Stelle dieses Buches steht, es ist der innigste und größte Dank, den man sich überhaupt denken kann.

Der Verfasser

Dipl.-Ing. (FH)
Wolfgang Karl Hermann Martin [WM],
geb. 31.08.1950 im Ostseebad Binz/ Rügen
verheiratet, drei erwachsene Kinder

Ausbildung

1965 – 1969	Ernst-Moritz-Arndt-Gymnasium Bergen/Rügen
	Abschluss: Abitur und Facharbeiter als Maurer
1969 – 1971	Pflichtwehrdienst NVA (Nationale Volksarmee)
1971 – 1975	Studium an der Ingenieurhochschule für Seefahrt Warnemünde/Wustrow
	Abschluss: Hochschulingenieur für Schiffselektronik und Nachrichtendienst / Funkoffizier Handelsmarine

Berufliche Laufbahn

1975 – 1977	Seefahrtzeit als Funkoffizier auf Handelsschiffen der DDR
1977 – 1989	Funkkontroll- und Messdienst der Deutschen Post der DDR; Bereich Funk (Betriebsgenehmigungen, Funkzeugnisse)
1989	Bundesamt für Post und Telekommunikation
1990 – 1997	Bundesministerium für Post und Telekommunikation im Bereich Telekommunikation (gehobener Dienst)
1998 – 2015	Bundesministerium für Wirtschaft im Bereich Telekommunikation (gehobener Dienst)
01.01.2016	Ruhestand (Pensionär und Rentner)

www.ingramcontent.com/pod-product-compliance
Lightning Source LLC
LaVergne TN
LVHW012019060526
838201LV00061B/4380